舵手证券图书
www.zqbooks.com

知识领航财富人生

舵手俱乐部 www.duoshou108.com

# 华尔街操盘手是怎样炼成的

【美】罗布·布克　著

康民　译

山西出版传媒集团
山西人民出版社

## 图书在版编目（CIP）数据

华尔街操盘手是怎样炼成的 /（美）罗布·布克著；康民译. -- 太原：山西人民出版社，2018.4
　　ISBN 978-7-203-10023-2

Ⅰ.①华… Ⅱ.①罗… ②康 Ⅲ.①外汇交易—基本知识 Ⅳ.①F830.92

中国版本图书馆 CIP 数据核字（2017）第 155543 号
著作权合同登记号　图字：04-2014-020

## 华尔街操盘手是怎样炼成的

著　　者：（美）罗布·布克
译　　者：康　民
责任编辑：秦继华
复　　审：贺　权
终　　审：员荣亮
出 版 者：山西出版传媒集团·山西人民出版社
地　　址：太原市建设南路 21 号
邮　　编：030012
发行营销：0351-4922220　4955996　4956039　4922127（传真）
天猫官网：http://sxrmcbs.tmall.com　电话：0351-4922159
E-mail：sxskcb@163.com　发行部
　　　　sxskcb@126.com　总编室
网　　址：www.sxskcb.com
经 销 者：山西出版传媒集团·山西人民出版社
承　　印：大厂回族自治县德诚印务有限公司
开　　本：710mm×1000mm　1/16
印　　张：16
字　　数：255 千字
印　　数：1—5100 册
版　　次：2018 年 5 月　第 1 版
印　　次：2018 年 5 月　第 1 次印刷
书　　号：978-7-203-10023-2
定　　价：48.00 元

**如有印装质量问题请与本社联系调换**

# "舵手证券图书" 开篇序

20世纪末，随着中国证券投资市场的兴起，我们怀揣梦想与激情，开创了"舵手证券图书"品牌，为中国投资者分享最有价值的投资思想与技术。

世界经济风云变幻，资本市场牛熊交替，我们始终秉承"一流作者创一流作品"的方针，与约翰威立、培生教育、麦格劳-希尔、哈里曼、哈珀柯林斯等世界著名出版机构合作，引进了一批畅销全球的金融投资著作，涵盖了股票、期货、外汇、基金等主要投资领域。

时光荏苒，初心不改，我们将一如既往地与您分享专业而丰富的投资类作品。我们以书会友，与天南海北的读者成为朋友，收获了信任、支持。许许多多投资者成为我们的老师、知己，给予我们真诚的赞许、批评、建议。更有一些资深人士由此成为我们的编辑、翻译、评审，这一切我们感念于心。

我们希望与每位投资者走得更近，希望在"知识领航财富人生"理念指引下，打造综合型投资交易学习社交平台——"舵手汇"（www.duoshou108.com），通过即时动态、视频直播、有声读书、电子图书、在线聊天、知识问答、活动报名、读书会、打赏提现等多项功能，服务会员的读书分享、实战交流以及知识变现。"舵手汇"不定期邀请作者、嘉宾与会员对话，为读者答疑解惑，分享最新交易技术与理念。在这里，您可以与华尔街投资大师亲密接触；在这里，您可以与全国最聪明的投资者交流切磋；在这里，您可以体验全球最新最全的投资技术课程。这里，必将因为有您而精彩！

本书献给 克丽丝 Kris

感谢你

让我到楼上写出我自己的书。

# 前　言

在过去的10年中，交易技术的发展异常迅猛，做外汇交易再不用到银行去了，你也不必让你的经纪人没完没了的对你讲辉瑞制药可能会大涨的原因，而当时你想买的却是英特尔的股票。在今天，你可以在家里的电脑上完成所有这些任务。正是这种独立自由交易环境，吸引我们当中的很多人进入了资本市场。

很早以前的统计数据就曾表明，大约有90%的人在开始交易的第一年中会赔光本金，今天情况仍然如此，只有极少数人例外。但罗布·布克为了证明这种情况可以改变，已经把这件事当成自己的任务去做了。他已经建起了一个由来自世界各地的交易者所组成的网络，通过这个网络，他可以帮助这些交易者们认识到集中精力并且遵守交易纪律的重要性，这样才能成为一个成功的交易者。交易系统并不值钱（当然有时也会卖到3000美元一个），但只有遵守交易纪律的人才能抵御住干扰并最终获得盈利。

在当今的市场中，充斥着各种图书、教程、讲座、研讨会以及各种网络研讨会等，其内容大多是在教人们如何以交易为生，在这样做的同时也能够获得更多的自由，可问题的焦点是，每一位专家都在努力证明自己的方法才是唯一有效的。罗布将会告诉你在交易过程中最最重要的并不是你采用哪个交易系统，最重要的是你要能够清楚地知道你一直在寻找什么样的机会，然后耐心地等待机会出现（或者焦虑地等待，只要你有足够的耐心就行），然后猛扑上去。接着，重复。再重复。

交易的过程可能是既乏味而又漫长的过程。但这是以赚钱为目的的操作，不是以获得刺激为目的的。赚钱是真正的目的，不是为了不出错或表明自己很聪明。还可以说，交易的目的也不是为了去交易，仅仅是为了把钱赚到手，从而实现我们梦寐以求的自由。获得了这种自由，我们才能真正地兴奋起来。自由才是真正的目的，而这需要通过努力工作、严守交易纪律、专心致志来实现。这种说法听上去乏味、过时、陈词滥调，但这是真实的。如果我们不知道什么是真理，自以为是天才交易者，那么我们将会把事情弄糟。许多人半途而废，就像寓言里讲的那个挖金矿的人一样，在他挖到距离金矿仅有一寸距离时，他放弃了。

　　罗布曾经帮助过我五次。最重要的一次是，当我不断在赔钱并且资金已处于非常危急情况时，我已放弃并把注意力放到了别处，是他告诉我不要放弃，让我重新抖擞起精神，重新思考自己想要当一名成功的外汇交易师的伟大志向，让我一步步重新做起并坚持下去。

　　在《华尔街操盘手是怎样炼成的》这本书中，罗布通过哈里·贝恩斯的交易经历讲述了一个交易者的起起落落以及他的奋斗历程，我们当中的许多人像他一样为了实现财务自由做出了各种努力，在最终取得胜利的同时，内心也获得了解放。

　　这本书的表述方法非常独到，不但能够引导交易者们进行深入的思考，同时给出了读者可以参照的基本方法和操作实例。

外汇交易师 马克斯韦尔·福克斯

2006 年 8 月 写于南太平洋

# 序

交易能让你更加独立。外汇交易使我实现了独立,我希望对你也同样有用。

这并不容易,不仅要花时间,而且得遵守纪律。

这是一次历险,但你可以胜任。

我会借助一位名叫哈里·贝恩斯的经历来告诉你如何实现。

你手中的这个故事讲的就是他的经历——他代表所有做外汇交易的人。在哈里身上我们都能或多或少地发现与自己相似的一面,在你阅读本书的过程中,你会与哈里一同从世界顶尖的交易者以及他的良师益友身上学到很多有用的知识。

在你逐渐了解哈里的过程中,我相信你会喜欢上他的。哈里·贝恩斯的起始资金并不多,但他的野心却远远超过了他的能力。了解哈里的经历能够让我们知道我们所有人在刚刚接触外汇交易时共有的特点:紧张、兴奋、经验不足、不被别人所认可。他的经济状况、白天的工作、刚刚介入外汇交易时的生活状况、与周围人的关系等等都与我当初很相似。可能你现在就像他一样,他面临的挑战和障碍可能会使你想起你正面对的挑战。但是,无论出现什么困难,都不会阻挡哈里计划成为一名交易者的坚定信心。

即使我们当中最不自信的人也完全可能成为伟大的交易者。即使愚钝的交易者也可能成为冠军。即使满身是债,也能过上宽松富裕的生活。

一开始哈里就承认自己是个新手,你甚至想象不到他差到什么地步。

他是我所见过的最糟糕的交易者。但是我们逐渐看到，当他在华尔街摔倒后，他会自己爬起来并且开始听从有经验的前辈的指导，并按照教给他的方法开始操作。通过了解哈里的经历，你能够学会如何从灾难性的亏损中挽救自己，如何使自己成为全职交易者，如何告诉你所爱的人们你所从事的工作，而且不止这些。

你将与哈里一同了解他的导师的最好学生和最坏学生是如何构建图表、做图表分析并交易的。

更重要的是，你将了解哈里是如何使用类似的技巧而成为能够持续获利的交易者，并最终实现经济上宽松自由的目的的。最重要的是，你不但知道他如何赚取利润，同时也会了解他是怎样锁住利润的。

我还要强调两件事情：尽管你在这本书中的某个人身上会看到自己的影子，但这本书中的每一个人都是虚构的。如果想更多地了解关于哈里、他的导师、朋友以及关于本书的任何信息的话，请登陆网址：WWW.HarryBanes.com。

现在，我邀请你们与哈里一同体验这段经历。

让我们继续……

罗布·布克

西弗吉尼亚州 惠灵市

2006 年 12 月

# 鸣　谢

为了写这本书，我做了20年的准备，当然我写的不止这一本书，但我所指的是写完这本书并把它交给出版社的时间。我现在以交易为生，在我10岁那年，我在位于加州拉文市的学校读五年级。当时我坐在后排座位上听霍姆斯（Holmes）女士讲课，从那时起，我就一直梦想能成为一名作家。正因为有梦想并不意味着我可以轻易实现，所以，在过去的20年中，我通过一些人和一些事的帮助使我一点点接近梦想。

还有其他一些人也帮我扫清了障碍，在此我要感谢他们。

首先，要提到的是霍姆斯女士，她给了我很大的鼓舞。如果没有她的帮助，我永远不会在我的小黄本上练习写作。她鼓励我开始练习写作，没有她，我将永远不能够相信自己的能力。在我写这本书的过程中，我常常会想起她对我的信任。对于年轻的我来说，每当想起这一刻，我都会告诉自己要写好下一句，写好下一页。我回报她的远远不及她曾给予我的帮助。

我在佛罗里达州的劳德代尔堡市举办的第一次研讨会上遇到了马克斯韦尔·福克斯（Maxwell Fox）。他是我在外汇交易这个行业中最好的朋友，他帮助我克服了很多情节安排上的难题并且给书中的角色起了名字（包括哈里的名字）。他是第一个看到我的手稿的人。与他相识使我改变了很多，每次相遇我总会有所收获。他是我交往的人中最伟大的交易者。他严格遵守交易纪律，苦心钻研数据测试工作。他还编写了有关图表形态的最有趣的电子书，你可以在 http://www.HarryBanes.com 下载该内容。

埃里克·博伊特勒（Eric Beutler）在我需要的时候为我提供了帮助，应该说是在最恰当的时候为我提供了帮助，后来他还曾多次帮助过我。

我也打算把这本书献给大卫·墨菲（David Murphy）。在过去的20年中，他一直陪在我身边，在每一个重要时刻他都会给我以帮助。我的自负、我犯的错、我的弱点他无一不晓，他曾给予我的帮助是我永远无法偿还的。

威力出版社的埃米莉·赫尔曼（Emilie Herman）和凯文·康明斯（Kevin Commins），他们非常有耐心帮助我完成了每一个步骤。凯西·利恩（Kathy Lien）和鲍里斯·施洛斯伯格（Boris Schlossberg）把我介绍给了凯文，并且不断地给我鼓励，他们不知道，这正是我所需要的。杰西·托里斯（Jesse Torres）把我介绍给来自德意志银行的贝奇（Betsy），贝奇先生领我参观了交易大厅。

我非常有幸能与一些世界一流的交易员们一同工作过。他们中的每一位都可以与这个星球上的任何其他交易者一比高下：虽然我说不出所有交易者的名字，但我能说出过去几年遇到的一些交易者的名字：克雷格·泰勒（Craig Taylor），大卫·埃利奥特（David Elliott），斯科特·库施（Scott Kush），德里克·麦圭尔（Derek McGuire），罗曼·贾库巴斯（Roman Jakubas），贝斯·麦克纳布（Beth McNabb），尼娜·埃尔南德斯（Nina Hernandez），路易斯·库珀（Louis Cooper），安杰拉·尼特金（Angela Nitkin），本·麦克唐纳（Ben McDonald），安迪·伊斯塔布鲁克 Andy Eastabrook，丹·津宾斯基 Dan Ziembienski，约翰·劳 John Law，加里·扬（Gary Young），克里斯·恩尼尔（Chris Ennico），托马斯·吉布斯（Thomas Gibbs），马里索菲·布兰切特（Marie-Sophie Blanchet），托德·布赖恩特（Todd Bryant），诺娜·贝茨（Nona Bates），纳德（Nader），亚历克斯·西曼（Alex Semaan），伊莱恩·塞奎拉（Elaine Sequeira），乔纳森·沃尔（Jonathan Warr），杰夫·波利蒂斯（Jeff Politis），艾林·别尔格萨斯（Irene Beregszaszi），史蒂芬·尼尔利（Stephen Nieri），查克·斯莫利

(Chuck Smalley)、约瑟夫·布尔戈斯(Joseph Burgos)、约翰尼·里姆(Johnny Ream)、达林·卡莱尔(Darin Carlyle)、马特·福赛斯(Matt Forsyth)、乔治·罗伊(George Roy)、达马达尔·帕索拉(Damodar Patholla)、格雷格·沃克(Greg Walker)、吉塔·阿尔布多(Guita Al-Boudoor)、娜帕普·诺札瓦(Napaporn Nozawa)、达里尔·马丁斯(Darryl Martins)、克里斯·派尔(Chris Pyor)、卡洛斯·安杰尔(Carlos Angel)、史蒂夫(Steve)和戴夫·特里亨(Dave Trehan)、皮普兄弟中的西蒙(Szymon)以及杰里(Jerry)、基恩·米勒(Gene Miller)、克雷奇·布林顿(Craig Brinton)、瓦西里·西雷米塔(Wasyl Szeremeta)、弗朗克(Phranq)、保罗·库尔茨(Paul Kurtz)……

我还能说出好多名字，但上面提到的是我最了解的。能够认识他们我很幸运，他们在我写这本书时都曾帮助过我。

其次，我娶到了我最好的朋友，而且我的每一点成功都离不开她的帮助。在我遇到困难和考验时，克丽斯给了我勇气，她对我的支持远比我曾给她的帮助要多。谢谢你支持我读完了法学院的课程，并帮助我辞去律师事务所的工作，实现了我的梦想。

最后，我要感谢我的儿子艾萨克(Isaac)。在我的心情面临崩溃的时候，是你发现了我并伸出手拯救了我。你是在我们最需要你的时候出现的，尽管你太小还不认字，但这本书我也要送给你。

# 关于作者

罗布·布克既是一位个人外汇交易者,同时也是一位外汇知识传授者。罗布先生在全世界已经培训了数百名外汇交易者。在各种会议、展会、街道拐角、头等舱座位、经济舱座位、婚礼、葬礼以及早晨和晚间,甚至不管别人愿不愿听的时候,他讲的都是关于外汇交易的内容。罗布主要帮助人们在做外汇交易时从精神上、心理上以及交易纪律等方面给以指导。罗布·布克写了很多电子书籍,《策略十》就是其中之一,已经被下载了二十多万次。

罗布的邮箱网址是:Rob@robooker.com

# 目　录

前　言 ································································ I
序 ······································································ III
鸣　谢 ································································ V
关于作者 ···························································· VIII

引　言 ································································ 1
第一章　寻求暴利 ················································ 2
第二章　前途一片光明 ········································· 11
第三章　31层 ······················································ 17
第四章　两段激动人心的谈话 ······························ 31
第五章　教训 ······················································ 37
第六章　急转直下 ··············································· 51
第七章　噩梦 ······················································ 65
第八章　查利·弗兰克在美国国家银行 ················· 72
第九章　规划新的工作 ········································ 84
第十章　查利·弗兰克遇到了对手 ······················· 90
第十一章　拨云见日 ··········································· 108
第十二章　假象 ·················································· 120
第十三章　乔治·西斯勒的故事 ·························· 131
第十四章　回到起点 ··········································· 140

| 第十五章 | 与哈维共进早餐 | 152 |
| 第十六章 | 从头再来 | 171 |
| 第十七章 | 交易测试 | 189 |
| 第十八章 | 作业 | 202 |
| 第十九章 | 贝恩斯团队卷土重来 | 211 |
| 第二十章 | 成果展示 | 217 |
| 第二十一章 | 重返外汇市场 | 223 |
| 第二十二章 | 回到第31层 | 226 |
| 第二十三章 | 结局 | 229 |

| 跋 | | 232 |
| 后记 A | 零售利差交易 | 235 |
| 后记 B | 我是如何赚到600点 | 239 |
| 译后记 | | 242 |

# 引　言

我的名字叫哈里·贝恩斯。我曾是世上最糟糕的交易者，一个真正的笨蛋。我在应该卖出的时候买入，在应该空仓观望时买入。你问我现在还这样吗？当然不了。

在我的仓位从赔钱的状态马上要转入盈利时，我总是提前一步就卖出了。当我相信老天想要让我受尽折磨时，我几乎想到要放弃。我当时真是一个笨蛋交易者，一个超级笨的家伙。我赔掉了数千美元，而这个数额是我和我妻子都无法承受的。

幸运的是我从不放弃。在得到了一个技艺极高的朋友（也就是在本书中即将要出场的一个人）的帮助下，我成为一个超级赢家。我从泥潭中一步步走了出来。

如果我没有开始做外汇交易的话，我现在还应该在曼哈顿第59大街的魏克曼·巴特曼·贝利律师事务所（Wakeman Butterman and Bailey）的档案室里工作呢。这是我一生中最无聊的一段工作经历。11年中，我就像一只被拴住了的狗一样在工作。两年前，我挣断了铁链，离开了那里，重新过上了人的生活。

我希望你也能做到这样，这就是我写下此书的目的。

# 第一章　寻求暴利

当我在电视上看到一条描述外汇交易是如何容易的广告之后，于是我就开始了做外汇交易。有一家公司叫作暴利外汇，据说公司设在世界金融中心——纽约市，这家公司同意把原本只出售给专业客户的秘密方法以惊人的低价出售给普通人——也就是我。做出买下软件的决定非常容易：我需要快速赚钱，而且广告上暗示说我所要做的仅仅是买一个能够每天能够不停赚钱的系统就可以了。我在一个午夜拨打了那个免费电话，花了2000美元买下了那个软件。现在我只需等待邮来的包裹就行了。致富的路上堆满了从外汇市场上赚来的利润，而我就在这条大路上。

关于这件事，我对妻子只字未提。我知道眼下最好的办法是把软件拿到手，并让我的助手斯科特（Scott）把它装在我的工作电脑上，然后开始赚上大把大把的钞票，这样我就能够给妻子买一些高档用品，然后就去做一名全职外汇交易者，成为百万富翁，成为家里的英雄。这个计划太容易实现了。

等待软件送来是一个痛苦的过程。我已经35岁了，我当时是飞奔到家里去看看寄给我的是个什么样的东西。（为什么我没有多花49.95美元让他加急寄出呢？在电话另一端的那个语气非常有礼貌的印度来的销售员跟我强调得很清楚，我可以更早些开始我的外汇交易，我为什么没有听呢？）等待邮件的过程似乎非常漫长，但最终还是送来了。我太急于开始交易了（我从电视购物广告上得知外汇市场是全天24小时都开放的），我给斯科特打了电话约他当晚在市区见面。我告诉妻子我在单位有一些重要的事情要去处理，我吻了她和孩子们，接着跟他们说了"再见"，然后一路蹦蹦跳跳地坐上了开往第59大街的地铁。

我感觉一切都很顺利,虽然我们有很多的负债,我算了一下,靠着这次冒险的交易,我应该能赚到相当一笔钱。广告上说有的人一天能赚上数千美元,这也算不上什么欺骗性的一夜致富的阴谋。我曾遇到过一些人,他们白天做股票交易。他们每天要做功课,并把这当作一项工作来看待,同时他们也实实在在赚到钱了。他们当中有些人在20世纪90年代赚了很多钱,而且尽管市场下跌了,他们还在这场游戏当中。我希望能够成为那些每天只工作一小会就能赚到钱的人群中的一员。

我到办公室后,已经是晚上9点多了,所有人都下班并且离开很久了。斯科特·尼德维正在我的座位上等着我呢,他是个初级档案管理员,曾和我上过同一个高中(比我晚上7年)。他留着长发,非常懂电脑。斯科特曾获得"最具入狱潜力奖"并被记录在学校的年鉴上了。

"我们今晚做什么呢?"他问道。我能看出他要么喝了酒,或者是抽了比香烟还刺激的东西。他在公司要待的日子不会太长,所以我没有追究。尤其是因为我考虑当晚我需要他的帮助。

"我弄了个软件,需要你教我怎样使用它。"

斯科特在过去的5年中用过几次我的电脑。谢天谢地,我当时的工作并不需要太多的电脑操作,律师如果想联系我的话,只要给斯科特发电子邮件就可以了。他会转告我有什么情况要处理。我现在非常兴奋地要在自己的电脑上做些事了。

他把CD取出来并很顺利地安装在电脑上。如同广告中所承诺的一样,这个软件非常简单易懂。这个软件有点像新闻订阅一样——有提要框弹跳显示,告诉我是买入还是卖出某对货币。在屏幕的另一部分,显示所有已开仓位。大部分都是绿色的,显示这些仓位正在盈利。

看懂这些只需要10分钟时间,但我能够看出斯科特想回家,或者要去一个他不在办公室时所待的某个地方。我告诉他明天见,只见他一句话也没说就冲出了办公室。他甚至没有问我这是个什么软件。他这么一跑,同时也远离了一个可以改变他的经济状况的机会。好吧,他可以继续在魏克曼律师事务所度过他以后的日子,可我不打算这样。

我没有回家，相反我一头扎进这个软件里了。我花了好长时间来适应用鼠标在屏幕上点来点去。我把使用手册读了两遍后，用鼠标点击每一个窗口，尝试着采用的不同的交易方法，我还读了关于货币的报价方法。我明白了外汇是以一对一对来交易的，也就是说当你交易时，你总是在买入一种货币而卖出另一种，或者卖出某种货币买入另一种。你不能把某个货币当成一个独立的工具来交易——这样交易才能成立。下面是我读到的文字：

"如果你认为美元正在涨，你必须要问你自己：针对哪种货币上涨？显然，针对另一种货币。这样你就应选择美元所针对的货币，然后你再买入那种货币。由于你是以美元买入的，你做的操作就是卖出美元，买入另一货币。"

想要明白这个道理要花一些时间来琢磨，但也就是几个小时而已。我就是从一个档案管理员变成一个外汇专家的。我知道主要的货币包括欧元（EUR）、英镑（GBP）、日元（JPY）当然也包括美元（USD）。我还明白了应如何来读出某个报价。下面就是例子：

GBP/USD 1.8000/1.8005

它的意思是指英镑兑美元的卖出价为1.8000，买入价为1.8005，非常简单。我还学到如果英镑从1.8000变为1.8001，只是一个点的变化，可以称为一个点（Pip）的变动，换句话说，这就是外汇交易里所用计量单位，软件会提示我如何做好这些操作。

第二天早上我按照"暴利外汇"公司的要求提交了一份开立账户的申请材料。在不到24小时的时间内，他们告诉我可以用一张信用卡来为账户注资了。这次的等待时间更长，更加难熬。我一直在想象在这段时间里我少赚了多少钱啊！是的，自从软件发出买入卖出外汇的建议时我就在观察。每一笔交易都有利可赚。在我电脑边的一张纸条上，我记录下了我可以按软件提示所赚的钱：有110多点。想到我正在错过越来越多的利润，当天实在难以把精力集中在工作上。我面临的挑战不是赚到钱，而是如何能做尽可能多的交易。

那天晚上我没有入睡，但这值得。我比以前更加盼望开始交易了，我觉得精力和信心都很充足，午饭时我就已经计划好了当天可以做的所有交易。虽然做外汇我得少睡点觉，并且得从雇主那里偷些时间出来，但我得到的回报是巨大的，任何的牺牲都是值得的。

## 关于我的财政状况

大多数人对自己身上的问题总是漠不关心。在我 10 岁时，我把我的"汤米本垒挑战赛"掌上电子游戏机弄坏了。当我发现使劲晃动它、换上新电池或向上帝祈祷都不管用时，我就把它藏在衣柜里，放在了毛毯后面的棒球衣下面了。我把它放在这里有两个原因：首先，我的父母不会发现我在庆祝一个本垒打时把游戏机当球扔出去摔到地板上了。第二个原因是，我知道我把它放在有魔力保护作用的棒球服下，那么掌管棒球的神就会把我的玩具治好，让它能够重新复活。

我很快就发现这样做不能解决问题。那一年的晚些时候我的父母离婚了，很显然，如果我把我的父亲也藏在我的棒球衣下面也不能阻止他们相互大喊大叫，（而我的那个玩具仍放在那件衣服下面呢）。把问题藏起来或把最大的挑战储存在衣柜里成为我在生活中最常用的处理困难的办法。

但是当我购买了这个"暴利外汇"软件之后，它控制了我的整个财政状况。我在做一些事，这的确是好的。我知道我的妻子一定会产生怀疑，所以在一开始我一定不能让她知道我的决定。在我走向富裕的道路上，我的这点小小的欺骗是必要的而且是没什么坏处的。当她知道我能赚很多钱时，她感受到更多的将是惊喜而不是被欺骗。

事实上，应该用惊讶来描述我们对这件事情的感受。

## 陶醉于自己的天赋

一周过去了，开立一个交易账户比我预想的要难得多，尤其是得把护照复印件、物业费收据等等材料，除了前列腺检测的证明都要用传真传给我的经纪人。在这一周里，我亲眼看到这个"暴利外汇"软件真是名副其实。在我一个人工作时（我每天很晚才睡觉，白天也不停地盯着它），这个软件每天都能赚到几百点的盈利。当我把盈利折算成美元时，看到这么多的盈利，让我难以想象！由于我的经纪公司（环球外汇经纪公司）会在我的账户开立之后通知我，所以我在这段时间里学会了如何使用电子邮件，这样当我可以向账户注资时，我马上就能知道。斯科特甚至花了一天时间教我如何使用黑莓手机，这样无论在哪儿我都可以随时接收邮件了。随着我不断地熟悉如何使用电邮、电脑、"暴利外汇"软件以及黑莓手机，我越来越认识到科技的力量是多么巨大。也许我还可以直接在我的手机上使用交易软件，这样无论我在哪儿都可以进行交易了。可能性是永无止境的。想要靠交易来获取经济上的彻底自由似乎并不属于空想。

2004年3月16日，周二，东部时间中午12：06分，我收到了这封电邮。当时我在会议室，作为保险诉讼人员在开会，他们在争论应该向魏克曼公司的客户以6分钟还是以15分钟为最小计时单位来收费。开会时我很激动，因为我可以很容易地用眼睛盯着我的黑莓手机，为了避免在办公室处理私事，我做了一个简短的发言，我指出可以让律师们把整理档案的名目改为调查，这样可以把处理案子的时间写得长一些，以便多收一些费用。在我快要做完陈述时，我的手机响了一下，我知道这一刻终于到了。

"抱歉，我有事要处理一下，"为了能够从这里脱身，我说道，"我的女儿正在医院的急救室里，我需要过去一下。"

所有的律师都答应了我的请求，尤其那些家里有孩子的更加支持我去照看一下。显然，我撒了一个弥天大谎，但与我要实现自我富裕的目标相比，这只不过是一次小小的草率行为。

在会议室门外，我读到了这条好消息：交易账户已经开立完毕，可以随时用信用卡向账户注资。我来到我的座位上，拿出我的信用卡，拨通了外汇交易商电话。

我只用了一小会儿就办完了，但当我正全神贯注地向我的账户转入1000美元时，竟然没有意识到有人正在看着我。约翰·墨菲（John Murphy），一个年轻的律师，他处理过很多有关合同的案子，正站在我座位的边上。

"我听见你正在念你的信用卡号码,"他说道:"我无意要打探你的私事,但你是否一切正常?"

我点点头,"是的,谢谢。"哎呀!他知道我谎称女儿有病要去医院了,算我欠他一次人情吧。

"如果你需要任何帮助,就告诉我吧。你是不是要付急救室的押金?"

太棒了!他不知道我撒了谎!"是的。"我告诉他,我又撒了一个小谎,我在我走向富裕的道路上又增加了一笔草率行为的记录。

"如果你需要帮助,可以告诉我的,你的保险可以承担这部分费用的。我知道我们这里的福利还不够完善,所以我可以想办法帮助你。"

我谢了他,然后感谢上帝——我撒谎没被抓到,接着我就彻底忘掉了约翰·墨菲和对他说过的急救室的谎言了。该去做交易了,我启动了"暴利外汇"软件以及账户,在座位上贴了外出就餐的字条,然后把电脑屏幕转到一个只有我能看到的方向。

还未等我登录(用户名:超级交易员,密码:G$TRICH),这时我发现斯科特正站在我后面。

"你的账户都设置好了吗?"

他的声音扰乱了我。我正需要一个人待一会儿!时间正在一点点流逝,我只剩下37分钟的午饭时间了,我想利用这会儿尽可能多的交易几次。

"是的,斯科特,我正抓紧时间把它设置好。我正在看这个软件怎么样了,我打算利用午饭时间看看市场现在怎么样。"

他点点头,"打算在办公室赚点小钱!不错。"

"不是的,"我回答说,显出一副受了打击的样子,"我今天只是想放松一下,只是看看。"这不是我的心里话。撒谎对我来说越来越容易了,我对我能够编出一些貌似可信的不实的理由来让那些想干扰我的人离我远些真是感到庆幸。

"那么,我也在这看一会儿吧。"

我叹了口气,我意识到继续与他争论只会失去更多宝贵的时间。"你可以待在这里,但你要安静些,我正打算学习一下,而且对我来说这并不简单。"

"你好像是在英镑上设置了买入提示功能。"他说。

他说得对。我是这样设置了，这是我的第一个下单提示。我很快就切换到了交易平台，点击 GBP/USD 报价，下单窗口跳了出来。

我一点也没有犹豫——因为也许还有其他的交易等着我来操作，我点了确认键，然后"嗖"的一声，我下单成功了。在已开仓位的窗口中我看到我下的单子，但我已经少了 50 美元，怎么可能呢？

"这怎么可能呢？"我发现我说话的声音已经很大了。

"你已经开始交易了，"斯科特说道。我真想用笔把他的眼睛给戳出来，但那样做又要浪费我宝贵的时间。

我又切换到"暴利外汇"软件的屏幕上。上面显示我刚刚交易的英镑兑美元的交易应该是负 5 个点，（或 50 美元，因为我是以每个点的涨跌按 10 美元来交易的）。喔，当我想起用这个软件的人都要经历短暂的亏损时，我终于放松了下来。我隐约记得在这个系统里，所有的交易都是从没有利润开始的。好吧。我把脚紧蹬在地板上，等待下一个提示出现。

我的手机突然响了，根据铃声我能判断出是我的妻子吉妮（Gini）打来的，这是斯科特帮我设置的，是为了让我不会错过她的电话。

斯科特知道是我妻子打来的，问道，"你要接这个电话吗？"这次我真想用宽胶带把他的嘴封上，但我只有透明胶条，粘不上他的嘴。

我接了电话，尽管我的手心全都是汗，我还是故意显示出我很放松很镇定。我说话时神经一直在抖动。

"什么事？"

"嗨，亲爱的，"她高兴地说道，"今天怎么样？"

我回答说一切都好，我用的语气可以听出做丈夫想暗示妻子打电话不合时宜，而又不想直接这样告诉妻子。

"不方便是吗？"她问道，"我想知道你晚饭想吃什么？"

"什么都行。"

"什么都行，"她慢慢重复着，好像在用笔记下。"有了，我去超市随便买点吧，想对儿子打个招呼吗？"

## 第一章　寻求暴利

"现在不用。"我很快回答道。我可以把电话放在耳边，同时再打开我的交易账户。我试着做了，但我只能切换到电邮的界面。我什么也看不见。

"好吧，我只想说你好，我爱你。"她对我说。我能听出虽然她准备结束通话，但如果我愿意的话，她还想多说几句，而我准备结束这次通话。

"现在别说了，"我对着电话喊道，"我得走了。"

突然，我感到自己很可怕，但我还是挂上了电话。我甚至没给她回话的机会。我正在大量的出汗，而且我的右腿也在地板上不停地颤抖，只要我一紧张，我的腿就会这样。

我就这样挂断了妻子的电话，斯科特什么也没说。我用鼠标点击交易软件，屏幕上跳出我的账户，查看一下开仓部分的利润：300美元。我赚了300美元！

斯科特的下巴张得好大，而我的汗已经变凉了。我能听到我的心脏在怦怦跳，我的腿也停止敲地板了。我认为过了有10秒钟，但对斯科特和对我都不重要了，我进入了一连串的恍惚之中。

我想象我当天就把工作辞掉了。我看见妻子开着一辆崭新的运动型轿车，当她加速通过吊桥并开往我们在汉普顿的避暑住所时，我的孩子们在边上一直在为她喊加油。我又看到我跳入盛有午夜天空般的蓝色海水的椭圆形水池内。在瑞格舞的音乐声中，一群长腿金发的美女在泳池周围晒着太阳。这就是生活！是外汇交易带给我的生活。

斯科特抓住我的肩不停地摇晃，把我从白日梦中叫醒。"先生，先生，你得把钱收回来了！"他告诉我说，他是对的。我不知道那个"暴利外汇"软件说应该怎么处理，但我无论如何也不能看着300美元从手边一点点溜掉。我点了一下已开仓位的窗口，跳出一个对话框问我是否要关闭这笔交易。

"太正确了！"我说，我的声音比平常要高出好多。

"啊喔！"斯科特叫了起来，他也为我感到高兴，对这个"暴利外汇"软件的兴趣比一周之前要强多了。

我点了一个按钮，突然发现我的账户金额从1000变成1300了。当时我想，这真是太棒了。这么简单。这就可以解决我的资金问题了。不到一分钟赚到的钱，足可以给妻子买一个苹果iPad。我决定就把这个作为礼物送给她，然后再把我炒汇的事情告诉她。

斯科特想让我看看软件给我发出的是什么提示，于是我把界面调出来看看。但是好像不太对。上面仍然显示着提示，但显示的是34个点的损失，不是盈利。

"怎么回事，"斯科特问道。"难道它显示的是相反的吗？"

我在屏幕上仔细看了一会儿，想找出点线索。结果没费什么力气就找到了。

"唉，斯科特，在我们买入时软件给出的是卖出建议。"

斯科特也没话说了。

我做的是错误的操作！突然，我又看了一下交易账户。我的宝贝利润仍完好的显示在我的"账户资金"窗口里。这就意味着当"暴利外汇"软件建议我卖出英镑/美元是一个错误的建议，但经我错误理解后做出了相反的操作，而且竟然获利了。当我看到那笔用于提示的卖出的操作正在亏损越来越多时，我感到无比高兴。

我笑了，我们欺骗了这个"暴利外汇"软件！我们是胜利者。这很合乎情理，在我精神错乱的时候，我可以战胜软件。我太出色了！

斯科特同意我的分析，他认为幸好被我错误解读了软件的卖出建议。我拍拍他的肩膀，我答应他以后我会每隔一段时间分他一点利润的。或许他会成为我的技术助手。一定还有一些其他的类似"暴利外汇"之类的软件，我们可以再安装几个。

我决定暂时先不操作了，因为我得先给妻子打个电话。这么做是对的，而且她接受了我的道歉。我告诉她我回家时要给她一个惊喜。她在那边咯咯地笑，这时我意识到我处理人际关系的能力要强于我的交易外汇的能力。

# 第二章　前途一片光明

那天下班后,我给妻子买了一个 iPod,然后坐上了地铁,一路上我自己一直在笑着。当然,在我辞退工作之前,我需要赚一大笔钱,但我觉得这一天会到来的。

当我到家之后,满脑子都是外汇交易的事情,我都忘记了让妻子惊喜的礼物了,但这并不意味着我见到她时不够兴奋。我在厨房找到了她,我用手围住她的腰并紧紧地抱住了她。

"别抱这么紧,"她边笑边说着。"卡罗琳(Caroline)还在这里呢",卡罗琳是我 5 个月大的胎儿,正在健康茁壮地成长。我的妻子正在一天天地胖起来,她同以前一样漂亮。当我吻了她的脖子之后她转过身来面对着我。

"我也很高兴看到你,我们又该付房租了,我不是想要扰乱我们之间这一美好时刻。"

我知道她爱着我,我也知道她必须提醒我交房租的日期已经过了。否则,我就会假装没有发生这件事情。我们负的债深得没过了膝盖,甚至比这还要多,我不愿面对它。我常常的做法(正如我说过的那样)是干脆把经济问题置之不理,然后希望它能自动消失。一旦我逃避承认有困难存在时,我就会一直保持低沉的状态,直到逐渐感到心里难受或头痛。那天晚上,当我承认已经晚交了房租时,我头一次感觉不那么可怕:我可以面对它,因为我知道我在午餐时用 60 秒钟所赚的钱足可以支付房租数额的相当一部分。

晚饭后,孩子们都上床休息了,我回到卧室里,打开了钱包。我看到这几样东西:身份证,六张信用卡。

我把信用卡一张一张取了出来。我用手指一张张地摆弄着它们。这些东西很快就会成为历史了！妻子走了进来，注视着我的举动。

"我并不是想让你为房租而担心。"她说道。

"我根本没担心。"我高兴地回答她并随手把卡片放在了一边。

因为我已经准备好上床睡觉了，我开始在脑海中计算我们拥有的一切财产，一共是 24000 美元，或许多几百或少几百吧。我们每月用卡还的钱也不算多——利率一直在降，所以情况不算太坏。有时我用其中的一张卡片来付房租。但如果引入利率（译者注：信用卡公司为吸引客户而提供的优惠利率信贷服务）终止时该怎么办呢？如果我们的信用都用完了怎么办呢？如果不做外汇交易，我们就没法支撑下去。我真的难以相信我能发现做外汇交易是多么幸运——它来得真是时候。妻子会尽量给我支持的，但我知道我们之间得进行一次长谈，而这并不容易。虽然无视问题的重要性并不是乐观主义，但我还是希望我会乐观一些。以前我一直在对自己撒谎，生活在迷茫之中，总是在回避问题。

但现在我再也不用回避这些问题了。我可以面对它们，因为一次就能赚到 300 美金。

## 第一场噩梦

凌晨两点钟时，我妻子猛地一翻身把我弄醒了，我家的金毛猎犬富兰克林（它跟我们睡一张床），碰了碰我的身体，让我照看一下妻子，因为它有些担心，但不知道怎么做才好。我揉了揉眼睛，看着妻子，她身体正在翻来翻去。她一定是在做噩梦。

"我们会付你钱的，"她说道。她一边说话一边在翻身，而且眼睛一直闭着，看上去有些可怕。

"我们会付你钱的，我们会付你钱的。"

她又说了两遍，我把我的手放在她肩上，防止她滚落到地板上去，我叫她的名字想让她醒过来，但我担心吓到她，因此没用太大声音。

她从床上直坐起来，紧紧抓住我搭在他肩上的手，接着长长地舒了一

## 第二章　前途一片光明

口气。她全身是汗,而且正在发抖。

我拥着她的肩膀。"你刚刚做噩梦了。"

过了好一会儿,她开始说话了。"对,我做了场噩梦。"

我给她倒了杯水,坐在她身边。她把头枕在了我的腿上。"我听见你说梦话了,"我告诉她,"我听见你说要付钱给别人。"

"哈里,我在为钱担心。"

"我知道。"

富兰克林也醒了,它站着,嘴里喘着粗气,准备为我的妻子去做一场战斗。

"一切都好,富兰克林。"我告诉它。"我很好,对不起,我们把你吵醒了。"

"我们付不上房租了,"吉妮提醒我。她刚从噩梦中醒来一小会儿,但她说话时声音很清楚,就好像从未睡过一样。窗户是开着的,我听到窗外的车流声,从窗口吹进来的一定不是新鲜的空气。我把被单从床上踢掉。

我能听到我的心脏在剧烈跳动,这种跳动不是我平时感受到的。

"朱迪(Judy)参加女童子军需要一套制服。"吉妮继续说道。

"我们可以用信用卡支付吗?"我真厌恶提到那几个字。

她摇头,接着我听到她抽泣的声音。窗外的一盏路灯把光亮洒进我们的屋内,同时也映到了她的脸上,依稀可以看到她脸上的泪珠。她用手擦拭着鼻子,仍在啜泣着。

"我想我们已经没有多余的信用额度了。"可能她是对的,尤其是我给她买 iPod 时刚用信用卡刷了 250 美元。

没有信用额度,不是好事。富兰克林躁动了一下,似乎我们破坏了给它在网上买宠物饼干的计划了。我准备表明我的看法,想办法控制住局势,不能再假装不在乎了。

"我有个办法,有可能帮我们摆脱现状。"

她的心情稍好了一些。很明显,她很焦虑,似乎可以把任何办法都看作是好的办法,甚至没听说过的她也会信。如果我说我要在我们的衣帽间搭一个甲安菲他明的实验室,她很可能也会相信,并进去看一看。她对不能买女儿的童子军制服感觉非常不好，似乎这会说明她照顾不了家里的吃穿。几乎可以这样形容：我们在深深的井下，根本看不到来自井口的光明。

"什么办法？"她问道。

"我也许能做些事情。"

她突然抬起头来，擦了擦鼻子笑了。"真的吗？"

她的眼睛也亮了起来。

"那是什么意思？用花很多钱吗？"

"不多，"我笑着回答说。"实际上，目前来看是可以赚到钱的。"我解释了我如何看到了午夜播放的广告片，暗自购买了软件，怎样整夜地在单位学习使用软件，以及我怎样开始赚到钱的前后经过。

"赚了多少？"她问。

"300美元。"

她把头从我的膝上抬起。"300美元？"我看得出她确实很惊讶。这个软件的广告也是这样承诺的。这很好！看样子，按照这个计划给自己再加上一级工资的话不算什么难事，尤其是目前在律师事务所做档案管理员的职位中，我拿的差不多是全美国最高的工资。我可以同时赚两份钱。这个计划完全可行，这才是个养家的好办法，养家就得解决妻子的真正需求。

那一刻，我想起了刚买的iPod，我更加引以为豪了。

很自然地，她又继续问道："你做的是什么样的交易呢？"

我犹豫了起来，我的妻子正在兴头上，我不希望没完没了地讨论交易带来的危险。老实说，我几乎没去仔细听电视广告中的风险警示语，感谢上帝，幸好我没去注意那些内容。否则我很可能根本不会去购买这个软件。

但我应当对她说实话。

"我做的是外汇交易"

"什么汇？"她听得有些糊涂了。

"外汇，就是外国钱，各种货币，与股票交易类似，只不过是通过货币的买卖来进行的。"

"是吗，我真不知道外汇交易是这样的。"当时她没有立即责怪我，这让我太高兴了。我更有底气了。

"其实，我最开始也不知道是什么交易。"我进一步解释道："但是今天我花了一分钟的时间试了一下。"

"你可以在上班时间做交易？"

"嗯，是午饭时间，而且回家后也可以交易。"

"你是说夜里也行？"

我点了点头。"外汇交易是24小时都可以进行的，我随时可以交易。我完全可以在做我现在的工作的同时进行外汇交易。"

"你每天都能赚这么多钱吗？"她问道，她甚至比我还要更加期待肯定的结果。我决定先抑制一下她的想法。

"嗯——不是每天，有时能赚那么多，也可能会少一些。"

她开始在头脑里算算数了。"一个月差不多能赚9000美元。"我发现她在计算我赚钱的速度时理解错了。

"嗯，周六是做不了交易的，所以会比你算的少一些。"

"即使这样，"她边说着，又把头枕到我的腿上。"那也有很多钱呢。我们用几个月就可以把债还上了。"之后，她沉默了几分钟，我猜到她要问什么了。她突然抬起头问："这样做有风险吗？"

我耸耸肩，摆出一副很酷的样子，"对于初学者，或那些根本不知道自己在做什么的人来说，当然有风险，但是我有软件，我会做得很安全的。"

"我们会把我们投入的1000美金赔掉吗？"

"我想不会的，我是在软件提示交易时才会下单的。有很多人靠这个软件赚了很多钱。我观察了整整一周了，这个软件就如同它所描述的一样令人惊奇——它确实有过一些令人难以置信的交易记录。"

虽然心存疑惑，但她已经很满足了，她告诉我想躺下睡觉了。我告诉她，我要先给她一件礼物。我走到门厅，打开了公文包，把礼物给她取了出来。

她打开了iPod的包装，张开双臂紧紧抱着我并吻了我。"我们买得起这个吗?"她问我。

"我们买得起,"我笑着回答了她。带着甜甜的微笑,我们安静地躺下睡了,对近在咫尺的美好未来充满了期待。

# 第三章　31层

我在曼哈顿中区工作了11年，始终在魏克曼·巴特曼·贝利律师事务所工作，实话实说，我一直做的就是整理档案。什么诉讼申请、案情摘要、审问内容、处理结果……只要你能说得出名的，我就能把它存档。这份工作听上去很枯燥，但事实就是如此。这就像情景喜剧《布雷迪家庭》续集重新上演时却用叉子把我的眼睛刺破一样难受。在这种岗位上工作的人一定会尽力想办法来摆脱这种境况的。相信我，我已经努力了。我甚至曾经无聊到尝试用嘴去咬自己的大腿来寻找点乐趣。

虽然我从未真正咬到过我的大腿，但我也用过很多其他的方法消磨时间。当我在律师的办公室和档案室之间行走的过程中，我会尽可能长地把时间打发在这些距离之间：我们这里有145位律师，每去一位律师的办公室我会花上25分钟。即使以这样的速度来做事，我仍能完成交给我的全部工作。

我当初来这里工作，是一位人脉广而又好心肠的人介绍的。确切地说，是我的父亲。哈罗德·贝恩斯（Harold Banes）以前在纽约大都会运输署（New York Metropolitan Transit Authority）工作。他不是工程师，也不挖隧道什么的，他是一名门卫。准确点说，你要假设在一场橄榄球赛中你正在负责对付一片区域内的对手，只不过对手的进攻路线是秘密制定好的，而且要么就是在地面上进攻，要么就会以90度以上的角度进攻，你会常与老鼠作伴，而且你要乐于每周都打电话叫警察来，因为你负责的区域内出现了活的（或死的）老鼠。现在他已经退休了，但我相信他一定像参加过越战的老兵或被虐待了的小动物一样常常做噩梦。

我父亲刚好与魏克曼·巴特曼·贝利律师事务所的律师们在同一管理

区域内上班，他们每天路过我父亲那里。经过几年的时间，我父亲已经与每个律师都聊得很熟了，他甚至与其中的好几个律师成了好朋友，所以当我高中毕业时，我已经在档案室工作过三个夏天了，这都要归功于我父亲的关系。

当时我赚的钱并不多，但我却丝毫没意识到。我记得在1992年时，他们付我一小时15美元。这个数当时对我来说是很多很多钱了，虽然我当时认为这是很好的收入了，可我还是没能把钱攒下来。我花钱如流水，并始终以为每年我都会涨工资。那样的好生活我过了好长一段时间，因为只有我一个人花这笔钱，而且我住在家里。

不久，我和我的高中女友打算结婚了，又过了不久，我们有了孩子。确切地说，在婚后的7年里，我们有了3个孩子。现在又有一个要出生了。

我们单位位于曼哈顿的一幢高楼里面，在过去的11年中，我每天上班都要乘电梯到44层去上班，这份工作我一直就不太喜欢，领导不在我面前时，我真不知道我在为谁打工。为了养家，每个月的工资全都花完也不够用，总是缺那么两三百元。（直到现在一直这样）每次我乘电梯都会路过其他楼层的办公室，从未停下来看看那都是些什么公司。

我来到办公桌前，斯科特正等着我呢。在过去的5年中，他一直如此。

这天，他看上去很焦急的样子，有些反常。他是世界上最松散的年轻人，但现在他看上去就像在前台抽烟时被当场抓住了一样。起初，我猜这与我的外汇交易有关。

"你没在我的账户上操作吧？"

他摇了摇头，我松了一口气。我不希望他碰我的账户或软件。他对外汇交易感兴趣我不介意，但我无法彻底相信他。

"老兄，甲壳虫（Herbie，赫比）要见你。"他尽力表现出一种平淡的语气，但还是能看出他很着急。

"你是说约翰逊吗？"斯科特在私下里给他起了个名叫甲壳虫。我也挺恨这个人的。当我在头脑中反复称他为"甲壳虫"时，我担心没准哪次我会当着约翰逊的面叫出这个名字的。

斯科特像个小孩一样快速地点头。

"他说了要我做什么了吗?"我问道,此时我对将要发生的事情已经产生恐惧了。这一天我有很多的存档的事务要处理,但我还是想操作一下我的外汇。我想再赚一次钱给我妻子看看。或许今天我能赚到比300再多一个点,赚到310美元,那就太好了。

"他没有说有什么事要做,"斯科特的回答打断了我的白日梦。"实际上,他刚刚给你发了语音留言,因为你从不检查留言记录,所以是我帮你听的。"

我淡淡地笑了一下,"我想先看一眼外汇,然后再开始工作,所以我才早来一会的。"

斯科特点了点头,"我可以确认你确实可以腾出几分钟,咱们开始吧。"

我们打开了机器,行情变化很快。这个"暴利外汇"软件已经给出7条开仓指令提示,里面除了两条以外,其他都是已经获利的。我看了看最近的一条指令提示:这是一个看多英镑兑美元的买入提示,这条提示是在5分钟之前发出的,目前处于亏损10个点的状态。

斯科特眼睛在发亮,"你可以按照这条提示现在就下单,你可以以一个比他们建议的更好的价位来操作。"我想了一下,他是对的:因为建议的买入价位是在英镑兑美元1.8100位置,而现在是在1.8090,这就意味着我们可以低于建议的价格来进行操作,这样获得的利润会更高。我打开交易窗口,下了单。

"嗖!"我爱听这个声。现在我们只需要等待利润出现就可以了。同时我们还要盯住"暴利外汇"软件,这样,我们就知道应该什么时候平仓了。昨天在兴奋和慌乱中平了仓,我赚取了第一次利润。但这回我决定要等软件给出提示时再平掉仓位。我开始搓起手掌,同时也忘了还有档案要整理。我希望利润能够再次快速出现,但是几分钟过后,价格一点也没动,我处于负50美元的状态。

"为什么一开始我就是负的?"我大声说道,我希望知道结果。

斯科特马上给出了答案,"你要付点差的费用,给你的买入价始终是要高于给你的卖出价的,经纪商赚的就是这份钱。"

"啊?"我回答道。点差,对的,这么讲有道理。由此看来,我每次下单都要以赔钱作为开始。可是"暴利外汇"一直以来的业绩都不错,所以通常我都没有注意到这一点。时间又过去了几分钟。

此时是8点29分。

走廊里传来震耳的声音,是约翰逊发出的声音。我听到有人在喊我的名字,并突然想起这个大人物要见我。唉,我的外汇正开着仓呢,我希望这笔交易现在就能平掉。由于我的这笔交易仍处于开仓状态,所以我感觉越来越不适,这会儿我应该已经有些利润了吧。

"哈里,刚才他让你一来就去见他。"

"我知道的。"

"他也知道你每天8点15分就到了。"

"这个我知道。"

怎么办好呢?

斯科特笑了一下,然后说道:"我会在软件给出提示后马上卖出。你放心地去和甲壳虫谈话吧。这是笔和纸,当他向你大叫时,你可以做一下记录,我还准备了纸巾,以防他吐到你脸上时你可以擦掉。"他把这三样东西递给了我,好像我要准备上战场一样。

我不太愿意让斯科来帮我照看我的账户,但这别无选择。

"不要做其他的操作,一定要在软件给出提示时,平掉我的仓位。"

"好的,我就在这里盯着。"

我向赫布·约翰逊(Herb Johnson)的办公室走去,一路上我还在回头盯着我座位的电脑。其实我是看不见电脑屏幕的,因为我特意挪动过它的方向。这次与约翰逊的谈话有可能一分钟就完,没准花上一小时也有可能。

赫布·约翰逊是我们公司的执行合伙人。他是刚刚被选上的,之所以能到这个位置是因为他能把困难的事情摆平。他是个一流接线生,这个有着拿破仑身材的男人能同时接听两部电话,把应对问题的方法记录下来的同时他还能向一个助理律师大声发号施令。公司成立以来他为公司赚的钱比其他任何一个律师都多。他总能带来更多的客户,而且非常善于大声并清楚地表达自己的想法。我到了他的办公室时,他已经在大叫了,不是在冲我叫,而是冲着电话另一端的人在叫。

他没有把电话挂上,而是直接放在桌子上了,他用眼瞪着我,足足有30秒。

他会炒我的鱿鱼吗?有可能。

升我的职?绝对没戏。

难道是因为有文件找不到了,要对我大吼?嗯,对了,一定是这个原因。

"贝恩斯,又是你。"他低声威胁着问道。我听见他在说什么了,但我的心思却一直在外汇交易上面,我的账户会不会已经赚钱了?钱啊,我太喜欢你了!我多么想看一眼我的账户啊。我一定已经赚了不少钱了。我真想知道这个"暴利外汇"交易系统要到什么时候才能到达它的目标获利位。也许一会儿我就可以打电话给他们公司去问一问。但是现在,我几乎已经能嗅到我的利润散发出的味道,而且正在我的办公桌那儿等着我呢,这股味道是带着甜味的,我希望这一天能再闻几次。

我开始幻想我自己正坐在蓝色的泳池边,躺在沙滩椅上,一个服务生正在边上问我:

服务生:贝恩斯先生,您想再来一杯饮料吗?
我:好吧,再来一杯草莓代基里。
服务生:没有问题。

在我产生幻觉的时候,约翰逊一直在大声叫嚷着。他正喋喋不休地说有文件丢了,还有一些需要根据法律做修改的文件,因为里面有些对客户的描述是错的,都是诸如此类的事情。

甲壳虫真的坐不住了,他开始咆哮,而且越说越厉害。"贝恩斯,这是办公室中最重要的文件了,而且这是安德森的案件,他是个交易商。是个有关歧视性补偿的案件。"

他说这些内容就好像我真的在意安德森或者他的案子,没准那个文件与他给情人买礼物的收据一起都被撕成小碎片了。我是很重视交易的,当约翰逊先生提到"交易商"时,我变得更加兴奋了,真想回去和斯科特一起看看账户怎么样了。

在约翰逊批评我的时候,我把一些内容记在了斯科特给我的纸上。关于这个案子,我不必做任何记录,而且约翰逊正在尽可能仔细地讲述每一个细节。我了解这个案子,因为这个案子曾出现在纽约所有报纸商业版的首页位置。我们代理的是一家华尔街的公司,而且是全球最大的一家证券公司。这家公司被指控在遣退身体有残疾的交易客户时,给了较少的补偿金。我对全部的细节不是很了解,但我知道是赫布接下的案子,这个案子要做很多的档案整理和审查的工作,这就意味着会产生庞大的费用。我停下正在画的这个执行合伙人的画像,问道:"你具体要找的是哪份文档呢?"

他停止了讲话,用眼睛逼视着我,他永远都是这副样子。我觉得他随时都有可能要打我一顿,他那丹尼·迪维图(Danny Devito)式的身体会突然从桌子上爬过来,然后紧紧攥住我的喉咙。我后退了一步。

话筒仍放在他的桌面上,我能隐约听到有人在喊他,那人一定在奇怪赫布去哪里了。我想赫布有可能因为我打扰了他的通话而高兴,这样他就可以回来接着跟三个人同时打交道了。

"要找的是一封信,"他答道,他回到办公桌边拿起公文包,在他描述这封信的同时,他已经在处理一些完全不相关的事务了。当他讲完了我应去找的信件后,抬起头看着我说:"你亲自把它送到31层去,告诉安德森先生我希望他能告诉我是你把信递给他的。"

这就是惩罚:整个早晨我就做信使的工作。太好了,我能承受住这样的工作,而且尽管安德森案子的文件堆得有小山那么高,我也一定要在剩下的时间里坚持把这件事做好。现在我终于可以看一眼我的外汇了。

我跑回档案室,一把就抓住了那封信,因为我很快就想起在24小时之前我亲自把它放在了一个正确的位置。我注意到斯科特正朝走廊的另一方向走去。他离我15米远,如果我喊的话,他是听不到的。这么说他没在照看我的交易。

我快跑到我的办公桌，准备更新一下信息。但电脑屏一片空白，就像一个屏保一样。"暴利外汇"软件已经被关闭了，交易账户的程序也是关闭的。我真不知道应该去哪找斯科特。我还得马上去送一封信呢。

接着，我又听到约翰逊先生的声音在走廊里回响。我极不情愿地离开了我的座位，我决定再也不在开着仓的时候离开电脑了，让我等一段时间再知道结果简直和杀了我差不多。

## 大开眼界

我得输入一个特别的指令才能让电梯停在31层。刚一走出电梯，在我的前方看到的是一个前厅，厅里摆的是一些崭新的家具。在前台秘书的上方的匾上刻有一行金字：欧内斯特·韦林顿公司（ERNEST WELLINGTON AND COMPANY）。在她身后是一扇钢门，周边镶着木框，非常精致。我说明了来意，她打电话验证了一下我的身份，然后转过身用卡在门禁上刷了一下，钢门的锁就打开了。她推开门，然后转身离开，还说了一句什么话，我始终没听懂。事实上，我几乎得捂上耳朵才能适应周围嘈杂的声音。

我能感觉到身后的门关上了，因为它碰到了我的屁股，我却一动没动。我正在目不转睛地观察着这家华尔街上最显赫的公司的交易室，感觉好像到了另外一个星球一样。

这里有至少20竖排的桌子，从我站的位置开始，摆成了一个巨大的半圆形，桌子一直摆到了整个大厅的另一端的尽头。里面至少有200个男的和几个女的，他们正在大声地喊话、敲电脑或者注视着电脑屏。我在这幢楼里已经工作了11年了，就在距我办公室几层楼的这里，竟然在发生着这么多事儿。

我把安德森的事彻底给忘了，我在这个厅里随便走了起来。玻璃窗正对着中城区的西侧，每隔一堵墙都设有一间会议室。一间挨着一间，大部分是空着的。在会议室的上方摆着大屏幕。有些屏幕一看就知道显示的是股票或债券之类金融产品的报价。还有些屏幕上播出的是全球各地的新闻发布会的内容，在屏幕下方显示的是会议的同期声字幕，但声音是关着的。我感觉时间似乎静止了，而我周围的事物正以 1000 千米/小时的速度快速运行着。

一片嘈杂。

我向前走了几步，走到了一个 21 岁左右的年轻人的身边，他正拿着电话大声讲话，大概是说以某个价格在 11 月卖出什么东西，具体内容记不清了。而他身边那个人，从年龄看至少有他的两倍大，正用手捂着头，神情非常沮丧。前面一位女士坐在椅子上，正用手指着交易屏跟坐她身边的那个人谈论着，说什么交易者持仓报告以及别人是怎样欠她一箱啤酒的事儿。

类似的场景不断地重复着，一排又一排的人，我已经有些晕了。我听到人们在谈论着上百万千万的美元。当我走到大厅中间位置的时候，听到一个交易员正对他旁边的人说他刚刚抛售了 100 万股 GE 公司股票。难道他说的是 100 万股通用电气？那得要几千万美元才行呢。他从哪弄的这么多钱呢？他抛给了谁呢？另一个人又为什么会买呢？这个接受抛单的人是怎么想的呢？

一个人的生命中有段时间可以称为唤醒期，现在就是。

或许不是所有人都有唤醒期的。当你学会了如何交易或掠过别人的肩膀看到别人做了交易之后，你就有可能会被唤醒。当这一刻到来时，你会觉得如果抛开之前的存在，你好像刚刚从冬眠中苏醒过来，然后发现自己已错过了至少几年的时光。我彻底忘记了我的英镑兑美元的交易单子仍未平掉，心里在想：这里的男人和女人正在通过交易来大把大把地赚取财富，而我却认为 300 美元的盈利已经是了不起的事了。

不，眼前的这一幕才算真的了不起，这才是最伟大的。

我从未见过这么多人以这样的方式在工作着。他们当中有兴奋的，有忧伤的，有狂放不羁的。这些人同在一间屋里工作，彼此间谈论的是自己如何把数千万美元的股票抛售给别人。我的心里受到了触动，或许用撼动这个词更适合。

我认为这就是我要做的事情。我已知道我愿意从事交易工作，也发现了我拥有做这行的天赋。正是在这间大厅里，在这间充满叫买和叫卖声的大厅里，正在发生着我愿把余下的生命投入去做的事情。

在这一刻，不会有比这更荒谬的想法了。因为我只做过一笔交易，而且我只是纽约的一家律师事务所的档案管理员，数学只有九年级的水平，而且只有一个本·卡多佐高中（Ben Cardozo High School）的毕业证书。现在在我周围的无论男的还是女的，他们都是从美国一流大学毕业的——我很可能正站在一百多名哈佛商学院的硕士研究生中间呢。与我和我的同事处在共同一个法律事务所的情况差不多，我连一个法学文凭都没有，更别提大学了。

但是我知道我想要的是什么，我想从事这些人在做的工作。

这时，我想起了我的那笔外汇交易。当我看到这些人都在卖力而又焦急的处理着手中的交易时，我感觉似乎我也成了他们当中的一部分。他们都是一些交易员，迫切地想知道手中的交易是否已经盈利了，就像我一样。

"喂，迈克，你在找人吗？"有一个声音在大声地叫我。

我分辨不出这声音是从哪里发出的，于是我边答应边在四处寻找着，"安德森，我要找安德森。"

"就在你前面，继续向前走，到会议室来，你看上去好像有心事。"

如果我能知道谁在跟我说话，我一定要问问他英镑现在价格怎么样了。

《华尔街日报》摆得四处都是，但大多都是未被翻过的。大约有至少三分之一的桌子上都摆着已翻开的《每日纽约新闻》和《纽约邮报》的体育版。大部分交易者穿的都是休闲服。如果某个人穿的是运动外衣，不管穿的是什么款式的，那他一定是把它披在了椅子背上的。

在交易厅里，到处摆的都是电脑屏，屏幕上显示的全是 k 线和图表。和我在电视上看到的商业新闻中的图表没什么两样。我还看到几乎每个交易员都有至少三个平板液晶显示器，有的甚至配了四个显示器。每个桌子上都有至少一个屏幕显示的是某种财经图表，这些图表我还都看不懂。但看得出来，这些都是不可缺少的，这也是我要学习的另一个内容。

我不能在这里继续傻看下去了,我应该去找安德森才对,完事儿我就可以回楼上看我的交易账户去了。

我快步来到会议室。在这里我见到了一位身材偏瘦,肤色白皙的男人。他打着领结,戴着一副金属框眼镜,正站在一张摆着报纸的玻璃台面的会议桌边。尽管从面相上看他有点像个大男孩,但是很明显,从他站在桌边用手指揉捏着下颌并在深思着的样子完全可以看出他是这里的一位重要人物。与这间玻璃会议室另一端的繁忙景象相比,他此时平静的表情似乎完全来自于内心的定力。

我推开门时,他向我笑了一下。

"你就是哈里·贝恩斯吧?"他温和地问道,如果这间会议室的玻璃隔音效果不是这么好的话,我肯定听不清他说的话。

"是的,我就是。我从赫布那里把这封信带来了。"

他伸出手接过信,并微笑着问道:"你在你的公司工作多久了?"

"大约10年吧。"

"与赫布共事,感觉如何呢?"

我不打算因为一句愚蠢的评论就失掉我的工作,所以我尽可能诚实地回答了问题。"他现在是高级合伙人,所以我们之间的工作会更加紧密。"

"说得对,你在哪儿上的学?"

我不是很清楚他问的是什么,于是我说道:"卡多佐。"

"哦,那是一所不错的法律学校。"他说道。

我曾想是否要纠正一下——我没上过本杰明·卡多佐(Benjamin Cardozo)法律学校。我上的是本杰明高中。不过他不知道这一点也不会对他有什么伤害。

"你是本地的人吗?"他问道。

"是的,出生和成长都在这个城市里。"

"以前你们公司是谁做主管?"他一直在看着我的眼睛。

当时,我的眼睛一定是没长在我的头上,因为很明显,我根本不知道他在说什么?于是我故意向窗外看去,装作没听见他的话。

"今天的交易大厅真是忙碌啊,"我对他说道。我的语气好像是在陈述一件事实,好像我常来这里并很愿意看到人们都在忙碌工作一样。

"的确。CPI数据的公布影响上午的市场,股价都在急拉。"

股票与我不相干,可我的英镑兑美元的表现倒是比这要重要得多。

"美元表现如何?"我问道。

他笑了。"我看得出,你还处在学习过程中。"

我点了点头。"我自己也做一点交易。"

"嗯,好的,"他说道,"如果你今天做空了美元的话,你会很高兴的。"

做空美元?那就意味着卖出美元。我做了英镑的多头交易。这其实不难理解,但确实容易搞错。我今天买入了英镑,这就意味着我卖出了美元,也就是说我做空了美元。他告诉我美元跌了!那就意味着在楼上有更多的利润在等着我呢。

"实际上,"我告诉他,"在我们谈话的同时,我是在做空美元。"

这句话令他很开心。"好,非常好,我们应该保持联系。还有,之前谁是你们公司的领导?"

我不知如何是好了,"不好意思,我不记得了。"

他轻声一笑,终于放过我了。"我想你是交易做得太多了吧,咱们不提公司的事了。在我大三的时候,我就经常逃课并且让我的经纪人帮我下单交易。那时候,交纳的佣金比我每笔赚的钱还要多。"说完,他轻轻地拍了拍我的肩膀。谢天谢地,刚才讨论的我在法律学校上过学这件事,事实上我根本没读过,但这事儿已经基本上就算混过去了。他接着说道:"对了,记得多了解点你们公司的事情,因为我们要组织一个内部的外汇基金,我们需要很多这方面的帮助。我们已经找到了来自世界各地的投资者,其中有的来自中国大陆,有的来自中东。这一举动很可能会招来别人的关注,我们要做一些背景核查工作,这不是一个普通的计划,我们为了启动这个项目,准备投入50亿美元。"

50亿美元?哇!我真庆幸他刚才没有问我的外汇交易赚的是多少钱。

"你回去把这件事告诉赫布。告诉他关于基金的问题我们需要一些帮助,他应该会给我打电话的。"

我只好说"我会告诉他的",接着,快步走出了这间会议室。

我穿过交易区,准备回公司去。这时,我感到我的时间似乎再次静止了,但别的人却都在行动着。我仿佛正坐在一趟列车上,或是迪斯尼的观光车上,还没看明白眼前的这些景象和声音,但我不在乎在这里多花费一些时间,因为我知道我的那笔交易不会有问题。我知道,我此时应该尽可能多地学习这方面的经验。

类似的经历我一定还会遇到的。

在回办公室的路上,我一直在期盼着能与安德森再次见面,我在想象着他应该能再教我一些外汇方面的知识的。

因为我已经知道我的那笔交易没出现问题,所以我先来到了赫布的办公室门前,我把头探进屋内,向他竖起大拇指,示意他我已经把那封信递过去了。他正在打电话,屋里还有两位律师正和他坐在一起,但他还是腾出时间说道:"别再丢文件了,否则的话你将被解雇。"

我不记得当时是怎么想的了,也许刚才31层的那些喧闹声以及那儿的人所体现出的雄性激素的旺盛分泌已经影响了我,我直视着他的眼睛说道:"下次喊我的时候别看错方向,不然的话,你得再打一次电话给我。"

说完我就离开了,我相信我将被解雇掉,同时我感觉到我自己终于能够站起来了。哇!仅仅在那些交易员中间站了几分钟的时间,我便恢复了我原有的乐观精神。我真是受的影响太深了,以至于后来想起此事时,觉得有些后怕。

我能做到在31层上班,我告诉自己。如果我愿意的话,我一定能做到。如果赫布炒我的鱿鱼的话,那我就开始自己做交易。我应该已经能够靠交易来维持生活了,这才是我的归宿。

工作并不重要,迟付房租也不是什么问题,信用卡的欠款也显得不是那么多了。虽然我是偶然间发现的这个办法,但它给我指出了正确方向,我要继续走下去。

当我在走廊里走的时候,我听见赫布正对另一位律师大声说道:"让我们祈求上帝保佑他没有对安德森也这样说话,他可是整个交易部的一把手。没准他到那里后告诉他,以后自己找信去吧。"

我突然打了一个冷战,他负责所有的交易?安德森?一个戴着 Nerd Club 牌眼镜的又瘦又白的家伙。原来刚才与我说话的就是他?太棒了!我在 31 层遇到的新朋友竟然是一个交易大师!

我又开始在脑海中盘算了。我能不能再去他那儿一趟?我能不能问他一些外汇交易方面的问题呢?他能否给我一份工作?我该如何开口?在我的自信程度达到极点的时候,冒出的想法看上去还真是个好主意。

即使安德森不愿意坐下来与我讨论外汇(当然,他很忙),或许他能允许我坐在那里看看别人是怎么交易的,我看这个主意不错。我用手撑了一下身子,防止我差点从座位上滑下去。时间过得怎样了?是不是从我去楼下开始已经过了有 20 分钟了?顶多 1 小时?也许我应该马上到楼下去问问在余下的时间里,我能否待在那里看他们是如何交易的。

但我得看一下我的那笔交易。赚了多少了?又赚了 300 美元吗?还是更多?当我兴奋和乐观的程度达到极点时,我认为我就是世界之王,所有人都应向我鞠躬,为我效劳。

我看见斯科特正在休息室里准备给自己倒上一大杯咖啡。

他看见我了,并朝我笑着说:"你会高兴的。"

"我已经知道了!早就知道了!你把好事跟我说一下吧。"

"你赢了 20 个点,老兄。"

"什么点?"

"在外汇市场里,他们以点来计算赢利。"

"只有 20 个点,就这么多吗?"

他压低了声音,好像要告诉我一个秘密似的。"告诉你吧,赚了大约 400 美元。"

我知道他在说谎。如果只赚了 20 个点的话,盈利 400 美元是不可能的。我做的仍是每个点 10 美元的比例,赚了 20 个点,那就是 200 美元,不是 400 美元。我把这个道理告诉了他。

"嗯,你说得对。我是在你赚了 10 个点后并且软件提示出局时结束你的仓单的。后来它继续往上涨,太快了,于是我又买进去了。"

我很紧张,高兴的同时还有些忐忑不安,"你又买入了?软件给你发出提示了吗？"

"没有，但是它涨得很快！但我必须得为你抓住些利润。"

"于是你多赚了10个点？"

"是的。我把你的交易比例加大到三倍于你下单的大小，这样，每变化一个点时我就能为你多赚些钱。"

天哪！我从没想过这一点。当我真的认为市场在快速变化时，我可以加大每个点的交易比例。斯科特这么做的确是对的。但是我还是不太高兴，因为他没有得到软件的允许就私自交易了。

他大口的喝着咖啡，很明显，他在为自己早上的表现感到非常兴奋，而我还不能对他太生气。为什么？因为在一天前我的起始资金还是1000美元，现在我有了1700美元。如果我能每隔几天就把我账户的资金翻一倍的话，这是我赚过的钱中最容易的了。

# 第四章　两段激动人心的谈话

因为我知道约翰·墨菲是个可信的人，那天晚些时候我去了他的办公室。

他很乐于腾出时间和我交谈，"你的女儿怎么样了？"他问道。

我很茫然地看了他一眼，说道："她还好。"我的回答足以显示出他问的是一个奇怪的问题，我已经忘记了就在前一天我曾撒谎说我女儿进了急救室的事了。

"你的这间新办公室挺不错嘛。"从我们坐的位置向外看，视野非常棒，曼哈顿的中城区就位于我们的正前方。

"谢谢你的夸奖，这间屋子原来是一个合伙人的办公室。他叫查利·弗兰克（Charlie Flank），他到东区去开展自己的业务去了，专为那些想把所有财产留给卷毛小狗的富人写遗嘱。上周查利离开公司时，赫布让我搬进了这里。"可以看出约翰刚搬进来不久，因为门旁还堆着一些查利剩下的物品：一张查利与纽约市长布隆伯格（Mayor Bloomberg）的合影，一个侧面印着"MS Walk 2002"的杯子，还有一盒名片。约翰继续说道："当然，我向赫布提出过请求，让他把这间办公室让给我。于是，我终于能在这间屋里看窗外的街景了。你怎么看？你是否把这看成是福利的一部分呢？"

我突然想起撒过的谎。"哦，对了，刚才我说错了，我的女儿现在好多了，一切都还顺利，我很欣慰。"他点了点头，当看到他所关心的事情而我却没有太担心时，他很高兴。"事实上，我想问一个关于交易的问题。你去过31层吗？"

"当然，我有个朋友在那里工作，那里的场景蛮特别的。"

于是，我把我去 31 层送信以及在那里遇到了安德森的事情告诉了约翰。

"安德森告诉我说他们要成立一个新的外汇基金。"

"你把这件事告诉赫布了吗？"

我摇了摇头。

"你为什么要告诉我呢？"

"赫布的样子太吓人了，"我说道，"他不配知道这件事。"

约翰开心地笑了，他好像很愿意听我这么讲。

"而且，"我接着说，"我还听见安德森说了一些事儿，我正想问你一下。"

"说吧，我会尽力帮你的。"

我深吸了一口气。"他们真的可能筹到 50 亿美元吗？"

他斜着眼看了看我，"是的，这是一定的。如果他们愿意的话，他们有可能筹到两倍于这个数目的钱。外汇，现在正是热门，而且非常热门。他们可能要筹资建立自己的基金，而不是像别的外汇基金一样把股份卖给别人。别的公司现在也在做这类业务，这是一笔大买卖，这些公司吸引了很多高净值客户，甚至包括一些高净值公司，把他们的钱投入一个基金当中，只做国际货币的买卖交易。"

"那些人靠什么来赚钱呢？他们都做些什么呢？"

"他们在从事交易工作，那里有的人其实就是我读法律学校时的同学。"

"交易？法律学校？"像安德森那种人。

"是的。有些在校的学生不愿去普通公司上班。于是他们选择到华尔街去接受面试。这些公司想找名校生，比如哈佛商学院或哈佛法学院的他们都喜欢。对学法律的学生来说会稍难一些，很多人已经不太愿意一参加工作就到楼下那种地方整天靠不停地喊话和叫嚷来赚钱。实话告诉你吧，法律学校的差等生才会去华尔街工作呢。"

"为什么？"我在推测是不是那些聪明的学生得到了许多更好的工作机会，而那些差一点的学生不得不去华尔街找份工作安顿下来。听上去好像是他们去做交易员的话是在不务正业。约翰同意了我的看法，而后他又拒绝了这样的看法。

"从某种意义上讲，他们是在走下坡路。这些学生在法律学校成绩不好是因为他们总在看红袜队的棒球比赛，而不是在钻研宪法，或者在睡大觉，还有可能是他们在读报纸的商业版内容，看股票报价表，或者在看CNBC（美国NBC环球集团所持有的全球性财经有线电视卫星新闻台）节目。有些人的特点是与生俱来的。我的一个朋友与31层的前台小姐交朋友，于是他就连续两周每天都在那里的交易办公桌那儿耗时间，假装很忙的样子。他在那里架起一台电脑以及其他的设备。他不招引别人的注意，也不与别人出去吃午餐，但是他在那里坐了两周，就好像那个位置是他的一样。他一天给我打好几遍电话，然后就对着话筒大声地说话，他想表现出似乎他在做事一样。"

"他后来怎样了？"

"安德森抓到他了。"

"把他扔出去了吗？"

约翰笑了，"没有，他当场就被雇用了。从第一天起安德森就看明白他了，没什么能逃过他的眼睛。"

我在想，只不过我还不是个律师。约翰接着说："安德森观察到克雷格（Craig）像个交易员一样待了两个星期，穿着很讲究，手敲着键盘，时而对着电话大声讲话。克雷格精通自己的业务，他很聪明，而且同时还了解外汇，这样就与安德森逐渐熟了起来。他对克雷格进行了面试，面试的地点就在交易区的中心位置。"

我对这件事感到非常惊讶，或许我也可以这么做。安德森这个人看上去应该能理解我的。如果他把我扔出去的话，那么我也不需要这份工作了。一天赚400美元的话，我自己做交易也足够了。约翰接着说道："实际上，克雷格开始也乞求他别把他拒之门外。克雷格以为他会被抓起来，但是安德森要和他谈谈业务上的事。于是他开始问克雷格对欧元兑日元的看法，接着又问了他对各个行业的看法。当时根据他的技术分析来看，正是一个绝佳的买入时机，安德森于是从克雷格开着的电脑登陆，买了500

万欧元兑日元的交易。"

"哇！"

"是这样的。这笔交易很成功，克雷格得到了这份工作。真是个好故事。那么，"他继续说着，显然对自己讲述的故事很满意，但是时间已不是很充裕了，"我能帮上你什么呢？"

"我想和克雷格谈谈，或者安德森也行，或者任何一个懂交易的人都可以。"

"为什么呢？难道你也想当交易员吗？"他没有取笑我的意思，他的表情看上去很真诚。

"是的，我是想当一名交易员，也许不一定在楼下那里，或许我是想为自己做交易。"

"你是不是发烧了？这可是很严肃的。"

"你说我能与克雷格见一面吗？"

即使他想帮我，我也可以看出我正在尽力扩大我们的关系范围。他也许并不知道克雷格是否愿意回答我的全部问题。

"听着，"我说道，"我从来都不那么喜欢这份工作，我是在为公司帮忙，我为公司帮了11年的忙了，那时你还没来公司呢。但是当我到楼下参观了之后，我发生了一些变化。就好像你到了一家大的律师事务所去面试一样。"

"也许不是那样，但你接着讲吧。"他说道。

"我只是想和他谈谈，我想知道下面的交易厅里正在发生着什么样的变化？我发誓，如果我有勇气的话，我会溜进那里并且会表现得像克雷格一样，但我做不到，因为我很可能在第一天就会呕吐并会吐得满桌子都是。"

这是我梦寐以求的最好的工作了，但约翰不愿尝试帮我一下，我能够看出他有他的原因。目前的情况很可能是这样的，现在他要做出努力来帮助我，而我却没有什么可以回报给他。难道我真的不能回报他吗？

"这笔有关外汇基金的买卖对公司来说是多大的一笔？"我问道。

他耸了耸肩。"一大笔钱，其中不仅牵涉到提供材料还有登记、人员协调、法律支持,甚至还包括一些对客户的介绍,当然还要包括一些背景调查,这一点安德森已经跟你提过了。大概有200多万美金吧。"

"可赫布还不清楚这件事呢。"

约翰停下了耸肩的动作,直盯着我的眼睛。"你说什么?"

"你帮我约克雷格来吃午饭。"

"然后呢?"

"关于外汇基金问题我帮你约安德森做一次会谈。"

"你真的认为你能安排一次我和安德森的会谈吗?"

我点点头。"我认为没问题。他曾经差一点就当场就雇用我了。"虽然事实不完全是这样,但也不全是错误的。

"赫布怎么办?"

轮到我耸肩了,"赫布怎么办?"

"他发现的话怎么办?"

我笑了。"反正我也不打算在这里做太久了。你总要去找赫布的,把这笔交易告诉他。那么你得到最多的是信任,是非常深的信任。"

然后,我们相互握手,这笔交易就算确定了。约翰当时就给克雷格打了电话,虽然我离他几尺远,但在他们的交谈声中,我仍能听到在交易大厅内的嘈杂的说话声。这声音听起来真像美妙的音乐一样。

## 能进一步尝试的时候,为何要取走利润呢?

不管怎样,妻子已对我取得的利润感受很深。我永远不会忘记我们之间的那次对话,甚至在六年之后我仍能一字不差地记得我们说过的每一个字。

妻子:你是否认为我们应该取出一部分钱来呢?

我:根本用不着。

妻子:为什么用不着?

我:这样可以增大每笔交易的金额。

从妻子脸上的表情我能够看出，对于我的浅而易懂的策略，我们之间一点默契也没有。这时我感到非常沮丧，因为我不得不向她解释清楚我将如何变成一个交易大亨，而且目前我正处在一个连续获利的阶段，而且我很快将拥有一个蓝色的大泳池，池边站着专门负责倒酒的服务生。我需要加大我的每个点的交易量，这样的话，很可能会用到账户里所有的钱。

我还把去31层的经历也告诉了她。

"你认为你能在那里找到工作吗？"

"我估计不能，"我告诉她。"他们都有哈佛的学历。"

"你能的，我确信你在那里能做得很不错的。"她告诉我，这句话让我很高兴。当听到妻子能够明白我所要做的事时，我非常高兴。

"我想我会很乐意在那里工作的，此前我从没有过这种想法。但是当我穿过那扇钢门看到交易大厅内的场景时，我顿悟了。我的耳朵只听到了人群的喊声和尖叫声，几个月来，甚至几年以来一直困扰着我的钱的问题此时显得安静多了。我开始寻找一个能够让我持续应对房租的办法。突然间，我懂了很多事情。我所站的这个空间里……当然，也许我的想法有些幼稚，但我正站在我应该站的地方，我似乎也应该在这里一直待下去。"她对我笑了，她发现我从没对一份工作有过这样的感触。"一直待在这里，我早就应该在这里做交易员的。我没有学历，我不懂数学，但我有一个秘密武器。"

"什么武器？"我看见她正在咯咯地笑。我的妻子！她是幸福的！虽说她是一个小档案管理员的妻子，虽然她有孕在身，生活得很可怜，但她是幸福的。

"我要建立些关系。我打算与克雷格·泰勒，一个在欧内斯特·韦林顿（Ernest Wellington）工作的交易员吃午饭，他能帮我做到比现在还要出色。"

那天晚上我想再做一次交易，但是孩子和妻子妨碍了我的计划，所以没找到机会。我下决心明天一定要多做几笔交易。如果我真的想趁热多赚些钱的话，我每天就应当做更多的交易，一两笔根本不够。

# 第五章　教训

第二天，克雷格带我去外面的餐馆吃午饭。他的身高有 1.8 米多一点，有着运动员般的体魄，他的脸上带着笑容，看上去很有魅力。他就像是你听说过的那种非常有能力的学生会主席一样，他在宿舍里举办扑克牌锦标赛，熬夜玩到很晚并能从朋友那里赢到钱，而在第二天还能参加田径运动会比赛。我立刻就喜欢上了他。

更理想的是，从我与克雷格一见面，他就很乐意帮助我。他一点也不在意我完全是在利用他。我有无数的问题要问他，而他早已做好了准备。他在回答我的问题时，即使我打断他，问起另一个问题，他也毫不在意。真是个好人。他成为我在交易所内部的一个朋友。现在正是午饭时间，这一天我还没做交易呢。我们之间的谈话使我变得更加焦急，我想回去赚点钱而不是仅仅谈论这个话题。

"你从事交易有多久了？"我问了他第一个问题。

克雷格咬了一口他的三明治，嘴里边嚼着东西边告诉我。"四年，跟约翰·墨菲在法律事务所浪费的时间差不多。"

"为什么你不去从事法律这一行工作却要从事交易呢？"

他高兴地咕哝着说，"事实上我是我们法学院班中最差的学生，我到一个公设辩护律师事务所去面试，而我的同学都去了一些顶级大公司去面试了，我还有 10 万美元的学生贷款没还呢。"

"于是你在别无选择的情况下做出了最后一搏……"

"哦，不是的。我那样描述，听起来好像是在说这并不是我想要的工作。但事实上，这是我唯一想从事的工作。"

"你从一开始就知道这一点吗？"

他笑了，"我是在我来到交易厅时才知道的。"

"你不担心你的学生贷款的事吗？"

"没有。我知道我必须得把所有应做的事都做好才行。在我的头脑中，不存在"失败"这个这个词。我知道总会有难熬的日子，但我不会放弃的。"

"你一开始就是一名不错的交易者吗？"

"不是，完全不是。我做得糟糕透了，但是，"他接着说，"我知道我要成为一名交易员。这就是所有我需要知道的事了。"

"我也是这么认为的，我知道我也注定要成为一名交易员。"

他看着我，皱起眉，"你确定你想从事交易这一行？"

"这就是我来这里的原因。"

"嗯，这可不是件容易的事。"

我不完全同意他的说法，但我还是点了点头，"我知道。"

"而且，"他继续说道，"自己交易比在一家公司交易要难。你炒股吗？"

"外汇。"

他眼睛睁得大大的，好像不相信我，"外汇？你自己炒吗？老兄，你得需要帮助，那可是一个野蛮而又未开化的市场——你可能会很快就被吞掉。你在使用多大的杠杆？"

"杠杆？"

他笑了，"你正处在悬崖的边缘，哈里。杠杆就是信用。也就是说你的交易商把本来不属于你的钱借给你使用。"

"为什么？"我以前从未听说过这些。

"比方说你账户中有 1 万美元可以交易，那些疯狂的交易商就会根据你的 1 万美元给你 100 万美元来交易。这就是 100 倍的杠杆。这就意味着你每投入 1 美元，你的交易商就会允许你做 100 美元的交易。"

"太不可思议了，"我说道，"那么做 1 百万美元的交易时一个点值多少美元呢？"

"每个点 100 美元。"

这就意味着当我以每个点 10 美元来交易时，我是在交易 10 万美元的货币数额。这种解释有道理。这么说我也是在使用杠杆呢。我想起我的交易商那里可以用到400倍的杠杆，我决定不告诉他这一点。

"在欧内斯特·韦林顿公司，我们可以用2∶1的杠杆，就这么多。我们不会胡乱地去使用那种疯子般的杠杆，否则我们早就不存在了，我们做不到那么好。"

我不知道如何来回应他的这番话，于是我什么也没说。有关交易及其风险的内容，一点也没使我产生顾虑，我只是想回办公室做几笔交易。

"我很高兴你给我讲了这么多的知识，"我对他说道，"在你看来，应该去炒股还是做点其他的品种？"

他摇摇头。"不，你可以炒外汇。你炒什么并不重要。问题在于你依照什么样的纪律来操作。"于是他告诉了我一些我更想听到的建议。

## 克雷格的千万美元教训

我：你说你起初在做交易时也不太成功，但约翰告诉我你发现了一笔欧元兑日元的交易机会，然后安德森就照此买入了。

克雷格：是的，那笔交易给公司赚了1000万美元。

我：约翰说的是赚了500万美元。

克雷格：他说得不对。安德森起初买了500万欧元，但我们赚了1000万多一点。我知道欧元要跌到图表上的一个强支撑位，而且我知道从经济发展前景来看欧元要比日元强，此时的日元正处于一个萧条期，而且日元的利率已经低到难以想象的程度了。当一波下跌过后，欧元兑日元正准备反弹。我一直都在做功课，我通知了我周围其他的交易员们，我们都确信这对货币不可能跌破119.00位置。当时是2002年9月下旬。我没有任何的内部消息，但我确信我是正确的。

我：你怎么知道你是正确的呢？

克雷格：我大部分是根据自己的研究结果判断的。除了我已经告诉你的以外，我还找了几个华尔街的分析师，我向他们咨询了他们对英镑兑日元、瑞士法郎兑日元以及欧元的看法。所有人都认为会有一次急跌，但很快就会结束。他们发给我一些图表，正好印证我了的猜测——119.00 位置是一个技术上重要的阻力位。价格准备第一次突破这个位置时，需要经历艰难的一段时间。实际上，自从 2002 年的第一周开始，也就是 9 个月以前，价格曾到过这个点位，但几天之内就下跌了 300 个点，它花了 9 个月零两周的时间最终向上突破了这个位置。当时已经是 9 月的最后一周了，价格涨到了 122.00。那天，安德森就坐在我旁边时，价格又跌回到了 119.00 位置。

我：这就是你如何判断应该买入的理由吗？

克雷格：哦，就是这么回事。当然，我当时想把自己的钱也投入进来，我把这些告诉了安德森，他自始至终都没讲一个字。只是听我如何的解释。他甚至连问都没问我，我喜欢这个人。当我说完了我的看法之后，他拿起了我的键盘做了第一笔买入操作。(见图 5-1)

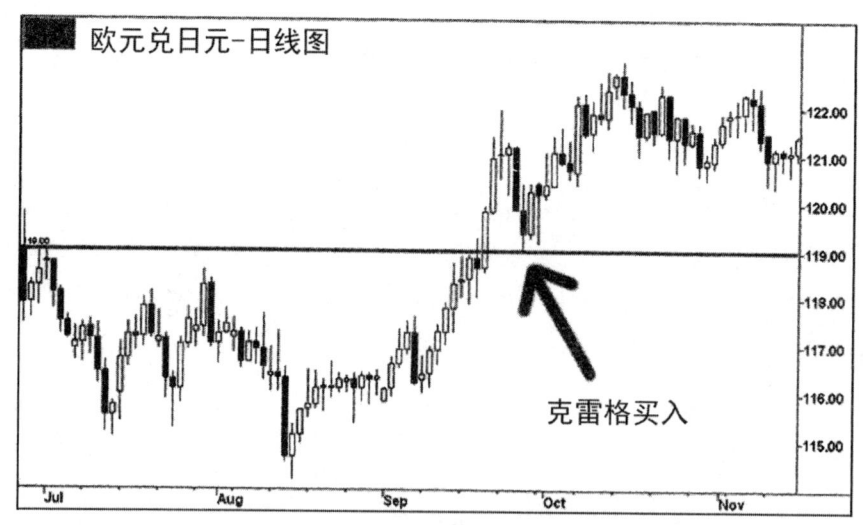

图 5-1　克雷格的第一笔交易

我：那么你就是在 119.00 点买入的是吗？

克雷格：嗯，安德森操作的，是这个点位。然后我在 119.50 又买了一些，又买了 500 万欧元的。在 120.00 位置又买入了 1000 万。然后一次又一次地不停买入，直到最后我买了5亿。我太有把握了，以至于每有回调，即使是很小的回调，我都增加了仓位。

我：那后来呢？你什么时候卖出的呢？

克雷格：我在大约两个月之后平了仓。在我买完后很快就向我的买入方向涨了300个点，当时我觉得自己是世界上最聪明的人。之后，价格回调了一点，在10月和11月的大部分时间里都是小幅波动。到了12月初，它像火箭一样直窜了上去。我的持仓赚了好几百万，在2002年12月2日时，我几乎已经打算放弃继续持仓了，结果又涨了200点，这次突破了所有阻力。我连续将近四天零好几个小时都没睡觉。我把脸贴在了显示屏的图表上，整天整夜地盯着报价。

我：你为什么这么担心呢？

克雷格：我无法忍受眼看着利润的存在而不把它取出来。原本我靠持仓不动已经赚了100万美元，可是忽然间，我的每一笔交易都以难以置信的程度继续获利。我从没在一笔交易中看到过这么多的利润。我很清楚如果这对货币的汇率跌回去的话，我会失去所有这些钱的。当时已经临近年终，我在考虑如果我赚了1000万的话我能得到什么样的奖励。在这期间我曾做过很多其他币种的操作，那些操作几乎不赚不赔。而这却是我最大的一笔获利。

我：于是你平仓了？

克雷格：是的，就是这样。那天在交易大厅里，他们全体起立为我鼓掌。除了安德森以外所有人都鼓了掌。

我：这种感觉一定非常好吧。我的第一笔交易也是一次成功的交易。我还记得当时的感觉。为什么安德森没有为你鼓掌呢？难道这笔交易没有为他大赚一笔吗？

克雷格：哦，是的，我确认他雇了我之后很看好我。但是他知道我刚刚把一笔还可以继续赢利的仓位平掉了，而这笔仓位我花了几个月才建立的。

我：我觉得这也太贪婪了吧。

克雷格：从最好的操作中赚取尽可能多的钱并不是贪婪。这是聪明的做法。你让你的最差的操作把钱赔掉，为什么不让你的最好的那笔操作疯狂地像犯病一样地赚取利润呢？

我：说得对。那你这笔交易又涨了更多是吗？你是否后悔平掉了仓位了呢？

克雷格：我是后悔了。我的感情用事毁掉了我的交易。本来我把131.00作为我的获利目标，整数位置一般都会有支撑或阻力存在。在1997年、1998年和1999年时这对货币曾到过这个位置。如果能够涨得那么高的话，这将是它三年之内首次达到这么高的位置。那么它一定会在这个位置停止上涨的。

我：那么，它涨到那个位置了吗？

克雷格：该死，它真涨到那里了。如果我一直持有的话，我那笔交易能赚到更多的钱。我本应该再拿住4个月或更长的时间的，我本可以在这一笔交易上再赚3000万美元的。别提那次鼓掌了，我本可以被提升到常务董事这一类职位的。这笔交易本可以创造一次奇迹的，是我自己把自己绊住了。获利时要拿住仓位，哈里，以此为戒吧。学会让你的利润奔跑吧。（参见图5-2）

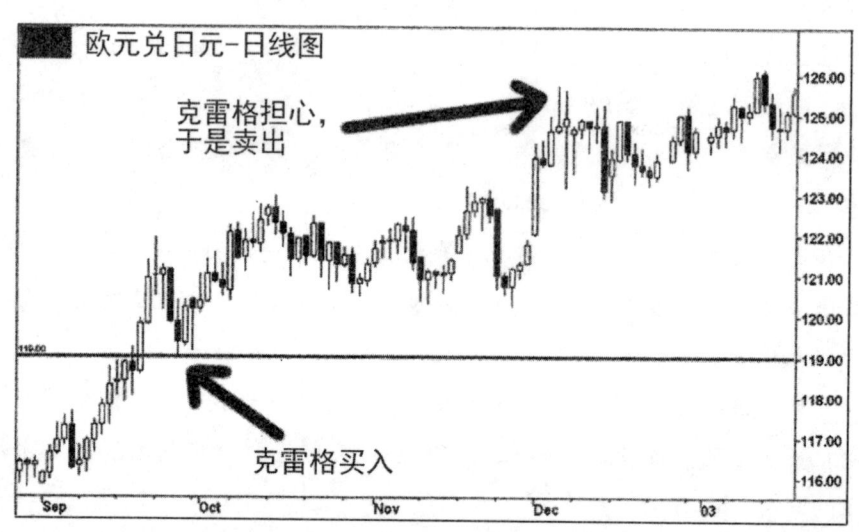

图 5-2　克雷格学会让利润奔跑

我：我想再问一下，既然你已经设定了一个目标，那为什么你没有坚持住呢？

克雷格：我没来得及想我的操作的目的就提前做出决定了。在我失去理智的一瞬间，我按了键盘上的键，是我当时的心情主导了这次操作。

我：但是最后，我们回过头来看，你刚开始工作就取得这样的成绩已经相当不错。仅仅工作了几个月的时间就为公司赚了1000万美元。

克雷格：那是另一回事。我一进入公司就能赚钱，这几乎是我做得最糟糕的一件事情。

我：为什么呢？

克雷格：由于我学得很快，我就变成了一个骄傲的家伙了。

我：这有什么错吗？你给欧内斯特·韦林顿公司赚了那么多钱，而且你刚刚受聘。

克雷格：从那以后，我就认为我每次操作都能赚那么多钱。

我：你不能吗？

克雷格：不行，我做不到的。连接近都谈不上。我在之后的13次操作中赔了钱，全部都是赔的。

我：13这个数不吉利！

克雷格：跟吉利不吉利没有关系。这是一个使我的资金一步步亏损掉的过程。在此后的13笔交易当中，在2003年1月，我赔掉了这1000万美元。之后又赔了一些，到了2月时，我已经赔掉了1400万美元。

我：你说什么？

克雷格：是的。我在本应保持现有获利的时候却大胆起来。想一想第一次我是怎样赚到钱的：我在计划交易之前做了各种各样的调查。我的入场位置是出于对重要的阻力位和支撑位的考虑。我没有在第一笔交易时投入所有的资金。相反，我是随着时间的推移逐渐建立仓位的。我做了两个月的研究才把这次操作计划好。我坐在欧内斯特·韦林顿公司的办公桌之前我花了几周的时间才拼凑成了这个计划。这就是我为什么对我的操作如此有信心，因为是我自己制定的计划。

我：其他的操作表现怎样？

克雷格：我不断地买入和卖出欧元兑日元，我认为这对货币有一种魔力，我认为它是专为我而设计的，是我最好的朋友。所以我每次操作都仓位过重，总想一直做多到 131.00 位置。但是我又没能长时间的持仓，因为我一开始就持仓过重，而没有逐步建仓。我真不知道我在做什么。

我：听起来你好像在想办法把你之前平掉的仓位再买回来。

克雷格：是的。但我再也不可能以 119.00 的价格买回它了。当我平掉这一大笔仓位时，我就失去了以超低价来持有欧元兑日元的仓位的机会了。于是我又开始了操作，我想把那些失去的利润再夺回来，于是我押上了一大笔钱，我当然大错特错了。

我：为什么你没有回过头来再做一次大的长期的交易计划呢？

克雷格：说得对。我本应再做一次同样的准备。但是我当时很愤怒，我没有赚到我想赚到的钱。我忐忑不安而又贪婪地想赚更多的钱。于是我开始学习怎样做短线操作，这样我就不必等那么久才能把我赔的钱赚回来，于是我遇到了我的导师。他是世界上最伟大的交易大师，他告诉我害怕丢失掉利润是我的第二大错误。

我：第一是什么？

克雷格：相信我自己的那套想法并且认为我才真正知道应该怎样交易。其实当时我什么也不懂，当我只用了几周就赔掉了比我赚的还要多的钱时就证明了这一点。

我：你又全都赚回来了吗？你把那些亏损一点点补回来了吗？

克雷格：哦，是的。回过头看，2003 年还是不错的，但这也是我最艰难的一年。

我：能讲一讲吗？

克雷格：可以，再找一个时间吧。那一年确实有几笔做得不错的交易。

## 克雷格的愤怒

克雷格不再继续讲述他的操作了。可以看出他仍对他第一个月所犯下的错误感到懊悔。

原本看上去挺有魅力的克雷格，现在似乎有些愤怒了，我能想象出他曾经多么懊悔。他把他的下定的决心告诉了我，让我一定不要犯下类似的错误。我安慰他说，我一定不会的。我也下定决心，在下次操作之前，要从账户中取出 500 美元，这样我就能还清给妻子买的 iPod 的花费了。这样，我也能兑现一部分利润。当做出这个决定时我认为是正确的，我告诉克雷格我正计划这样做。

"你会为你的做法感到高兴的。你的处理方法正是我花了很长时间才学会的。不断地取出盈利，这很有好处。"他又笑了，接着，他又换了话题："约翰·墨菲跟我说你俩计划要安排他与安德森见一面，而且有些生意要做。"

我点了点头，"这是其中内容的一部分，也是我给他的承诺。"

"如果你们能把这件事做好，真是个不错的生意。"

克雷格告诉我如果想让约翰与安德森走到一起的话应该做些什么准备。我得自己把这件事完成，不过这并不麻烦。

"这对你们的律师事务所可是一笔不小的买卖啊，"接着，克雷格咬了一口三明治，"这个主意差不多可以让约翰在你们公司一直待下去。"

我不知道该说些什么，难道说约翰正面临丢掉工作的危险吗？这我可是头次听说，当然我不会花任何时间来了解这件事的。也许这就是当约翰知道有机会与安德森见面讨论外汇基金时兴奋的原因了。

"让他待在公司里对我也是件好事，"我说道。

"真的吗，约翰也是这么对你说的吗？"

"没有，是我觉得应该这么说。"

"这么说约翰没有告诉你。"

"告诉我什么？"我变得更加感兴趣了。

"他想离开公司下来和我一起工作。"

我能理解。如果约翰接到了这笔外汇基金的买卖，他就能见到安德森，然后他就能顺理成章地在那层交易厅里谋得一份职位，我把我的猜测告诉了克雷格。

"并非如此。"

我有些迷惑了，"为什么？那样他就能认识安德森，安德森也能进一步了解他。"

"但是那样的话，安德森就会失去一个他真正喜欢的律师。假使安德森认识了约翰，谁知道约翰会是哪一个类型的交易员呢？他是我的朋友，但是老实说他还不够投入，他做事时不够灵活，他太按部就班了，不适合做投资交易这一行。"

"太按部就班？"

"太按部就班，过分讲究方法，不够感性。安德森不会喜欢这种人的。约翰每做一件事情都要做好计划。在法律学校时，我们一起参加学习小组的活动时，他竟把日历标上四种颜色来区分不同的小组的活动日期。他是一个计划狂，这点在某种程度上能让他成为一个好的交易师，但安德森不会尝试用他。只需要5分钟，安德森就知道你是否是他愿意雇佣的人。所以约翰不适合做这行，安德森立刻就能发现，他能在很短时间内读懂一个人。当你还在尽力想着如何更好地表达自己时，你是否能被雇用在他内心早已决定。这就是我为什么一直没向安德森推荐约翰的原因。"

这又使我想到了更多问题，"但是约翰自己不知道他的这个情况吗？难道你没告诉他？"

"嗯，告诉了。"他回答道，接着他吃掉了手中的三明治，这时他开始环视四周并在寻找着什么，好像刚才的谈话使他想起了什么忘做的事情。他推了一下桌子并把身体向后挪了一些，然后弯腰从手提包中取中一个像茶杯垫似的东西，他把这个东西塞进上衣口袋里，这才回复到正常状态。

他接着说道："我和约翰说过这事，我曾告诉他让他做事时从容一些，尝试着冒一点险。他许诺说能做到，但是我知道他肯做这样的改变只是因为钱的原因。就像我刚才说的一样，安德森会在约翰刚一张嘴就明白一切了。"

我摇了摇头，"律师的薪水不够花吗？他在公司一直都能赚很多钱的。"

"你觉得他能赚多少？"克雷格问道。

"我不清楚,大概 10 万多吧。"

他点点头。"约翰来公司第一年时就赚 10 万多,现在他至少赚 20 多万。他现在正干得不错,他清楚再干几年他就能做合伙人了,到那时他就能赚至少 50 万美元/年了,这样的收入在纽约也已相当不错了。"

我从未想过这一点。我总是在考虑我赚了多少钱,而很少琢磨过别的律师的收入情况。当然,我知道他们都很富有。一年 10 万美元对我来说已经算富有了,但我就是不理解为何那些律师却还认为自己很穷。

"这样的收入对我来说就能活得很开心了。"

"什么?10 万?20 万?50 万?"

"是的,当然。"

克雷格对视着我的眼睛,说道:"在交易厅里一个好的交易师一个月就能赚这么多的。"

一个月!我差点把我刚咬在嘴里的三明治吐了出来。在交易厅内一个月就能赚 10 万美元?可能吗?这是做梦吗?我把手放到桌子下,把因为紧张而不停地上下晃动的右腿按了下来。我觉得这时候尿湿裤子都是有可能的。我想笑,想叫,也想向天上扔东西。我原以为 300 美元一天就是不少的钱了,然而竟然有一群交易员与我有着这么大的差别。

"我从未听说过。"我承认道。

克雷格点了点头。"在我第一眼看到你的时候,我就觉得你会这么说。你不了解交易师能赚多少钱,不太了解这行的收入是吧?"

这时,我停了下来,我可以实话实说,但那样会被他小看。或者我可以撒点谎,这样他就会继续和我聊下去,或许他还能帮一帮我。在这种情况下,说几句谎应该是个不错的主意。我说道:"说实话,我知道应该有不少。"

他笑了,"如果你连我们谈论的数额的大小都不知道,你怎么可能知道这行赚多少钱呢?"

我耸了耸肩,准备对他的误解做一下说明,"我所说的知道指的是从让我能更好地来供养我的家庭这个角度来讲的,我其实希望能赚更多。当我走进了交易大厅之后,我就明白了更多应该是多少。我以为你会告诉我说他们赚的和我一样多,这样的话我就得好好考虑考虑了。当然,你也可以告诉我那些人的年收入都在4.5万左右,就像我现在这样。那好,这样的话,我还再去找什么工作呢?因为我第一次到交易大厅时,这里对我的意义并不在于钱数的多少,而是一种潜在的可能性,我能嗅到那里飘荡着钱的气息。这里面有很多的事情我还不了解,有很多的人我不认识,有很多的计算机我还不会使用。但是我知道我如果做了交易员之后,我可以通过努力使很多事情变成可能。我的这些努力并不一定在交易大厅内完成,至少我可以通过自己独立操作来做到。"

克雷格一边注视着我,一边听我在讲述。我能看出他愿意听这一番话。我接着说道:"我原来认为,交易厅里的那些人思想太单纯,他们赚的不该比那些律师还要多。在大厅里,他们的举止显得太疯狂了。"

我笑了,克雷格跟着也笑了。

"但是这对我不会有什么影响——我知道他们比我赚的钱要多,或许至少有一点我很确定,而且我知道他们工作时就像在坐过山车一样,有的人兴高采烈,有的人晕得随时要呕吐,但是都在体会着一些事物,或者说任何事物。我最近一次有所感觉,当我给赫布·约翰逊的秘书送去一套材料时,不小心碰到了她泳衣的掩护部位了。"

我们都笑了。此时我意识到我们的谈话时间已经不短了,而且我问了很多问题,有的问题没在这里写出,并且他很高兴地回答了我的所有问题。他不惜浪费自己的时间而且很乐意与我交谈,就好像他是因为我为他做了某事而要做一些回馈一样,而我不可能曾经为他做过任何事。

"我知道你得离开了。"我对他说。

"是的。在两点钟我们要等一些经济新闻公布出来,Fomsee 利率决议。"

"Fomsee?"

他念了一遍字母的拼写:"F-O-M-C,联邦公开市场委员会。艾伦·格林斯潘(Alan Greenspan)和美联储准备做出一个是否加息的决议。这个决议,这个决议——即便是没有决议——都能让美元在60秒之内上涨100个点。"

这些话几乎没让周围的任何一个听到的人兴奋起来。但我在想我要为我的将来而交易。我决定一回到办公室就登录电脑，然后尽可能多地花掉我雇主的时间来寻找FOMC（联邦公开市场委员会）公布的利率决议，然后再看看它是怎样影响美元的走势的。

　　我为这次见面向他表示了感谢。

　　他点了点头，对我说在几年前有个人对他做过同样的事。于是，他欠了别人一次帮助。所以这就是为什么我觉得他欠别人什么。当然，他不欠我的，而是欠别人的，也许是安德森？

　　我们握手道别。他准备离开，但是就在他要走之前，他把手伸进口袋里，想取那个杯垫，但他又犹豫了，他开始深思起来。

　　"怎么了？"我问道。

　　"我想给你一个卡片，"他有些犹豫，"但我不知道我是否可以把它给你。"

　　是欧内斯特·韦林顿公司人力资源处工作人员的名片吗？一个人的联系方式？还是克雷格的导师或朋友？他想吊我的胃口！当然，我得表现得自然一些，如果我表现得很焦虑的话会吓着他的。

　　"如果现在不方便的话没关系的。"我撒了谎，我甚至有可能愿意杀掉他然后把卡片抢到手，但是我知道一个杀人的罪名对我的受雇记录来说不太好，而且也许会影响到我回公司去做操作。

　　"好吧，"他说道，"严格地讲，现在我不应该把它给你，所以我先不给你了。记住，一旦时机到了，我有一个朋友，我希望你能见一下他。他能帮你，他曾帮助了我，我今天仍在从事着这份工作都是因为有他的帮助。"

　　"安德森吗？"我猜道。

　　他笑得快透不过气了，"噢，天呐，不是的。不是安德森，不是我们公司的人，是别处的。"

　　我为自己推测安德森是他的秘密导师感到愚蠢，但我又意识到这也没什么大不了的。现在我已经有了计划，要走的路线差不多定了。今天我还不能去面试，或许明天吧。但也许是一两周以后了。卡片上的人名是谁呢？很快就会知晓的，也许我根本就不需要他，凭我自己的操作水平已经做得不错了。

"我知道现在不是时候，希望以后有机会再聊一聊。"我建议道。

他同意我们不久后再见一面。然后他在餐巾纸上写下了一行字，递给了我，上面写道：

### 规则1：不要骄傲

当我站着念这行字时，克雷格已经火速赶去做交易了。他走前把钱放在了桌子上，说道："我本可以多待一会儿，但我是我们那里唯一知道怎样能在60秒钟之内读懂那份报告的人。在上个月，我在这份报告上赚了200个点。"

"200个点？"

"这是表示钱多少的一种方法，它意味着在消息公布之后的一两个小时内赚到100万美元的利润。"

克雷格匆忙走了，我也想回办公事去。这个FOMC利率决定大约40分钟之后就要公布了，我也要去准备一下。

# 第六章 急转直下

当时我还不知道，其实克雷格不仅仅是个好交易师。回到公司时我遇见了约翰，他把这件事告诉了我。

"克雷格是一个超级交易师，而且'超级'的第一个字母得大写，他几乎是40岁以下的交易师中最棒的了，他自己每个月赚10万美元，而这些钱是他分得的那部分利润。这一周根据FOMC的决议，也许他又能赚100万美元了，他在下面很受欢迎的。"

"他竟然会专门陪我聊天，真让我惊讶。"我说道。

约翰摇了摇头，"我不觉得。他就是这种人，在法学学校时他帮别人整理简历，却把自己的放在了最后。今天他跟你谈话，很可能耽误了重要的交易了。每天他连午饭都是在办公桌上吃的。"

我看了看手里的餐巾纸，把它给约翰看了看：

### 规则1：不要骄傲

约翰笑了，"我也收到了一条类似的建议。他是正确的。我因为过于自大犯了很多严重的错误。"

是这么回事，我想到。不管怎样，如果我一个月赚10万美元，我就会把皮鞋擦得亮亮的，给妻子买100个iPod。我会一年只工作一个月，剩下的时间什么也不干。

我想知道约翰有没有见过克雷格的秘密导师。从约翰看我的样子来判断，我觉得他在怀疑克雷格对我们两人都提起过同一个人。我本想与约翰讨论一下，但是再有一会儿FOMC报告就公布了，我决定得先去把我的账户准备好。

"你还在交易吗？"我问道，我想多知道一些约翰的计划。

"是的，我在下单的环节遇到了点小麻烦，尤其是在那些最能赚钱的交易上，但是会过去的。今年我的成绩还在下滑，但我相信会有好转的，你呢？"

"我的账户很小，但现在是赚着钱的。"

"赚了多少？"

"我不知道，"我回答道，然后我用脑子算了一下，"到现在为止有70%了吧。"

他几乎有点喘不上气来，"70%？你的账户今年赚了70%啦？"

多少算了不起呢？以我目前的速度，今天我就能达到100%了。我告诉他，"是的，差不多吧，但我还有很多知识要学习。"我做得这么好，比他强多了，这种感觉很不好。这时我感到我的腿有些发抖。我希望马上就能开始进行操作。我还有些利润没有到手，刚才的谈话让我越来越按捺不住了。

我急忙来到我的座位。我在想这一天真是太美好了。美妙的一天出现在美妙的一周里，今年将会成为我有生之年中最了不起的一年。

我准备交易了。

至少我认为我要开始交易了。当我吃完午饭回来时，斯科特·尼德维正站在我的座位边上，他看上去不太高兴。

"甲壳虫发脾气了，现在要见你。"

我并不在意甲壳虫是胸口痛还是喘不上气，我要在接下来的半小时里做交易，谁也阻挡不了我。斯科特并没有理会我的狂热。

"你应该去他那看一下，他很不高兴。"

我耸了耸肩表示拒绝。"我们都知道他又少了哪个文件了，手头正在同时处理着25件事，我花时间到他那里，他甚至连理都不会理我。"

斯科特不同意我的判断。但是我没想到原本总是放任不管的他这次却变得非常担忧。

由于两天的奔波，我上一次的交易似乎过了很久。我少赚了很多利润，我本来至少可以再做两三次交易的。我感觉好像我要借 FOMC 会议记录公布这个机会把那些该赚的钱弥补回来一样。按克雷格说的，这个消息真的可能会搅动市场，我得做好准备。我觉得好像随身带着一把秘密武器：一个真正的华尔街的交易员，也许是一个百万富翁，正提示我让我小心。我的手指已经期待开始操作了，而且已经不由得在抽搐了。我的右腿也在地板上一上一下地抖动着。这种感觉很好，这其实就是31层那些交易师的肾上腺素突然分泌后的常有的反应。以交易为生永远不会令人疲惫的。

斯科特也感受到了，脸上的担忧消失了，相反他现在满脸欢喜，他知道我们将见证一些意外的事情。

"你要打开那个'暴利外汇'软件吗？"他问道。

"哦，是的。"我告诉他。"我差点忘了，我有一种感觉，我们应该跟着会议记录刚一公布之后的变动方向来操作，根据克雷格的说法，这次的经济报告至少能让市场在几秒钟内变动100点。"

"那么说手指的动作要很快。"

"当然，我要把这周失去的机会全都捞回来。"

这时已是东部时间下午2：14分，暴利外汇软件发出了一个GBP/USD的卖出指令，当前价格是1.8135。我的手随时准备着下单，突然间，我的平台上的价格开始快速拉升，斯科特倒吸了口气，我把手从键盘上拿了下来。哇！瞬间飞涨了10，20，30个点了！我也想参与进去，这个软件再一次错了，我们曾经有过不小心按相反方向操作并赚了钱的经历，所以，这次我也得这么干。怀着绝对的把握，我在1.8170买入了GBP/USD。

我买了两个标准手，或者说是20万美元的量，相当于每变化一个点时我会有20美元的输赢。(参见图6-1)

"双倍做多。"斯科特大喊道，"太棒了！"

"我的单子自动显示为红色，因为有点差的存在。所以此时我正赔着100美元，或者说赔5个点乘以20美元的量。我以前做其他的操作时见过这种情况，所以我有思想准备。我没有惊慌，因为我是以小赔开始的。"

我们又重新检视了一下"暴利外汇"的利润，它已经给出了一连串的提示。内容是：

买入 USD/JPY

买入 USD/CHF

卖出 EUR/USD

卖出 GBP/USD

买入 USD/CAD

买入 USD/SEK

卖出 NZD/USD

卖出 AUD/USD

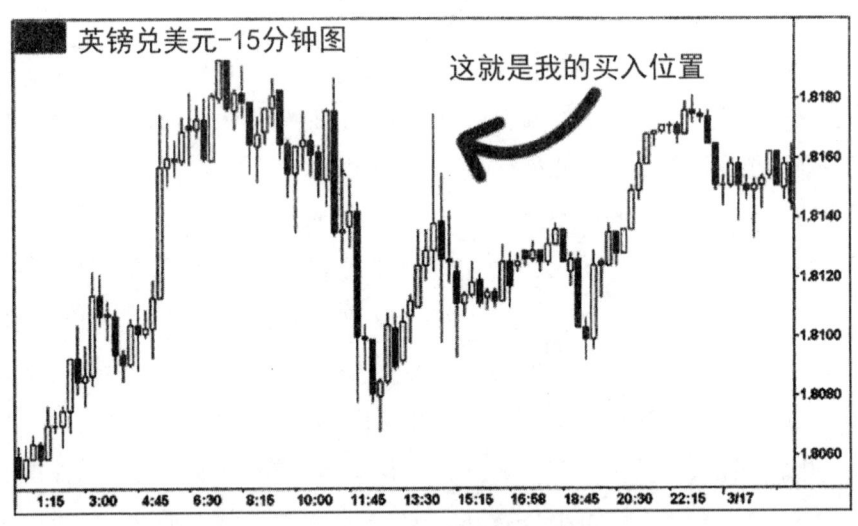

图 6-1　哈里买了两个标准单

还有很多其他的货币对。我从未在同一时间内看到过这么多提示。而且它们都指向一个方向，买入美元，卖出其他货币，没有任何一个提示是相反的。

此时我发觉有些矛盾。克雷格告诉我，行情会跳涨得很快，甚至会在 60 秒内涨 100 点。这就意味着我还有很大的潜在利润空间，而我买入时刚涨了 35 个点，所以还会有 65 个点要涨。以每个点 20 美元来算的话，我可以期待 1300 美元的利润。这足够赚出多余的钱来付我的房租了，而且余下的钱足够给妻子买个网上音乐的下载卡顿了。我这一次比以往都要紧张，因为这次准备赚的钱数很多，我以前从未赚过这么多。

这时我用眼扫了一下"暴利外汇"软件。如果它提示我向另一个方向操作的话我怎么办？而且又是这么多单子。我在想我是不是得给克雷格打个电话，我没有他的号码，但是我知道约翰·墨菲有的。我正站起一半要离开时，斯科特向后挪了一点。他突然想起了约翰先生想见我。我眼看着我的单子跌了10个点，赔了200美元了，这已经比我上一笔交易赔得还多了。此时我的右腿不停地抖着，我把手压在了上面。

"你该去见甲壳虫了，"斯科特对我说。

他说得对，妈的，又这样了，盯盘和工作二者必须选一。等我能离开这里那一天，我再也不回来了。但是现在我已经等不及了，尤其是我手中有一个未平掉的单子，而这笔单子有可能让我赚到1300美元，到现在却还没见到利润。也许我可以在另一对货币上选择另一个方向，那就意味着在我等待第一张单子赚到利润时，无论怎样，我都会有一张单子可以立刻赚到钱。

"哈里，你得赶紧去了，"他说道。

"马上去，马上，"我不耐烦地说，"我不想离开我的交易不管，如果他那么想见我，他完全可以来我这儿。"

这时我听到我的座位边上响起了熟悉而又可怕的，愤怒的咆哮声。

正是约翰逊先生。

## 原本美好的一天却变坏了

赫布很不高兴。他前额上的每根血管都清晰可见，而且一下一下在颤动着，这些血管把氧气送到大脑，然后由大脑组织成语言并随即脱口而出："你有事要告诉我吧？"

他发现我在公司做外汇交易了？斯科特说什么了？是约翰吗？或者这次又丢了什么信件？丢失文件、放错位置、磁盘丢了这些都没关系，也许他大喊大叫地让我去找他10分钟之前丢的东西。这种指责可能会像以前一样，在15分钟之后他就找到了，我就可以重新恢复安静了，这样我们就都满意了，我还可以继续做我的交易，而在我帮他找东西的同时我的账户也许已经有了利润或被平仓了。

也许他的打扰是一件好事呢，现在我得集中精力处理点别的事情。

我能想象克雷格正在楼下敲着键盘做交易呢。几分钟赚的钱比我一年还多。他是否买入英镑兑美元了？他卖出了吗？他是不是也有"暴利外汇"软件呢？或者他们公司给他们准备了别的什么软件呢？他的图表上是不是也能看出大的支撑和阻力或者每年的高点和低点呢？

所有这些思考告诉我，我因丢失文件所招致的被破口大骂所换回的应该是马上找到克雷格的号码，然后给他打电话。我知道再过一小时他就会完成手中的操作，然后我们就可以讨论一下他是怎么做的了，并且可以交换一下意见。在外汇市场刚刚经历了大幅波动之后，两个交易者可以就自己来之不易的收获好好谈谈感想。

"约翰逊先生，"我说道，"为了防止丢失文件，我的确让斯科特把安德森的文件全部查看过一遍了，我能保证你要的文件我随时可以准备好。"

斯科特迅速使劲点了点头，眼睛睁得大大的。我以为他会马上从我这里走开，然后到走廊里继续大喊。

约翰逊生气了。他的反应就像当你在对老板解释某事时，而你所谈论的内容和他生气的原因毫无关系，他无法相信你多么愚蠢。我在脑海里快速检索了一遍上周存档的文件清单，我开始意识到也许这次冲突不会那么容易化解。不是好兆头，对我手里的这笔操作不太有利，谁知道会发生什么呢（此刻我无法瞥见我身后的电脑屏显示的状态）。

当看到约翰逊额头上的血管在颤动时，我几乎能听见他的心跳声，也许是我的心跳声。

我的右腿此时正在不停地抖动着。

"安德森的案子你还有什么别的要解释的吗？"刚才所有的低吼、怒气此时都停止了，取而代之的是恶狗一样的乱叫。我从未见他对我生过这么大的气，当然对别人这样可是常有的。他的两只手紧紧攥成拳头，从他站立的姿势我能猜出他的屁股蛋正紧绷着，足可以夹碎一颗核桃。我真不知道为什么我当时会这么想，但我的确想了，我脑子里记的东西太乱了。

## 第六章 急转直下

我的心脏跳得更厉害了，腿也止不住地在抖动着。就算我把腿压在汽车底下，我估计还是会止不住抖动。

这时，我意识到赫布·约翰逊很可能要置我于死地。他又像恶狗一样对我发出吼叫："我问你，关于安德森的文件你还有什么要说的吗？"

我看了看斯科特，他的脸色刷白。

我又把脸转向了约翰逊并摇了摇头，此时的场景让我想起多年以前，我母亲问我是不是在邻居家的后院里小便过的情景。记得当时我家住在皇后区，房子很小，我站在厨房的黑白格的地毯上，我的右腿一直在发抖，脑子里一直在想怎样说点半真半假的话能逃过这一关：

妈妈：你是不是在冈萨雷斯家的后院小便了？

我：（沉默）

妈妈：是你干的吗？

我：（沉默）

此时办公室的场景，我完全可以把"母亲"的角色用"赫布"来替代。你会明白我为什么准备好屁股挨打了。我本想问他：关于文件的事，你知道什么呢？他当然说不来，我才是真正的档案管理者，我把任务口述给斯科特，让他来完成这些工作。

现在我已经彻底被吓傻了，什么话都想不出来了。魔鬼般的吼叫、紧绷着的屁股蛋、几乎要迸裂的血管以及那种能够唤醒我儿时藏在内心深处记忆的力量，这一切使我不知所措。

我不相信这一出是由安德森的文件引起的，我是确认这些文件已被妥当放置之后才去吃午饭的，而现在赫布却对我大声嚷嚷。是不是他认为我在交易大厅那里待了太久了呢？或许因为我和克雷格吃饭了？还是他不喜欢我代表公司去与欧内斯特·惠灵顿公司的人去拉近乎呢？

这一天我一直在谋划，不但要争取找份交易员的工作，同时帮公司赚上200万元，此外我还能得到别人的感谢。

这时我明白他为何如此愤怒了。

一定是他知道了，他知道我与约翰以及克雷格的交易了，他还知道我想在欧内斯特·惠灵顿公司找一份工作，以及我从中做了一笔交易的事情。他就像我的妈妈一样，他总能发现我在任何时间里做的事，他就是我无处不在的妈妈，难怪这个人吓了我十多年了。

这次的惩罚都是由约翰·墨菲引起的，很可能他要失去那间刚刚得到的舒适的位于角落的经理办公室。对我来说，没准被开除了，或许会更糟。天哪，我想到，没准克雷格·泰勒的工作也会受影响，很可能他正为此挨批评呢，而且他会错过 FOMC 的决议带来的丰厚的获利机会。

FOMC 有什么决议吗？

或许我操作之前应该先看看这些内容。

克雷格说这会议的决定能使汇率在一分钟内变动 100 个点，那么之后会怎样变动呢？

安德森会给我面试的机会吗？

我怎样才能从这团糟糕透顶的麻烦中摆脱出来并看看我的外汇交易进展呢？

我的思绪仍在漫无目的地飘荡着，脑子里想的全都是甲壳虫暴怒的场景。我真想把斯科特给杀了。此时我的整个身躯完全受制于我的心脏，而这颗心脏已经膨胀得像西瓜一样大了，每跳动一下我的身躯都会随之颤动。

妈妈：我都看见了，所以不要告诉我不是你干的。

我：（沉默）

妈妈：你还有什么要说的吗？

我：（沉默）

妈妈：你打算告诉我吗？

现在只有说实话才能救我了！

我：我当时想做个坏人。

## 第六章  急转直下

妈妈：你认为这就是借口吗？
我：我感觉很疼。

等一下，我不能告诉他我在小便时会感到疼痛。

甲壳虫：你有什么要为自己解释的吗？我想知道你这种表现是从哪学来的。
我：（沉默）
我：我保证是按你要求的那样把信送去的。

我的唯一能选的答案：说出事实。天哪，只因为一句谎言我就得放弃账户内所有的利润。我现在只能跟他好好说话，这样才能挽救我。持续的交谈能够使恶魔安定下来。

"我是与安德森讨论了外汇基金的事情，"我原本不习惯敬称别人为"先生"，但这次我做了——甲壳虫先生！"先生，我和他讨论了关于这笔基金的事情，并且他对我说我应该把这件事情告诉你。"

"什么基金？"他问道。他被我的话搞懵了，此时更是愤怒到了极点。本来想多说几句好让他高兴一点，但这个计谋落空了。

难道他不知道我没有告诉他基金的事吗？到底是怎么回事？

"好吧，贝恩斯，"他咕哝着说，"你到底在说些什么？"

我尽量摆出一副非常自信的样子，但右腿却在不停地打晃，似乎想把我摔在地板上，"是一笔外汇基金，他们正着手建立一个内部外汇基金，并且他们需要我们公司的帮助。"

我把话说错了，是因为我的大脑神经短路了，以至于我的沟通能力和肢体的控制力随着神经系统的崩溃被冲到马桶里去了。

"安德森告诉我他们正需要法律方面的支持来启动这个项目。他并不知道我会把这件事告诉你，但听起来这个活儿能值两美元，并且他会给我一个工作机会。"

是的，我是说的两美元，用数字表达就是＄2。同时我还说了安德森答应给我一份工作,一个人的 IQ 会随着他感到恐惧的程度不断变化,我就是一个活生生的例子。

"贝恩斯,你是说两美元吗?你这么说是什么意思?"

"嗯,我指的是 200 万美元。"

"你怎么知道是这么多呢?你所说的他给你一份工作是什么意思呢?"

"他是这么说的,"我辩解道,我在极力表现出我是在说真话,但实际上是撒了一个又一个的谎。

我一连编了好几个谎言仅仅是想避免受到惩罚。我为什么要说谎呢?每次我撒谎之后,总会出现灾难或者无法预料的后果。

约翰逊发现我在撒谎。"那好,你这么确信,马上给他打电话说说这件事吧,不过首先,我和你之间的事还没处理完呢,你把话题扯远了,我得跟你说点正事。"

过去的几年里我亲眼看到至少 20 人被魏克曼律师事务所开除。这种事一般有两种原因,一种是友好的,比如某人能力不足,但人品很好,或者还有的是由于个人的特点而导致的(克雷格这一类人的离开方式大概就属这种);还有一种类型,某个人总是遭到批评并由此断送了自己前程,因为他使自己陷入了灾难之中。

赫布把我列入第二种。现在他正准备对我大叫,直到我默默离开,然后他就会指责说我在他"讲话"时走开了,这样他就可以命令我收拾好东西离开公司,没准他还会朝我扔东西。

突然,我仿佛看到信用卡公司来抢我的家具、汽车、我的妻子还有我的孩子,然后,狠狠地踢我的裆部,再后来当我小便时就会感到很痛。紧接着又回到 20 多年前的一天:

妈妈:你小便时感到疼了吗?你出血了吗?
我:(怯懦地点了点头,没有进一步撒谎。)
妈妈:让我看一看吧。

## 第六章 急转直下

这条关于外汇基金的消息对甲壳虫来说当然是非常诱人的，但他已经被我惹怒了，对于我告诉了他这样的内幕消息他丝毫不领情。在 3 米外的墙上有一个消防栓，我想象他会朝那里看一眼，然后取下喷枪，边晃动喷枪边把水射向我。他会先把我杀掉，再把我开除，那将非常可怕。于是我采取了最后的对策，我想让他从头谈起，把情况再说一遍，这样我们都能冷静一下。于是我说道："我真不知道你这么叫嚷要说些什么，"我停了一下，接着我的嘴又张了开来，"甲壳虫，我对你说的都是真话。"这句话断送了我继续受雇于魏克曼律师事务所的所有可能。

甲壳虫，就是这个外号，只因为这一个词，我结束了在公司的这份工作。周围的人没有一个敢称呼他赫伯特（Herbert）的，更别说赫布（Herb）了。但是甲壳虫（Herbie）这个词，是一个很多人都会说错的词，它将被作为错误读音永远记录在册。赫伯特·沃克·约翰逊三世（Herbert Walker John Ⅲ）的身材就像大众汽车的"爱虫"这款车型，但他单独配备了能适应在泥地奔跑的轮胎以及涡轮增压发动机，现在他正要把我碾平。

他喊道："贝恩斯，收拾好的你物品吧。"就这么一句话，没有解释，没有类似"这就是我解雇你的原因"之类的话语。然后他怒气冲冲地走了，我只能指责自己，甚至此时我仍不知道他最初是因为什么事情发的火。

我看着斯科特，他就像一个鬼魂。脑中一片空白，没有知觉也没有一点活力。我试图尽力记起诸如我的名字，我在哪，我在做什么之类的基本信息。我看了看我的工位，这里放着我的物品，今天我要把它们全都拿回家去。

"你还要看一眼你的交易吗？"斯科特问道。

我确实想看，也许有什么好消息正等着我呢。

英镑兑美元的价格是 1.8155，我只赔了 15 个点，账户目前亏了 300 美元。不算多，依我看应该比这变化得更多一些，但我得给它时间。我坚决不会认赔 300 美元然后眼睁睁地看着它上涨，接着再失去本应属于我的

1300美元。我清楚地记得克雷格说过要让好的单子赚出足够的利润。

我现在的这笔交易是依据克雷格的建议操作的，我认为我根本不需要什么愚蠢的工作了。我要拿住这笔单子，而且这一天的盈利将超过以往任何一天的利润，差不多三到四倍吧。依靠克雷格的帮助，我将很快能赚到很多的钱，而且到了这一小时结束时，我的账上将多出1300美元。我决定，在我离开魏克曼律师事务所之前，我最后要做的一件事就是把我辛苦赚来的这些利润划转到我的银行账户里。

"我去洗把脸，"我告诉斯科特，"帮我盯住这笔单子，我回来后就收拾这些东西。"

我回来时，斯科特已经消失，在我的桌子上放着一个箱子，大小刚好能装下我所有的物品。箱子内有一个信封，里面装的是我的工资单，3386.75美元，同时还附了一封解聘信，上面要求我在收下这笔钱之后承诺放弃对公司起诉的权力。我起诉他们什么呢？老板的凌辱吗？

我一屁股坐在椅子上，双手抱着头。虽然这笔外汇单子看上去还不错，但是我怎么对妻子解释呢？我为什么被开除了呢？

这一刻，我已经忘记了FOMC的报告，忘记了克雷格，也忘记了交易。我只想到我的妻子和孩子们，我怎么向他们解释呢？我的经济状况展现在眼前，我们的储蓄账户里有40美元，而我的支票账户真不知道是负的多少。我的养老金账户里倒是有一些积蓄，而且我们还有一些漂亮的家具，是我们结婚时父母送给我们的。我们还有一个大电视，我们有孩子，在我们的墙上挂着一些风景画，画中的地方都是我妻子做梦都想去的。

如果我的那笔交易赚不到钱怎么办？要是我不能重复以前的胜利，我该怎么办？如果像克雷格说的那样，一个交易者在一开始时取得胜利是最不利的，我是不是就是这种人呢？

我开始列出我的所有家当，我近乎失去了理智，只想算一算我的所有财产，看看都有什么东西可以说是我所拥有的。这样我可以让自己回到现实中，让大脑回到现在。

我从口袋取出午饭时克雷格写了字的那张餐巾纸，上面写着：

## 纪律 1：不要骄傲

此时此刻，除了骄傲，我有很多的感受，不安、迷惑，当然还有愤怒。我花了一点时间盘算了一下三个月的房租。

还没来得及再三思量，我已经走进了甲壳虫的办公室。这时他已经在同时处理别的三件事了，丝毫没有顾及对我的伤害。我向屋里探头看了一眼，他此时也看见我了。

甲壳虫：什么事？

他这句话根本不是在问我，而是在向我提要求。

我：我想在解聘协议上注明 6400 美元的补偿。
甲壳虫：成交。签上你的名，然后把协议给我拿回来。

他继续他的工作，没有丝毫情绪。刚才我应该向他要三倍的价钱，然后跳到他的桌子上，踢他的脑袋。

然而，我默默回去取了解聘协议并签上了我的名字。再次前往他的办公室时，我在走廊里遇到了财务部的比尔。他手里拿着一个信封，他用信封换走了我手中的协议。这样我的钱就可以交三个月的房租了。而公司拿到了我承诺不去起诉他们的协议书。我在那张协议的复印件上还写上他们应当给我买一辆保时捷 911 和一架私人飞机。

这样的情节在小说中的主人公身上经常出现：这个人离开了公司，垂头丧气，害怕妻子听到这类消息，注定了无法继续做快递或其他工作。我不是这样的！我有一笔不错的外汇单子，我还有三个月的房租。现在我要到档案室去抄一份我们所代理过的华尔街公司的名单，如果能查到首席交易师的话更好。

我拨通了斯科特的手机，过了几秒钟就看见他飞快地来到我的桌子前。他一直躲在一边。此时他看见了我桌子上的箱子。

"真对不起，"他说道。他没有问我为什么被开除了。

"我希望你帮我几分钟的忙。"

他看上去很为难,"我不知道怎么说好,我不想让甲壳虫发现我在帮助你。我丢不起这份工作。"

"再过 24 小时,你就要接替我的这份工作了,现在这里只有你我两个人,如果我们两个人都做这份活,那么他们就会把你开除掉。所以,我要祝贺你,现在,你花五分钟时间帮我一个忙。"

"五分钟,好吧。"

我告诉他如果有人接近档案室的话,给我打电话。

我花了 20 分钟查到了工作在华尔街的交易师的名字和电话,然后赶快离开了档案室。

当我回到家时,妻子的心情非常好,我决定不告诉她我已经被开除的事情。我带她和孩子们到公园去玩,直到太阳落山才回去。接着,我哄孩子们上床睡觉,然后我们也早早睡了。我彻底忘了我的那笔交易。

# 第七章　噩梦

当晚我做了个梦,梦见我在云层上朝着落日的方向奔跑,高度就像坐波音747时看到的样子。我跑得飞快,跨过一片片云朵,朝着落日方向。

身后的云颜色很深,是暴风云。而我的目光一直盯着落日——绚丽的晚霞,黑暗前的最后一丝余晖。但是每隔几秒钟,我就能从眼角看到一闪一闪的光亮,雷声滚滚,声音大得让我整个身子都在颤动。每一次响雷过后,轰鸣声在空气中不断回转,回音始终在耳边震荡。每一次回响传过时都像锤在我的胸口上一样,几乎每一次响声都能把我的胸口震裂。但我仍在继续奔跑着。

我虽在奔跑但似乎并未向前移动,就像上一周我在交易大厅时的情景一样,我感觉好像在静立不动,而周围的事物却在迎面与我擦肩而过。不同的是,上一周我满怀欣喜,认为一切事情皆有可能。

而此刻,恐惧是我唯一的感受。

在我左边的远处,我看见了我的妻子,还看到了我的孩子们:有内森(Nathan)、朱蒂(Judy)还有乔纳森(Jonathan)。我以很慢很慢的速度超过了他们,而我感觉好像他们在动,而我没有。我还看到了卡罗琳(Caroline)——她还没出生,但我却能看见她,好像她已经出生而且已经至少有五岁了。她穿的是一件白色外套,她是我在奔跑的过程中唯一没能超过的。她在向我微笑,那可爱的笑容以及她那卷着的头发很像我的妻子。我能看出她在向我喊,让我过去,但我却似乎仍在原地没有动。

于是我更加用力地跑,但无济于事。我伸开两臂,但根本没用。我甚至用四肢同时使劲,想增加些力量,但还是不行。我的脚越来越站不稳了。雷声越来越响，震动越来越厉害，我胸口的痛也越来越难以忍受，闪电也一次比一次耀眼，卡罗琳的声音越来越弱。

渐渐的，那喊声更加微弱了。

渐渐的，我已经听不到她的声音了。

渐渐的，我几乎看不清她向我摆手了。

渐渐的，她已不再微笑了。

这时，黑暗彻底笼罩了我，我看不到卡罗琳了，接着我大喊着从梦中惊醒。

## 终生难忘：第一次被通知保证金余额不足

当我从噩梦中惊醒，第一个念头就是那笔未平仓的交易。我已全身是汗，富兰克林正在我的床边站着，妻子坐在我的旁边，她正用手指一下一下梳着我的头发，此时我正担心着我的那笔操作。

我知道可能会不理想。虽然还没看到结果，但我知道一定很糟糕，这时我很想看看怎么样了。我们在隔壁屋里放了一台电脑，里面什么软件也没有，但我可以登陆，查看我的操作。在我心里，这个"暴利外汇"软件的作用真是太重要了。

"我能为你做些什么？"妻子吉妮问道。

"我想出去走走。"

"你要半夜出去？"

我点了点头，"我想清醒一下。"

此时已经是凌晨两点，我坐起身来，披了一件睡衣，起身来到了客厅。我打开了电视，准备调到体育频道，在我调台时，刚好翻到了彭博资讯频道。我停了下来，电视上正在讨论 FOMC 的利率决议。

主持人：这么说，美联储继续维持了低利率。

专家：是的，他们是这样决定的，这真是谢天谢地。宽松货币政策使得股票市场在正轨上出色地运行了一年了，没有必要去毁坏它。

主持人：昨天的货币市场并未受太大影响，这是为什么？

专家：他们正预期再降低 25 个基点，但这个预期没有实现。他们希望在 FOMC 的报告中能看到实质性的改变。

主持人：下一步美联储会怎么做呢？

我没有继续听他们讲话，而是拉了一把椅子到电脑桌前。我用了 20 分钟时间，想要把软件下载下来，但始终没能成功，我发现它要求我输入一个密码，这样才能在一台以上的电脑上安装"暴利外汇"软件。这时，我已不再去注意彭博资讯频道关于外汇汇率的点评了。

于是我开始用谷歌搜寻"外汇牌价"这个词，结果出现了大量的结果。有一条结果上显示的是"专业外汇图表软件，"我点了一下。我下载了一个免费试用版本并运行了起来。这个软件非常好用，我从菜单上的货币栏里找到了 GBP/USD，看到了这样一张图表，我特意在上面加了几行注释。（见图 7-1）

我的操作彻底失败了。我可以断定，全赔光了。

外汇价格从我买入英镑兑美元的位置计算，已经跌了 100 多个点了。所有这些下跌都是在我乘地铁回家的路上发生的，也就是我离开办公室 20 分钟那会儿。我以每个点 20 美元做的交易，算下来有 2000 多美元的损失。我是不是还要欠外汇公司一些钱呢？

我急忙去找我的手提包，慌忙中打碎了一盆花。我想尽快找到电话本，所以没心思收拾地上破碎的东西。我很快找到了我的外汇经纪人的电话号码。我拨通了电话，在铃声只响了一下之后，另一端传来客户代表悦耳的应答声。

"感谢您致电环宇外汇经纪公司！请问您需要什么帮助。"

"我想查一笔交易。"

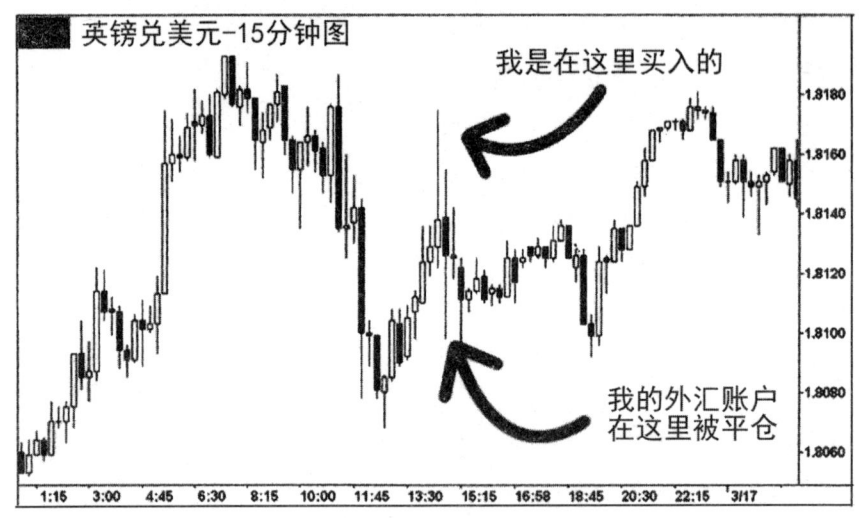

图 7-1 哈里交易失败

我迅速把我的账号念给她。我猜想她也许会再给我一次机会。没准他们对那些第一次暴仓的交易者们能通融一下。他们一定会尽可能做到为客户保住账户。我可以声称那不是我做的操作，然后继续辩解说那原本不是我想要做的操作。所有这些都毫无意义，现在已经凌晨两点钟了。

"先生，您的账户中目前没有已开仓的交易。"

太不幸了，"我欠你们钱吗？"我问道，"我今天有一笔交易彻底失败了。"

"您是赔了一笔钱，"她很快回答道，"今天下午您在 1.8170 位置买入了英镑兑美元，这笔操作没多久就被终止了，您的保证金余额不足被平仓了。"

"保证金不足？"

"是的，您用去了 500 美元做了两个标准手的交易。扣除掉这部分钱之后，您的保证金余额为 1200 美元。当您的亏损达到 1200 美元时，您已用光了所有可用的保证金，这样我们就自动为您平掉了仓位，这是我们为您提供的服务，因此您的账户内还剩下 500 美元。"

"给我提供的服务？"我看到图表上的价格很快就涨回去了，于是我问她:"为什么不继续保留我的仓位?"

"我们在好几年前是这样做的,但是很多人会继续把钱赔下去,这样他们就会欠我们很多钱了,这样更糟。"

我马上同意了。我要接受这样一个事实:我赔了1200美元,1200美元,一天里,一笔交易。

我挂了电话。

我抬起头,看到妻子正站在我旁边,她正隔着我的肩膀看着我的电脑屏。

"你操作外汇了?"她问道,"这么晚了还在做?"

我该对她说什么呢?

## 妻子愤怒的眼神

我把一切告诉了吉妮。从我和克雷格吃午饭,一直讲到我给经纪商打电话并发现我的账户爆了仓。

她很愤怒,并不是因为这笔操作的原因,而是因为我丢了工作的事,这点出乎我的意料。

妻子:你怎么可能沦落到这种地步呢?

我:(沉默)

我真不知道该怎样向她解释。妻子要听我的真话,但问题是说真话没有任何意义,她只会认为我在撒谎。

我对她说:"就这件事来说,我几乎没有选择的余地。我的意思是,自从一开始,结果就已经注定了。我与克雷格吃完午饭,刚一回来,突然间,甲壳虫就把我辞了。"

"怎么会呢?究竟有什么原因?你在那里工作了11年了!"并不是因为我叫了他"甲壳虫"才被辞掉的,只不过是他认为我越来越不重视他了。

"我不知道。"我早就知道,说出真话要比撒谎还要糟糕。我要是跟她说句谎话的话,结果会比现在好得多。比如说成这样:

妻子:为什么,他们为什么把你辞了。
我:我说了我不知道,很可能跟一个残疾人有关。
妻子:什么残疾人?
我:公司正起诉一个残疾人,一个四肢都有残疾的卢旺达难民。当我把文件扫描存档时我偷偷看了一眼他的材料。我们起诉他让他赔付2万美元,因为他用轮椅撞到了甲壳虫的胯部。公司安排了7名律师来处理这件事情。(我从眼角拭去一滴眼泪。)
妻子:太可怕了,你怎么能袖手旁观呢?
我:我当然没有了。我把所有的文件都复印了一份,里面有文件能够证明甲壳虫身上根本没做修复手术,这你也是知道的。那份医学报告就是铁证,我把所有的材料都给了那个可怜的残疾人的律师了。我的经纪商答应把我这次亏损的钱全部捐赠给这个卢旺达来的可怜人。
妻子:你做得对,你是我的英雄。

"喂?喂,哈里!你在听我说话吗?"

恍然间,我突然又被拉回到现实世界,妻子仍在用愤怒的眼神看着我。我从没有机会向吉妮描绘那个卢旺达难民的事情。此时她已经流泪了。

"难道你始终想不出为什么被辞退吗?"她用衣角擦着眼睛,低声啜泣着,她不想吵醒孩子们。

眼前这一切让我感觉非常痛苦。尤其是因为我们还没来得及讨论那笔糟透了的外汇交易,这样的话我更受不了。眼下我得先说清楚为什么丢掉了工作之后我才能继续讨论那个可怕的话题,或许我可以找机会跟她说说那个四肢残疾的人和轮椅的事情。

"我们失去了收入的来源,"她说道,"我们拿什么来供养这个还未出生的孩子呢?"

## 第七章 噩梦

我摇了摇头,她的担心此时转到了我的头上了。我的腿随时都会发抖,因为我知道生一个健康的小宝宝要花上将近1万美元。我们的宝宝还有几个月就要出生了,我怎么才能筹到这么多钱呢?我应该向甲壳虫多要1万美元。

我回答道:"我不知道,真的不知道。今天是我最最倒霉的一天,那个甲壳虫一直对我穷追不舍,他比我见到的任何时候都要愤怒。不知是出了什么差错,他竟认为是我干的。他把坏事推到了我身上,他需要一只替罪羊,而我就是那只不幸的羊。我想这就是他会给我这么多钱打发我走的原因。他们需要有个人来接受指责,而我就成了他们的人选。"

她哭着说:"这就是他们为什么不告诉你为什么会辞退你的原因,因为他知道你根本没做错事,而且他也不想给你机会让你来为自己辩护。"

我在想是不是甲壳虫做了什么错事。"你知道的,"我告诉她,"也许我可以找个律师来谈谈,我不可能出现严重的错误以致被开除。"

"你是个好员工。"

我耸了耸肩。我们交谈着,心里也都渐渐平静下来了。"我不是个好员工,我是一个伟大的档案室经理,但我利用这个职位做了很多事,我甚至还在工作时间做了外汇交易。"

她没再争论,她知道我是多么讨厌我的工作,所以没有责怪我每天对待工作一点热情也没有。

"你觉得你还能做交易吗?"

这个问题我一点准备也没有,我这种交易外汇的方法真应该被暴打一顿。实际上,我几乎已经下决心不再做交易了,趁早认赔500美元,总比全赔光要强得多。但再一想,我的工作还有什么前景呢?魏克曼律师事务所如果会给我一份工作的话,那一定是很差的活儿。我还是喜欢做外汇交易的,我有克雷格可以帮我,而且他的导师或许也能帮我。

我决定从那一刻起,我要成为一名全职交易者。

"我认为我还能继续交易,"我对吉妮说。

她笑了,我非常高兴,我也露出了笑容。由于肾上腺的分泌,我觉得真是高兴极了。

# 第八章　查利·弗兰克在美国国家银行

次日，我打电话给克雷格。

克雷格：不要认为你受到了巨大的伤害，你应当把这看成是一次机会，因为你可以利用离职补偿金来付你的房租。你可以坐下来制定一个交易计划，想一想你希望的未来的样子。我在经历了一次大的交易损失之后开始思考这个问题，大多数的交易者都是在刚开始交易不久就经历了灾难性的损失，但你要选择好你的处理办法。

我：你在 FOMC 的利率决议之后操作了吗？

克雷格：是的，我的确操作了。我做多了英镑并迅速赚到一些利润，大概我出货时正是你买入的时候。

我：你怎么知道要这样做呢？

克雷格：我顺着汇率变动的第一方向进行了操作。当我一看到价格快速上涨时，我就已准备好随时买入英镑了。当利率决议公布后的第一分钟时价格一直在上涨，之后跌了一下，当它再次涨得更高时，我开始买入。我是在 1.8130 买入的，很快我就赚了 40 个点，我急于获利，于是平仓出局。但是我的目标位是设在前期的支撑和阻力位的，今年在这个位置有过几次争夺，一周前还到过这个点位。我周围的人看到价格开始下跌时叫嚷着让我获利出局，但我准备拿到 1.8600 位置的。还有 470 个点可赚呢，那个位置是一定能到达的。我在进行操作之前就计划好了。

（见图 8-1）

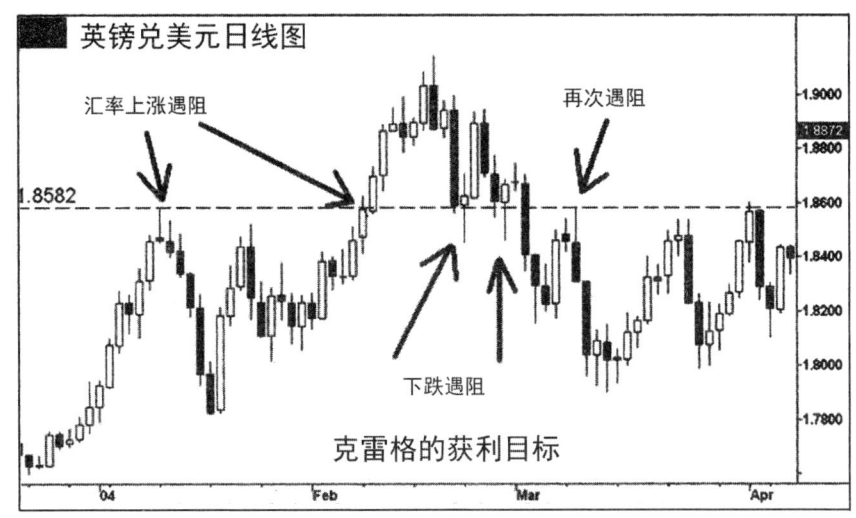

图 8-1　克雷格的操作计划

我：你知道自己为何这样操作的吗？

克雷格：大部分是的，还有另一个人的帮助，他既是我的老师也是好朋友。

我：你看我什么时候能去见一见教你交易的老师。

克雷格：不久你就能见到他的。

我：我去哪儿找他？

克雷格：他来找你。

我：我准备学一些交易的本领，同时也想趁机整修一下我住的房子，还要做一些我妻子想让我做的事，等等。等我这段坏运气过了之后，我就可以继续开始交易了。

克雷格：不要这样，你现在什么交易都不要做。

我：为什么？

克雷格：因为你是一个很可怕的交易者。

我：谢谢夸奖。

克雷格：你真是这样的。我随时都希望给你打打气。听我说，我现在得走了。再过几分钟，外汇市场将会受到一次强烈的冲击。找几本书，仔细读一读。试试看能否到华尔街的公司里找张桌子坐下,如果你能待一个上午,你一定会惊讶于你所学到的知识的,然后给我打电话。

## 溜进美国国家银行

我穿上外套,向邻居借了一个公文包,然后把皮鞋擦得亮亮的。我有10年没有为工作而打扮得这么利索了。我要让自己表现出最佳状态,因为我今天要扮演查利·弗兰克。

吉妮以为我在为克雷格介绍的一份工作做准备。也许我能在交易厅里找到一份工作,她正是这么认为的。我不想告诉她我没在做交易。自从那天早上我们谈话之后,她问我从事全职交易什么时候能开始赚钱,已经问了两次了。现在我们都认为我要做一名交易员,她希望我能全职从事这份工作。

但我知道我应该服从克雷格的建议。我希望做些交易,因为毕竟我的前两笔交易非常成功,而且我还有这个"暴利外汇"软件在手里。如果告诉吉妮我还要等一至两天的时间已经很难开口了,我也不愿一遍又一遍地对自己解释。

最好的打发时间的办法是再找一家交易公司去看一看。我的手头有九个华尔街交易精英的电话号码,我认为他们中至少会有一个人能答应让我看看他们的操作过程。如果前两三家公司不让我进入交易厅的话,我就准备请求他们让我参观一圈,我确信一定会有一家公司能同意我参观一下的。

当天是2004年4月2日,我乘坐C线地铁到了华尔街。8:15分,我走进了一座办公楼。它的外墙贴着花岗岩,外观很平淡,看上去跟个地铁站差不多,这个办公大楼的年头要比周围的公司老得多。我知道这就是美国国家银行,里面设有外汇交易部门。因为它位于华尔街的中心地段,所以我猜想这里工作的人一定也很有本事。在我离开威克曼事务所最后一天抄下的名单上还记有其他几家公司,我选择来这里是因为反正我要来一次华尔街，而它就在最中央，如果我不喜欢这里，或者他们不让我进去，我还可以去附近的另外几家公司。

想到这里，我觉得在一家法律事务所做档案部经理还是挺划算的。安德森的案子里面涉及的都是华尔街的公司和交易员的名字，案子中还包含了一名优秀交易员所应拿到的薪酬等内容，我所需要做的仅仅是看一看公司收集到的各种调查材料，而这些材料里的信息就是一座金矿。如果我有更多时间的话，我就可以收集到大量的名字、薪酬、地址以及交易员的电话号码等信息。但我现在只拿到了一部分的公司和个人的名字。

我知道，如果我能深入学习其中一家公司的操作的话，我就足以向克雷格证明我已经学到很多知识并随时可以向他或他的老师来学习了。克雷格说我是一个可怕的交易者，他说得没错，如果我不多学点知识，谁会愿意教我呢？

眼下要做的第一件事就是到美国国家银行。

我乘电梯来到 20 层。在这里我见到的前台和在欧内斯特·韦林顿公司一样，这里装了一道大大的钢门。当初，在穿过韦林顿公司的那道门时，我看到了安德森和克雷格以及其他的 200 多个疯狂的交易员。我自信地走到前台，准备露出职业的微笑然后向对方说："请允许我从这个大门进去。"但实际上我说的却是：

我：我要给萨瑟兰（Sutherland）先生送一份文件。

我从安德森的文件里得知萨瑟兰先生是交易室的主管，我的绝妙的计划将像一张折叠精美的餐巾纸一样以优美的方式展开，或像其他的华丽的物品优雅地展现在面前一样，我轻而易举地通过了警察或者说保安这一关。

不耐烦的前台接待：告诉我姓名和单位名称。
我：查利·弗兰克，来自魏克曼·巴特曼·贝利律师事务所。

最近几天，我撒谎成性，而且自我感觉良好。或者跟我说话的人都不太爱讲话。不管怎样，前台小姐已经准备要把我领入交易厅了，这一点，我已经感觉到了。

她甚至连我的证件也没看，真是易如反掌。当我签完来宾登记表后，她在我身上贴了一张写有"嘉宾查利·弗兰克"的标签，然后打开门锁，让我进去了。

下次我再来时就让她给我做一个胸牌，然后把我列入领工资的员工名单里！我一直认为克雷格能把自己安插到欧内斯特·韦林顿公司交易厅的一张办公桌上是件很了不起的事情，看来这算不了什么，也许下周我就能同时进入到五六家别的公司里去。如果混入交易厅内能赚钱的话，我凭这点本事就可以一直活下去了。我就是随时可以混入华尔街公司的詹姆斯·邦德！

在我还胡思乱想的时候，前台小姐把我领到了一个比欧内斯特·韦林顿公司要小一些的交易厅里，也就是一半的大小。里面大约有六七十人，但是并不是说因为房间小才觉得别扭，而是这里的人都在低声交谈着。这里的办公桌上没摆着《纽约日报》的体育版，桌子上的摆放也不是乱七八糟的，甚至没有几台电脑。倒是每张桌子上都放了一杯咖啡和一个有着各种颜色按键的大号的电话机，而且并不是每张桌子上都摆了电脑屏。在欧内斯特·韦林顿公司里每张桌子至少有三到四个电脑屏幕，而这里我几乎掰着手指头就能查完。厅内的地板上铺的是深绿色的地毯，四周的墙壁是用樱桃木做的装饰，西侧和北侧的墙上各有一面窗户，而窗帘的图案看上去像是手绘的，屋内的照明采用的都是地灯和台灯。这里看上去一点也不像个交易厅，而更像一个价格昂贵的牛排餐厅。

也许我来错地方了，从表面上看这里面是群正在工作的男人（确实没看到女的），而他们对当天市场的变动并不在意。我很快就证明我的猜测是正确的了。

估计这些交易员的年龄至少都在45岁以上，有的更老一些，也许有六七十岁了。所有人都无一例外地穿着蓝色或灰色西装，而且西服外套都是穿在身上的。在欧内斯特·韦林顿，我见过穿着百慕大短裤搭配夏威夷衬衫的，那个人如果出现在这一间办公室一定会显得格格不入的。

这里每个人都有较为宽敞且独立的办公位置，他们坐在木制的办公桌前，有的正与来访者进行交谈，也有的员工在侧面的桌子上放着小电视机，个别的几台是开着的，所有电视里播的都是 CNBC 的节目。画面上，梅利莎·弗朗西斯（Melissa Francis）正在纽约商品交易所的装修豪华的演播室里进行节目播报。

如果这里的某个人是在靠交易为生，那么他一定很难向我做出证明。我一定是来错楼层了，这里像是退休交易员的办公室，这里专门为岁数大的人提供看新闻、与朋友叙旧、电话聊天以及喝咖啡来打发闲暇时间。有可能美联储又要公布利率变动决议了，这个理由可以解释这里的秘密气氛以及电视中播放了统一的内容的原因。

我忽然想到，既然我已经溜到交易厅了，我就应该弄清楚为什么这里没有人看上去是在交易，但我真不知道该去问谁。在欧内斯特·韦林顿公司，几乎所有人都在尖叫着，我只要看到谁去问他就好了。但在这里，我有点被吓着了，所有人都没有一点生气，更别说让他们高兴地与来访者说话了。由于前台人员让我自己去找人，所以没有人带着我，因此我打算出去看看另一家公司。

谢天谢地，终于有人先开口说话了。

"小伙子，你像是迷路了，你找谁？"

这是一张满是皱纹的脸，看上去至少有 80 岁，他正爽朗地对我微笑着，"这里没有几个人，我可以帮帮你。"

"这里的人都在等待什么事情吗？"我问他，"这里很安静。"

他望着我，好像我的脑子出了乱子，"年轻人，这里每天都很安静的，这里没有类似中城区的那种毫不重要的交易业务，你所站在的位置是约翰·皮尔庞特·摩根（John Pierpont Morgan）曾经站过的位置，或者说是接近的位置。"

约翰·皮尔庞特·摩根？是那个 J. P. Morgan 的全称吗？那可是 1000

万年前就出了名的银行家呀。

"哇,"我回答道,我尽力表现出他所希望的那种惊讶的程度。

"如果你在等某个人的话,你可以先来这里坐下再说。"

他把我领到一张办公桌前,这里坐着一位年纪稍年轻一点的先生,但他的身材真是太高大了,他坐的椅子显得很小。坐在椅子上时,他上身要高出办公桌好大一块,他的身高得有六尺半高,他的手掌非常大,手中的自动铅笔显得像根牙签一样大。他的另一只手正用一副已经旧了的牌在桌面上摆着纸牌游戏,他一边摆着牌,同时用铅笔在铺开的大张绘图纸上做标记。这时,另一个老先生正一摇一摆地慢慢走开,我怀疑他能否找到自己的桌子。

"早上好,"他向我打了声招呼,头也没抬,"我不认得你,你是来赌你填的结果的吗?你好像没来过这里?"

我摇了摇头,但他并没看到。我回答道:"我不是来赌的,我是来送文件的。"

他抬头看着我,"希望不是给我送文件。"

"当然不是,"我向他伸出手,"我叫哈里·贝恩斯。"

他咕哝着说,"你看上去像是查利·弗兰克。"

我低头看到我身上的标签,"嗯,这个,"我回答道,"这是我在进门登记时填的名字。"

他皱着眉奇怪地看着我。

"我是溜进这里来的,因为我想做外汇交易,我说的可是真心话,可我觉得好像到了另一个星球。"

哈哈,讲真话,就像见到久违了的老朋友一样。至少,我没有欺骗他。

他笑了,咧着嘴笑了。他坐回到椅子里,把铅笔夹在耳朵上,开始对我讲话,他讲话的声音非常大。他这么做并不是想吸引我的注意力。我靠在椅背上,故意把身体往下缩了一些。他用低沉的声音说道:"听起来像是我40年前干的事。"他又指了指几张桌子以外的电视机,画面上已不是梅利莎·弗朗西斯在讲话了,而是几个人正在讨论着一些我根本听不懂的内容。这位老先生继续说道:"你来得正是日子,NFP(非农就业数据)再有两分钟就要公布了。你将看到这里会变成一个摇滚音乐会的。"

"真的?"

他哈哈大笑起来,铅笔从耳朵上掉了下来。我站起身去帮他捡起来,但他的胳膊很长,他可以自己捡起来。他把手伸给我,我们握了手,而我发现我的手完全消失在他的手中了。当我仔细观察他时,我发现尽管他的外表显得有些年纪,但他仍有一份激情与力量。我能看得出,很多年前这份力量就存在于他的身上。

"这里真的会沸腾起来吗?"我又问了一遍。

"不是的,查里,"他回答道。"不会的,这里的气氛几乎不会有任何变化。"他环视了一下周围,"这里一半左右的人连今天是星期几都不知道。"

"我的名字叫哈里,让您记混真是不好意思。"我把衣服上的名签撕下,说道:"你说 NFP 要在几分钟后公布。"

"是的。"

我不知道他指的是什么。这是不是一个类似于 FOMC 决议之类的报告呢?我真想现在就坐在克雷格·辛普森(Craig Simpson)的旁边,看看他会做些什么。这位先生已经不再看电视了,他又回过头开始画他的图了,他总是把铅笔的尖给折断,他很生气,终于把铅笔扔到了桌子边的垃圾筒里。

"你带笔了吗?"

我把我的笔给了他。

"你好像不太在意 NFP(非农就业数据)。"我猜道。

这句话给他留下了印象。他希望表现出不在乎的样子。"这个上午我一直在画我自己的图表,我每个周五都这么做。听着,我告诉你一个秘密:不要在报告公布的当天交易,应该在数据公布后做出一个长久的判断。这个城市里大多数的年轻人都是在数据公布后的一小时内马上操作。他们为了能在数据公布之前知道结果会不惜出卖自己的母亲,但事实上他们根本没必要那么焦急地等待结果。他们可以等着结果公布后制定一个理性的计划。"

"我在别的公司看到过，能够有理性行为的人太少了，他们那里乱作一团。"

他微笑了，他很高兴我能理解他的意思。

我站起身看看他画的图表，上面画的都是 X 和 O 的标记。有点像我在电视上看的金融数据图，不同的是，在电视上是用上下曲折的线来表示的，而这里标的是 X 和 O。他看得出我很感兴趣。

"这是点数图，朋友。已经没有人留意这种图了，但我仍坚持用手来绘制，稍等，数据出来了。"

离我们最近的一台电视机边上的先生迅速把音量调大，屋里大多数的人都转过头在看。画面镜头转到了一家大型交易所里，一个记者正站在屋子正中央：

里克·桑塔利（RICK SANTELLI）：三十万八千。

就像宙斯对他的臣民讲话一样，他告诉他们说，他要杀掉那些行为与人类最为接近的交易者，这句话让电视里所有的人都进入了狂乱状态。随后，电视机的声音被降了下来，但是那个播报者周围的人群就像发生爆炸了一样。交易员们彼此尖叫着，他们用手势快速交流着，动作快得很难猜出手势的内容。这种场景应该与欧内斯特·韦林顿公司里很相近，我真希望此时我能在那里。

眼前这位老人显然知道我对正在发生的事情很不了解。从屋里人的反应来看，他们都没有进行真实操作，但是他们都是退休的。在魏克曼事务所时我们也有类似年纪的老律师，在公司里到处走动，嘴里讲着低级的笑话，每天下午两点就下班了。

而克雷格此时正在欧内斯特·韦林顿公司疯狂地进行交易，同时周围会有很多人在观看，他和他的助手看上去一点也不像是在同一个交易厅工作的。我觉得他们一定阅读过大量的这一类的报告，且这些报告都是关于利率变动的。他说道："查利，刚才公布的是 3 月份的就业数据。数据显示的是美国新增的工作岗位的数量。"

"是的，电视里的那些人好像很在意这项数据。"

"是的，就像我说的那样，华尔街的那些人会不顾一切地想尽早知道数据的结果，今天的数据结果就是不错的，与预期的相差很远。一定有很多的小伙子或姑娘们正在进行美元的买入操作，他们根据数据在赌美元将会上涨，但重要的并不是5分钟之后所发生的结果，重要的是这一天的结果是怎样的，以及下周的变化将是怎样的。"

"但你不会选择今天操作，对吗？"

"不会。"

"那你什么时候操作呢？"

他喜欢我问的这个问题。"我会回答你的问题，但不会直接告诉你结果，你能看到图表吗？"

"外汇图表吗？"

"是的，是外汇图表。"

我点了点头，"我在家里能看到。"

"你要学会使用它，但不要只看短期图表，短期图表是那些小混混所专注的工具，你应该专注使用长一些的周期。"

他把克雷格·泰勒形容成了小混混，仅仅因为他喜欢做短期交易。这位老先生看上去有智慧而且很友好，但他根本不知道克雷格靠短期交易能赚多少钱，也许我再问几个问题就可以离开这里了。

"短期和长期有什么区别呢？"我问道。

"年轻人常爱看5分钟图形，或者是一分钟图形，还有更低的，即时图，这些都是疯子，在这里我看的是日线图和周线图。"

"我也应该看这两种图吗？"

"当然，照我说的做，再把4小时图加进去，你能做到吗？"

"一定能。"我回答道。

尽管这里的人似乎没在使用高科技的交易手段，但我仍为他跟我说的话而感到高兴，同时我也清楚如果我在遇到他之前能够学过一些交易方面的知识的话，我就可以问他很多关于外汇市场的有用问题了。此刻我除了去理解他所建议的观察较长周期的趋势以外，无法了解其他的知识。他所讲的其他内容，对我来说简直都是外国的语言。我知道在华尔街上的所有人（除了老年交易员休息室的人以外）都在从事交易活动，我还明白了刚刚发布的 3 月份就业数据，也可称为非农就业数据。

"你说过在外汇市场上所有从事短期交易的人都会买入美元，那么在股市中呢？"

"通常股票和外汇业务不在同一楼层。在这里我们做什么交易都行，在大多数公司，股票厅和外汇厅是分开的。对于你所问的问题，答案是今天股市将会出现不错的上涨行情，股市喜欢强劲的经济。"

我被这几个市场搞晕了，而且大脑里满是糨糊，越听越糊涂。

他发现了我没太听懂这些话而且被电视上看到的混乱场面绕晕了。他说："你是个新手，是吧。"

我点了点头，"地道的新手。"我回答道。

他低下头看看他画的图表，然后抬起头看看我，然后又低下头，又抬起头，他在考虑应该把时间花在哪件事情上。

"年轻人，我很愿意给你些帮助，"他说道，"但我现在要为下周一的工作做些准备。现在是早上 9 点，我中午就要离开，而我手上还有另外 25 张图表要处理。我可能不能陪你了，好吗？"

"好的。"

"这样吧，你去找本这方面的书来读一读。"

如果有作用的话，我甚至愿意去读一读《战争与和平》这本书。

"什么书好呢？"

他摇摇头。我猜我可能是在太短时间里问了太多的问题。"不太清楚，"他告诉我。"我的入门知识是很久很久以前在投递室学的，当时我坐在一张办公桌边向别人咨询，就像现在你问我一样。你周一再来吧，到时候可以占用我一些时间来帮助你。我叫塞缪尔·威尔森（Samuel Wilson）。"他站了起来，再次与我握手，示意我该离开了。

"谢谢您，威尔森先生，我会来的。非常感谢您的帮助。"

看到自己帮助了我，他满意地笑了。

尽管他没有回答我更多的问题，我也觉得没必要再久留在这里了。他不介意我待在这,甚至还告诉我不会有人来打扰我。我悄悄地走到边上一张离 CNBC 电视较近的办公桌旁待了一会,这样做使我感觉好多了。即便此时我不能在这位老先生这里学到更多操作方法,至少他能掩护我看电视,以便知道市场上更多的反应。

总之,我不会空手离开这里的。

虽然我在这里仅仅待了很短的时间,我却了解到了一个值得关注的事情:非农就业数据。我还要学习很多知识。我突然发现,电视中的每个人都在忙碌着,他们都知道自己在做着什么。他们看到就业数据报告已经公布,之后他们便准备好应对的方法,就像老虎捕猎或一群社会小青年在操场上准备打群架一样。他们等着某个人把数据公布,然后他们就会知道该怎样操作。

就连我身边正在往图表上添加标注的这位老先生也有自己的一套操作方法。他并没有马上针对这些新的消息采取行动,据他所说,他是根据这些报告来做出决策的,但并不是在消息发布后的第一时间。

因为这里发生了很多事,所以我决定先做一些观察。

尽管我知道这些长者们都曾在以前的某段时间取得过成功,但我认为我的交易生活应该是像欧内斯特·韦林顿公司里交易员那样。我要在家里摆一台电脑,同时再放好几个监视器,在我的手边是报纸的体育版,电视里播放着 CNBC 的节目。这样的场景似乎更像一些,而且非常符合我的性格,不过电脑操作是最复杂的一部分。

我难以相信以前我在那家律师事务所时是怎样度过的,我几乎连回复电子邮件都不太会,一个字母一个字母地敲键盘。单凭电脑不过关这一项,他们也早就可以把我开除了。也许当我靠交易来维持生存的时候我能学到一些正规的电脑操作知识。同时,我还可以让我的妻子和孩子帮助我。也许我可以付钱给斯科特,或者问他愿不愿有偿地来教我一些知识。

但首先,我得把基础的东西弄清楚一些:交易的语言。我必须读足够多的书,这样我才能够问出一些基本的问题,这样才能帮助我学会一些高深的知识。对于这一点,刚才 CNBC 电视里很多人都清楚,同时克雷格也是这么认为的。

# 第九章　规划新的工作

　　一小时后，我来到了位于洛克菲勒中心的邦诺书店（Barnes & Noble），在书店的一个拐角处，我还发现了产自瑞士的特舒亚（Teuscher，全球顶级巧克力品牌之一）巧克力。如果我一手提着巧克力另一手抱着1000本新书，吉妮一定会盯上巧克力而不去关心我花了多少钱的。那天我计划在书上多花些钱，这样我可以增强一下我的交易方面的技能，然后我可以白天躲在家里玩命学习一下相关知识。

　　除了对纽约旅游指南的书籍很了解外，书店里的导购对于投资类书籍也能介绍得很清楚。他把投资类的书籍一本一本地向我做了介绍。其中涉及经济学、期权、外汇、日内股票交易等内容，所有你能说出的类别，在这里都能找到。导购还向我推荐了几本有关交易者的书籍。尽管内容与我关系不大，我还是把它们买了下来。我记得当天买的书包括日内股票交易、期货和商品、经济指标书籍、技术分析（如何看懂图表）以及专门介绍外汇市场的书等。此外还有关于交易心理的书籍或者介绍交易者的故事的书籍，不过这类书籍都写得很有趣。我知道看这样的书会很耗时间，完全是浪费时间。这可以作为我操作获利后的一种奖励。只有当我已经把其他的书籍都看完两遍以后我才会开始读这些书。

　　我足足买了20本书，太多了，根本无法抱回家，所以我办理了邮寄手续，他们很乐意这样做。我随身只带了一本书——一本关于日内外汇交易的书——然后离开了书店，乘上地铁回家。

　　当地铁到了我该下车的皇后站时，由于读得兴起，竟然忘了下车，一直坐到了终点。当我觉察时，又接着读了下去。我发现外汇市场是世界上最具流动性的市场，每天有数以万亿的货币在发生着换手交易，当然也可以说是在电脑屏幕上发生的。我拿的这本书是教人如何在家里来从事交易的，非常适合我。其中介绍了交易系统、交易软件，里面甚至还介绍了如何保存交易记录。虽然我只做过三次交易，但我相信我很快就能达到日交易者的操作能力。

到家以后，有两件事要办：一个是我的饱受打击的妻子，还有就是放在门廊的一堆书，很难搬动。吉妮很奇怪我为什么在刚刚丢掉工作后要买这么多书。说来也挺有趣的，这一天我都忘了自己失去工作了。

和家人吃过晚餐并把孩子们送上床后，我急忙跑到了电脑旁并打开了外汇图表软件。这是我最急于看到的东西了：走势图，威尔森先生告诉我要观察较长一点周期的图形。下图就是我观察到的。（见图9-1）

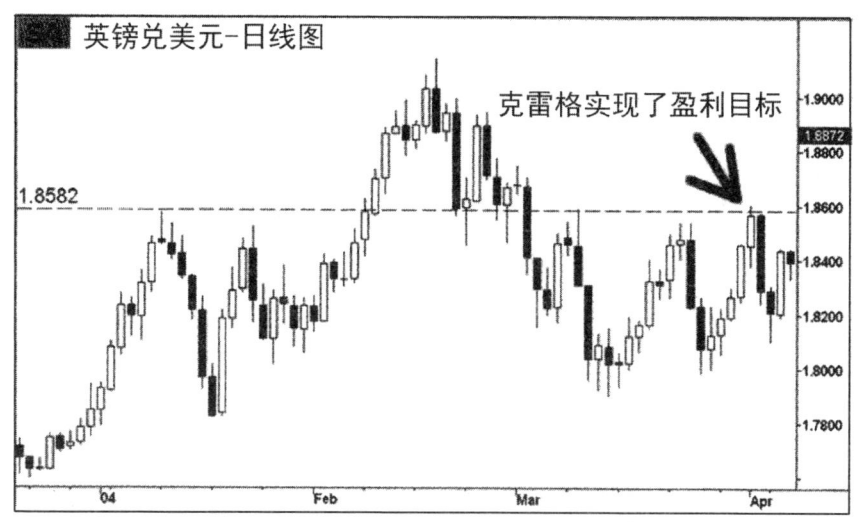

图9-1 哈里在观察长线图表

日线图上显示了所有我想从克雷格的交易中知道的内容。就在前一天，也就是4月1日，他的一笔交易达到了他设定的获利位置1.8600。但是我想更进一步看一看今天的变化是怎样的，于是我违背了威尔森老先生的意愿，把它设成了15分钟图。

从我买的关于技术分析的书上，我了解到每一根我们所看到的蜡烛线都体现了某一特定时间段内的价格变化情况。在15分钟图表中，每一根蜡烛线所显示的都是它在这15分钟内的运行情况。深色就表示价格下跌，而浅色则表示价格上涨，非常简单。（见图9-2）

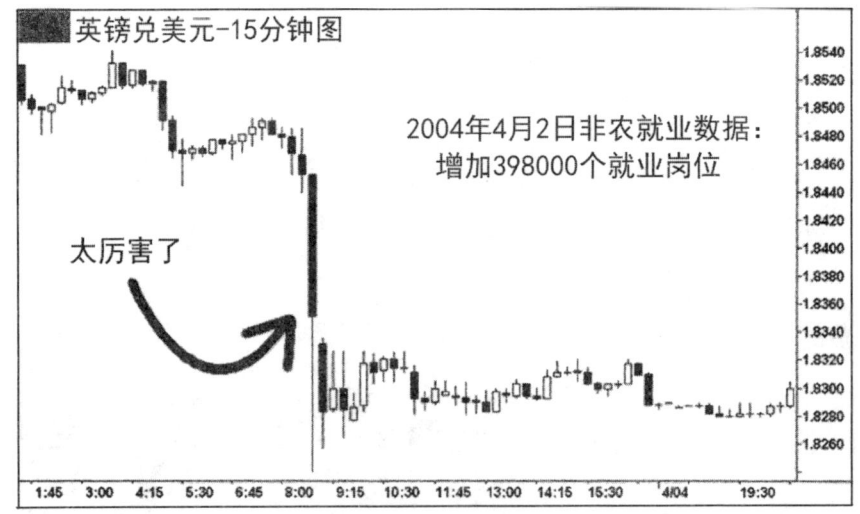

图9-2　剧烈震荡

观察图表时，我发现GBP/USD英镑兑美元在报告被公布后的15分钟里已经走完了全天的下跌长度——200个点。之后，又回升了100点，然后又下跌了100点，太疯狂了。这说明在短时间内赚到一大笔钱是可以做到的。这就是赚钱的方法！这属于短线交易，就像克雷格·泰勒所从事的交易类型。我发现，如果我在非农就业数据NFP或联邦公开市场委员会FOMC利率决议公布的第一时间能够反应够快的话，就可以顺势快速赚一笔。如果这样，我多做几种货币不就更好了吗？

此时我已经明白了，我在联邦公开市场委员会FOMC利率决议公布后所做的操作为什么是错误的了，我在进场的时间点以及持仓的时间长度都出现了错误。其实问题不是出在我在买入还是在卖出。在这两份报告公布的第一时间里，市场里有快赚一笔的机会——甚至可以说是轻松赚钱的机会。还有多少报告要公布呢？在什么时间公布呢？克雷格会不会告诉我如何针对这样的机会来操作呢？我对威尔森先生的感觉不太好。那位老人坐在那要等好几天才开始操作，看看克雷格，他仅仅通过几分钟的操作就把新鲜出炉的利润拿到手了。威尔森先生对经济报告几乎是毫无反应，这么做怎么可能赚到钱呢？

我再次投入阅读中，那天晚上我读完了第一本书。在剩下的时间里我又开始钻研其他的书。我同时打开四五本书，尽可能学更多的知识。尽管我从书中学到了很多，而且知道了很多难懂的术语，但脑子里始终在想着经济数据公布后来操作的事。下面列出的是可能导致大幅波动的报告种类：

- 非农就业数据
- 消费者物价指数
- 进出口贸易额
- 联邦公开市场委员会 FOMC 决议和记录

当然还有其他的经济报告，但上面列的被认为是最重要的一些。

除了利用刚刚学会的经济报告，我还有我的"暴利外汇"软件，我相信这个软件一定可以帮我在这方面做出好的操作。这简直就是为我量身设计的专门针对经济报告公布后该如何操作的软件。

通过浏览网页，我明白了杠杆的意思，也可以称为保证金交易。同时我还知道了外汇交易商愿意提供 100：1 的保证金比例。这就意味着如果我有一笔起始金额为 1000 美元的资金，那么我就可以在外汇市场中进行 10 万美元或甚至更多数额的交易。我盘算着先用少量资金进行操作，一旦我能像克雷格那样懂得如何操作了，我就可以做到每天都交易并赚到很多的钱了。这样，我在家中进行操作并达到养家赚钱的目的就能实现了。我在短时间内赔了如此多的钱的原因是我在开仓之后一直没有盯着，而是去忙别的事去了。如果我一直盯着账户并从事短线交易的话，也许就能赚到钱了。

我有一个惊人的设想。我的外汇经纪商给我提供了 400：1 的杠杆，这就意味着如果我投入 100 美金作为保证金的话，我就可以操作 400,000 美元的仓位，这就是 40 美元一个点！我还剩有 400 美元的保证金。按照外汇经纪商在电话中的解释，汇率每上涨一个点，就会有 40 美元从我的账户余额中被扣掉，也就是说如果我根据经济报数据来操作的话，我的账户最多能允许汇率向我的反方向运动 10 个点。这样就好，我知道当报告公布之后汇率只会向一个方向运动。我可以做好顺着报告公布后的市场方向来操作，这样就能快速获利。

我见过英镑兑美元在很短时间内出现 200 个点的涨跌，如果每个这类的报告我都能赚到 50 个点的话，以每个点 40 美元来计算，能赚 2000 美元。天天都赚！怪不得华尔街的那些人收入那么高呢。他们每次的交易量有 1000 万美元，这就是一个点 1000 美元。一天 50 个点来算的话，每周很容易就能赚到几十万美元。

从这一刻起，我知道我的辉煌时候要到来了。我不用从头做起了。我因失业伤了妻子的心，当我决心成为交易者时又唤醒了她的希望，现在我要证明给她看。她又给了我一次机会，让我好好操作，把损失补回来。于是我决定再也不去谈论那次损失了，我要全力以赴把以后的操作处理好。总停留在痛苦地分析过去的事情当中有什么用呢？

我的思绪又回到现实中来了，我是哈里·贝恩斯，我要成为超级交易员。这就是我的目标。我要赚回我所赔的每一分钱。我有可能只用一次操作就能把损失夺回来。

第二天早上，我把所有这些想法告诉了妻子。

她很支持我。"你之前的那笔离职补偿金有不少钱，我也知道这份钱得来不容易，也许我们可以把这笔钱投入到外汇账户中，不用存到银行去了。你用这笔钱赚的钱总会高于利息的。"

"这个主意不错，"我回答道。"这笔费用我如果留下用做家庭开销的话解决不了大问题。"我在心里算了一笔账，如果用这 6000 美元，我可以拿出 3000 做保证金，这样我能开 120 万的仓位，这就是 120 美元 1 个点。这样的话盈利就相当可观了，应付吃穿的话绰绰有余。如果每份经济报告公布后都能赚到 50 个点的话，我一天就能赚到 5000 美元。这么大数额，我自己都难以相信，我要发财了。我发现太多太多的人不善于抓住手边的机会了。这笔 6000 美元的解聘金真是给了我一个绝妙的机会。

之前赔了一大笔钱，这次我一定要好好操作一次。我对吉妮说："我下一步要做的是把账户内的资金重新回到 1000 美元，然后我们再把 6000 美元投进去。这样我就可以实施我的新计划了，试一试，然后再去和克雷格交流。这就是最完美的计划。当我与他交谈时，我会有很多很多问题要问，他也将帮我更好地利用这笔解聘金。"

吉妮也认为这是个好办法。"我们眼前的生活怎么办好呢？"

我有这样一个计划。"我想我们应该从魏克曼的 401（k）养老金计划里把我的养老金取出来，用这笔钱我们至少可以维持 6 个月的生计。"

如果没记错的话，我的养老金账户有 1.5 万到 2 万美元的钱。我们彼此承诺过对方如果不出现紧急情况，我们不能动用这笔钱。现在或许是个合适的时间吧。

"你打算把那些钱也用来做外汇交易？"她问道。

我没这么想，一点也没有。解聘金对我来说是一份礼物，如同我在街上捡到的一张 20 元钱一样，但养老金却完全不同。这笔钱已经存了很长时间了，一直在缓慢并稳定在增加着。我每两周都会少往家里交一些钱就是为了在退休时能多领些钱。

"我不这么认为。这笔钱是有其他用途的。只有出现非常紧急的情况下我才会把它取出使用的。"

"好吧，"她说道，"如果我们省着点花的话，这些钱够我们花半年的。即使再少一些我们也能渡过这一关的，以后不要在书店买一大堆书了。"

"好吧。"

"我们在吃的方面也可以想些办法，我相信用这些钱我们能度过七八个月。"

"你刚才说省着点花，怎么省？"我问道；"你是说卖掉一些东西吗？"这个办法我不太同意。我有把握很快就能赚到很多钱的。她似乎想走一条安全的路线。还有一点，她对这个想法似乎不太反对。她好像把这看成一件刺激的事情，甚至当成了与丈夫经历的一次历险，真不知这次历险会是什么结果。

# 第十章　查利·弗兰克遇到了对手

那个周末,我知道了"缩减"指的是卖掉所有房子中我喜欢的东西。我的妻子原本想多订几个付费电视节目不得不取消了。她在 Ebay 网把我们的宽屏大电视拍卖出去了,然后又从网上花 50 美金买了一个 17 英寸的小电视。之后她又把我的书架卖给了一位邻居。现在我的这些书已经没地方摆了。她联系了她原来住的布鲁克林区的几家书店,几天之后,书店的人过来搬走了几乎所有的书,只留下了几本新买的有关投资方面的书。吉妮还把她两年前圣诞节时送我的高级组合音响卖掉了,她甚至连我的网球拍子也给卖了。

我得承认,其实吉妮不只是卖掉了我喜欢的东西,她还把她的缝纫机以及她的一大堆衣服连同一些家具也都送到寄售商店去了。一天下午,她把微波炉装到箱子里时被我叫停了,剩下的东西不想卖了。

"我们还要吃饭呢!我们已经卖得够多的了。"

她停了下来,"我这样做是避免让我们破产。现在我已经凑出不少钱了。"

这样的举动让我感觉好像我们正在努力筹钱为我的一个小孩买肾一样。"有多少钱了?"我问道。

"5000 块钱左右。"

我不得不承认这个数目不少了。我对失去那些书的怀念比不上失去电视机,我原以为我会非常难过,其实并没那么明显。我的孩子们最舍不得失去那台电视,可他们总会适应的。如果我把妻子变卖家当的钱加上那笔退休金的钱(大概 2.3 万美元,我们正准备把它转到银行账户里)这样我们就有将近 2.9 万美元了。

## 第十章  查利·弗兰克遇到了对手

"还有别的吗?"吉妮问道,"你要是不想卖微波炉,别的还能卖点什么?要不把汽车卖了吧?"

我摇了摇头,"我们不卖车,你已经把能卖的都卖完了。我们现在有将近3万美元,这些足够了,够我们解决问题的了。我们可以列一个预算单,各项费用写上。刨除掉交易的费用以外,这些够我们用的了。"

"你决定好了是吗?"我发现她有些焦急。变卖这些家当还有一个原因,而这个原因她没有告诉我。

"吉妮,你不舒服吗?"

她摇了摇头。

"我向你保证我们会过上好日子的,我发誓一定能做到。"

"我开始担心,也许做外汇交易可能会比我们预计的要有风险。"

"为什么?"难道她和别人讨论过这件事吗?还是在电视上看到什么了?

"是这样的,"她说,"你在一天里确实赔过1000多美元。"

哦,她知道我的事。这就是她忧虑的原因,听到这句话着实让人不太舒服,但我已经决定了要面对这个问题。

"我不会再出那种错了,我已经有了教训了。其实,那并不是我的错,我离开了电脑账户,当时'甲壳虫'要教训我一顿。"

"我指的不是那次的事。我相信你会做得比之前更好,但我父亲最好的朋友就是每天操作股票,结果把所有的钱都赔了。埃米利奥·冈萨雷斯(Emilio Gonzales)的事你听过,是吧?"

"那个和你父亲一同送信的人吗?"

她点了点头,接着说道:"他从退休金账户中拿出了大约5万美元到股市去赌输赢。他把这笔钱赔掉后,把房子抵押了。他在两个月中赔掉了几乎所有财产。这些人把家输掉了,然后就会去卖车,接着再把家具拿到Ebay上去卖掉,争取生活下去。"

这一刻,我们谁都没说话,气氛不大融洽。我能听到外面的车流声,几个小孩在楼前的空地上打篮球,不时传来叫喊声。一只鸽子正站在客厅外的窗台上咕咕地叫着。猛的一下,我的思绪突然被打断了,我能感觉到无论埃米利奥·冈萨雷斯的错出在什么地方，我都有可能犯同样的错误的。"

我深深地吸了口气，"我不会那么做的，我不会拿我们的养老金来炒外汇。这笔钱只能用做我们的生活花费，而且很可能我们不会用上它的。"

吉妮赞成这个主意，其实我们都不想把炒汇看成是个错误打算，毕竟这是我们眼下唯一的解决方法了。

"你是不是可以去拜访一下埃米利奥，看看他犯了什么错误。"

"那还不如去找克雷格呢，他一直做得不错，我在一个失去一切财产的人的身上能学到什么呢？"

"那你打算什么时候再去找克雷格呢？什么时候开始操作呢？"她问道。

"快了，我想再见克雷格一次。"

"你指的是什么时候？"

"我今天给他打电话。"

"有个对你不错的在另一家银行工作的老人，你不去看看吗？"

"你是说威尔森？美国国家银行的那位？我估计也得给他打个电话。"我没跟她说那位老先生让我第二天，也就是周一，再过去聊一聊。

"你是说你估计要打电话是吗？"

"好吧，我一定打电话给他。"

但我确实不太想这么做，在这两天里，威尔森已经在我脑海中有些被淡化了。越想那天他说的话，越觉得美国国家银行的交易员们根本不比克雷格知道得多，他们像是生活在过去的年代。连电脑都没有，交易员不用电脑能取得什么成功？我的印象里，像欧内斯特·韦林顿公司里的交易方式才是我想要的。一定要用上最前沿的信息和科学技术，这才是大人物做事的方法。我也要这么做。

那个周末，当吉妮在变卖我们的部分财产时，我一直在照看孩子，同时也在尽可能多地阅读一些关于经济指标的书。我知道斯科特再也帮不了我了，于是我把外汇交易软件的说明书又从头到尾读了一遍。现在我已经做好了根据经济报告来操作的准备了。我不需要威尔森的帮助了,我决定不去麻烦他了。

周日吃晚饭时,我们继续讨论这个话题,同时我还在用一只眼睛盯着外汇走势图形。

"你坚信你做得了这一行,是吗?"妻子问道。

"是的。"我向她作了保证。现在英镑兑美元正在横向运行,没涨也没跌。周日晚间的外汇市场也不会有什么波动的,谁会在这个时候交易呢?我把脸转向妻子,"现在一定行了,我已经有了好几个办法来做外汇交易了,赚钱应该比以前要容易得多。我采用的操作方法在欧内斯特·韦林顿公司也是最棒的了,那里的人一年能赚100万美元。克雷格正打算告诉我他是如何赚到这么多钱的呢,而且我也已经自学了很多知识了。"

"你有把握让克雷格告诉你他是怎么赚钱的吗?"谈到这个话题就得涉及克雷格的导师的事情了,我甚至可以去拜访指导克雷格交易的那个人。我在猜想那个人是不是欧内斯特·韦林顿公司的某个人呢?那么他是不是就是安德森呢?或者在欧内斯特公司交易厅见过的别的什么人。有那么一刻,我甚至想马上给克雷格打电话看看他能不能帮我约一下他的导师。我现在已经学了很多知识了,应该可以学一些高深一点的内容了。

说了这些话,我的底气更足了。我一定能学到我需要学会的内容的,包括从克雷格那里,从书中,还有其他渠道。我还有八个在华尔街上的银行工作的人员名单,一直还没来得及去拜访呢。

之前两周所发生的事情使得她的情绪变得非常不稳定。我非常爱我的妻子,因为当我失去工作并赔掉了一半的交易资金时,在我无法证明我能复制华尔街的交易员的成功方法时,吉妮仍然愿意帮助我实施我的计划。当然,当她知道克雷格一年赚到100万美元时,她更愿意去做一下尝试。

此时,我想看看别的货币之间的运行情况是怎样的,于是我点开了图表。美元/日元正在快速下跌,而我的一分钟走势图的变化非常明显!看上去,亚洲的交易者们在周日晚上也能让市场发生波动。当然了,这已经是他们的周一早上了,怪不得呢。我极力控制住自己,没有下单交易。

## 5000 亿

第二天早上，我给克雷格打了电话。其实在周日晚上当我看到市场的波动时，我非常想回到这场游戏中再去试试，但我已经下定决心，我要等到我从更好的人那里得到了更好的指导后再开始交易。尤其要向克雷格那种能教我怎样针对经济新闻来交易的人来学习。我读了这么多的书，所学的知识还不如在克雷格那里待 30 分钟学到的多。如果要学习一些术语的话，读书是很有帮助的。但是，从一个成功交易者身上学到的实际操作知识能让我进步到一个新的高度。

这就是我在周一早上给欧内斯特·韦林顿公司打电话要找克雷格·泰勒的原因。

他马上接了电话。

"你又开始交易了吗？"他首先问道。

"还没呢，"我告诉他，"我打算听听你的建议。"

"恭喜你！"他大声说道，"我真希望我那时候能早点听从这个建议。"

"我还打算在我的账户里多放一些钱，这样的话我就能赚些真正的钱。"

这句话一点也没令他惊讶。"你要记住，想取得成功的话，你的账户里不需要存很多钱。你也不一定要把交易当成唯一的工作来做。你可以同时做些别的事情，赚一些钱之后再放入你的交易账户里。"

这是我听过的最荒唐的话。当然，我并没把它说出口，而是换了个话题"你周五交易了吗？"

"当然，你看了市场的走势吗？"

"是的，我看了。我溜到美国国家银行里去了。"

"真的吗？你太有本事了！你去的话，遇到什么交易员了吗？"

"是的，他们死气沉沉，简直像个葬礼，里面的装修全是木制的。"

"哦，"他说道。我的这番话唤起了他的回忆，"那些人，我一个也不认得。他们反应太迟缓了。他们总是很放松的样子，他们不做短线交易。"

## 第十章　查利·弗兰克遇到了对手

"是这样，我在那里都快要睡着了。看得出，他们那里需要更多的电脑，估计他们买不起。"

克雷格开心地笑了起来。"那些人吗？他们买得起电脑，如果他们愿意，他们能把华尔街的电脑全部买下来。"

"真的？"

"是的。几年前，那里是华尔街上赚钱最多的交易室。"

在那一刻，我感到了一阵悔恨的刺痛，我意识到我应该马上去找威尔森先生。我可能误解他了。

"多到什么程度？"我问道？

"他们有5000亿美元资产。他们的交易席在去年一年中赚了20亿美元。"

"哇！"

"是的，我们去年赚了10个亿，是很多交易商的两倍。如果你能再进去到那里的话，你一定能亲眼看到的。你见到汉克·杜雷克（Hank Doorecker）了吗？"

"没有。"杜雷克？我确实记得有个叫这个名字的人。"谁是汉克·杜雷克？"

"汉克可以说是目前华尔街最棒的交易员。他的岁数大一些，他已经做了30多年的交易了，他只做外汇。他从不会见任何人，所以你无从学到他的交易方法。如果你能再到那里的话，你得非常尊敬他。他和我是由同一个导师教出来的，只不过我们不是在同一年代而已。"

这时我非常后悔早上没去国家银行，那里有很多值得一见的人！威尔森先生会不会介意我去晚了呢？他没明确说要什么时候到。我决定马上挂断与克雷格的通话，然后直奔市中心。如果幸运的话，他应该还没离开。要是他走了的话，我可以试试去见一见达德利·杜莱特（Dudley Dooright）先生。如果他与威尔森有些相似的话，他一定不会忙于交易而没时间和我说话的。

"他们从事大量的外汇以及债券期货交易。"克雷格说道，"而且如果你能让他们告诉你怎样使用长期图表的话，那将是最令人期待的。"

我真是个白痴,我本已经到了那里,却失掉了最好的机会。

"他们短线做得怎么样?我一直想多做些短线交易,就像你做的那样。"

"这也不错,"他回答道,"非常不错,这两种办法都能赚到钱。"

"听起来好像有些矛盾。"

"并不矛盾,"他回答道,"一点都不矛盾。几乎每个交易者都会有这样的误解。我们总是自己认为只有一个最好的办法。但实际上有很多很多有效的办法。"

但是看上去短线交易中有很多快速赚钱的方法,我认为短线交易更适合我。

"其实,我去那里聊过。"他说道。"他们操作的手法其实很激进。他们看上去安静、僵硬,好像要在班上睡觉似的,其实他们除了赚大钱以外,对其他的事情根本不屑一顾。在他们隐忍的外表下面,他们非常渴望在业界取得成功,他们就是成功的。他们获取利润的方法就像野兽跟踪猎物一样,他们通常跟踪很长时间,然后猛扑上去。一旦他们抓到猎物,绝不会放手。"

"太酷了。"

他笑了,非常同意我的说法并接着说道:"20世纪在90年代末期,有这样一件事。汉克·杜莱克在做多瑞士法郎兑英镑,他一直在有条不紊地进行买入,渐渐地,他囤积了大量的仓位。市场上有传言说他曾打电话给一些小国的财政部长并告诉他们应该卖掉所有的英国债券,然后买成瑞士债券。"

"那能起什么用呢?怎么样起作用呢?"

"我的时间不多,所以无法把全部细节告诉你,但结果是他的行为导致汇率大幅下跌。第二年,瑞士法郎相对于英镑上涨了1000个点。人们传言他的那一笔交易赚了一亿英镑。如果你能碰见他,一定会收获不小的。"

"你们公司有这样的交易能人吗?"我问道,也许我可以见上一面。当我知道他们公司有多赚钱之后,想见一见威尔森先生或汉克·杜雷克似乎显得更困难了。

## 第十章　查利·弗兰克遇到了对手

我们这里有很多擅长短线交易的人。我们这儿都是做短线的，没有像杜雷克或美国国家银行里的其他人那么有名气的。

因为我想从事短线交易，我很高兴他能提出这个话题。

"你觉得我是不是应该使用一分钟图表？"我问道。

他的语气突然变得有些迟缓，似乎以前有人问过这个问题，而他不希望就此谈论看法。"我不知道，那要看具体的情况。"

我换了个话题。"周五那天，你们公司的那些短线交易员们操作得理想吗？那天至少对英镑来说是个大跌的机会。"

"是的，我们那里很多人都高兴得跳了起来。"

"你是怎么操作的？"我问道。

"我卖空英镑，如同你想象的一样，我把所有能卖的都卖出了。那天报告一公布，所有的流动性都枯竭了。从短周期的图表上可以看出价格在快速下落，这就是报告的结果。下落很快是因为没人打算买入。"

"供需发生了变化。"我说道。

"的确，"他接着说，"在开始的两三分钟里，没人愿意买入英镑，当下跌达到200点时，开始有了一点点的反弹，这是因为有一些根据经济报告来做空英镑的投资者需要买回英镑卖出美元来平掉仓位。这一点你可以从五分钟图表这样的短周期图表中看到。甚至从你刚才提到的一分钟图表中也能看到。你能看到价格快速下跌，然后突然出现了反弹。"

"在反弹发生时，又有一些愿意买入英镑的人出现了。"

"那时我已经卖出了，我把所有能卖的都卖了。"

"你是在哪个位置离场的？"我问道。

"我在15分钟后离场的，我已经知足了，没有继续交易。"

"听上去很像你针对FOMC利率决议公布时做的操作。"

"是的，我的所有操作方法都是很接近的，而且一直很有效。"

是时候问一下克雷格赚了多少钱了。

"你赚了多少？"

"有100个点吧。已经很不错了，对于我来说在非农就业数据上赚这些，相当不错了。"

真是不明白。他描述自己的获得时，竟然没用钱来形容，而是说他赚了多少点。这时，又有无数个问题涌到我的脑海里，这个电话要是不打四个小时的话，我是没法解开心中所有的疑问的。

这就是我想再跟他以及他的导师当面聊一聊的原因，我想多了解一些短线交易的技巧。现在感觉简单多了，根据经济新闻来操作这个办法对我非常有吸引力。想到可以在半个小时之内就能赚一堆钱，一整天的任务就完成了，这种诱惑真是无法抗拒的。

"我很惊讶，当非农数据公布时你为什么没有做任何的交易，"克雷格问道。

我笑了，"当时我没在电脑旁，手头也没电话，没法交易。"

"其实原理就是这些，下个月还会有一个非农就业数据公布。"

"我一定要做好准备，你们公司所有人都是这么交易的吗？"我问道。

"不是的，有一个人非常自负。他卖空美元并看多日元，简直是疯了。他说根据就业报告来操作是一件很可笑的事情。他还说有一个在华尔街上非常有名的一位交易员告诉他美元将要大跌，而且非农就业数据公布的时候是一个绝佳的利用做多美元的傻子来赚钱的好机会。他还说美元兑日元从当天的高点算起，至少要下跌200至300个点。"

"他是不是赔了很多钱？"

"是的，"克雷格回答道。"实际上，那天他一直开着仓，走了就没回来。他不想一直盯着那张单子。"

"你们允许他这么做吗？"我问道，"我觉得犯这种错得被开除吧。"

"他受到了约束，"克雷格笑了笑，"当他的亏损到了公司限定值时，他的交易就被平仓了。公司对每个人都限定了亏损额。他们管这叫当日透支限额，正当说法叫净资产值，简称净值。"

"但是，为什么不能在他亏损前就介入并终止他的交易呢？"谈起这个人使我想到了我那次在 FOMC 利率决议后的操作，我希望有人能早些介入，并在坏的结果出现之前进行挽救。我希望手里仍有 1000 美元，而不是现在的 500 美元，真希望我的钱能回来。回想当时的愚蠢，真是让我心痛。

"问得好，贝恩斯。如果有人介入并阻止他的话的确是件好事，但他不是那种愿意接受别人帮助的人。记住，包括我在内的公司所有人都一直有着出色的表现。我们在学校时就成绩优秀，我们总是处于领跑的位置，我们总是正确的，我们注定能赚到钱，所以可能是天性使得他不愿承认自己的错误。"

"我能理解你的意思，"我告诉他，"这一点也说明了我那次惨败的原因。"

"但是，至少你没有赔掉你公司的1000万美元的交易资金。"

说到公司的交易资金，使我想起塞缪尔·威尔森。他今天有什么买卖吗？在看到周五的变化之后，今天他是否决定要做些交易呢？或者他是不是从不交易呢？杜雷克怎么样了？他有做了什么操作吗？

"那可是不少的钱呀，一笔赔1000万，你们一定没想到他会糟糕成这样。"

"是的，他和他的那些朋友都没想到。他告诉他的朋友说他是从一个华尔街上很有名的人那里得到的消息，虽然这个人的名字不便说出，但消息是确定的。而他的朋友们开的仓甚至更多，他们使自己陷入了困境当中。当我看到买盘把美元推高，而英镑正处于下落当中，我就什么都知道了。我做空英镑，然后获利出局。我以前也是听别人的消息然后赔钱，这种事在我身上已经不会发生了。"

"应该冷静一下头脑并顺着经济报告公布之后的变动方向来操作。"

"总结得很精辟。"

"你这些知识都是从你的朋友那得来的，他就是你的导师吧？"也许现在正是克雷格把我介绍给他的老师的时候了。

"温克尔斯坦（Winklestein）？你会见到他的，我保证。我向他提到过你。"

"真的？"这是个好消息。

"他的名字是温克尔斯坦吗？"

"是的。他叫哈维·温克尔斯坦（Harvey Winklestein）。"克雷格停顿了一下，看得出他在回想与他的老师一起度过的日子。"他是世界上最好的投资交易课程的老师，哪儿都没有像他这样的老师了。我想他一定很愿意帮助你的。你很幸运,他已经不再和多个人同时工作了。"

这时轮到我停顿了,我怎么回报他呢?

"克雷格,我没什么可以回报给他的。"我承认了问题所在,"真是很为难。"

他笑了,"哦,哈维是不会让你先付钱的。"

这对我来说没什么两样。"他要让我过段时间再付吗?"我问道。

"类似吧。我会让他跟你说清楚的,等时机合适,你可以见见他。我真替你感到高兴。"

"我也是的。"我的大脑不停地想:温克尔斯坦是谁?他从哪里来?他曾训练过克雷格和杜雷克,显然,他成名很久了。

"我得马上走了。美国供应管理协会,或者可以称为ISM服务报告将在半小时后开始公布。但是在我挂断电话前,你告诉我一下你在美国国家银行遇到的那个人是谁?他叫什么名?"

"塞缪尔·威尔森。"

"没听说过这个人,他做哪一类操作?"

"只要他感兴趣的,好像什么都做。他在那里工作40多年了。他说他是从报刊室的工作开始干起的。"

"这么看,他应该是哈维所喜欢的那一种类型。而且在美国国家银行的那些人好像对钱非常的渴望。我从我的终端上能看到美国国家银行正在大量抛空欧元并做多美元,他们下了大量的单子,而且比他们在报告公布之后下的还要多。"

"大量的单子?"

"是的,一些买入美元并卖出欧元的单子。他们不可能把2.5亿欧元在这个价位一下子卖给某个人,所以他们愿意以优惠于市场的价格把欧元卖掉。比如说欧元兑美元正在以——"他停了一下,转身看他的电脑屏,"是1.2020,这是当前成交的买入价,他们这时可以在这个价格附近挂出2.5亿的卖单,但是由于他们要卖的是2.5亿欧元,这样他们可能就得把卖价降到1.2000左右。"

"也就是说,买方占了不小的便宜。"

## 第十章 查利·弗兰克遇到了对手

"是的,只要价格没有连续下跌很多就行。"

我脑海里出现了这样一幅画面。汉克·杜雷克与塞缪尔·威尔森先生都想卖出欧元,他们不能一次想卖多少就卖多少,除非他们马上给买方让出一块利润来,这样才能诱惑一个买主来做这笔交易。但是如果因此导致价格猛跌的话,买方就处于在高位买入欧元的境地,而他无法获利卖出,而美国国家银行却赚到了一大笔利润,结果这个买方就被算计了。

"别的人会不会接受这个卖单呢?"我问道,"他们知道自己要赔钱吗?"

"当然,这太常见了。一定要记住,接盘的另一方很可能是哪个大银行或对冲基金,他们却以为以低价买到了大量的欧元,因为他们的电脑程序或他们高薪聘请的分析师告诉他们欧元要上涨。"说得确实有道理。克雷格接着说道:"欧元的交易量非常大,如此大量的交易永远在不停地成交着。"只要有人在卖,就有人在买。至于那些像刚才所提到的大单,交易员们就必须得挂出比当时市场价更优惠的价格,但这很正常,他们知道他们想要的是什么。"

在我看来,无论塞缪尔·威尔森、汉克·杜雷克和美国国家银行想要做什么,他们总是对的。我问道:"他们要在什么价位卖出呢?"

我的头脑中又产生了另外一个想法。这应该是我想到的最好的主意了。

此时我看不到克雷格,但我能想象他正笑得很开心呢。

"我想我知道你这么说的意思了。"

"是的,我想在同样的价格卖出。"我已经登陆我的银行账户,正准备向我的交易账户转 5000 美元。这样我的账户里就有 5500 美元了。我想,如果我能跟随着美国国家银行做一笔的话,我应该能赚到钱。当我转入资金之后,我问克雷格:"他们在什么价位卖出?"

"他们在 1.2200 有大量的单子。"

"还有 200 个点的距离,现在正在上往上涨呢,为什么要在上涨的时候卖出?为什么不等落回到 1.2000 时卖出?"

"他们有自己的解释,我不知道。告诉你,我得走了。"

由于占用了他的时间，我向他表示了谢意。这笔钱将在一天内到达我的交易账户，然后，我就可以按与塞缪尔和他周围那些人一样的价格借光赚一笔了。

"很高兴与你进行交谈，"他说道，"先不要急于操作。也许会涨到1.2200，那是个卖出的机会。现在还是要以降低风险为主。你要是下长线单的话，很可能会死在里面，在趋势扭转之前很可能会向与你相反的方向运行100个点。"

我答应他要安全操作。

"过几周我们再一起吃个午饭吧，"他说道，"等安德森丢失文件的事情彻底过去了再说吧。"

丢失文件？他们因为丢了一个文件就把我炒掉了，与我想的一样。没准儿是甲壳虫放错地方了呢。

"你是说几周以后吗？你确定不能早一些吗？我还打算这周晚些时候约你吃午饭呢。我看经济事件的日历了，没什么重要信息要公布。"

"你说得对，"他回答道，"你确实下工夫了，好吧，过几天给我打电话，看看能否再约一下，有可能我们见面的时间会很短。而且，你要随时准备好温克尔斯坦的出现，他随时、随处都可能出现。"

我期待着能与哈维见面。就在此时，我忽然想到我应该马上到市中心去看看能否见到塞缪尔。

## 美国国家银行差点害死我

当我出现在美国国家银行交易厅的前台时，秘书认出了我的脸，而不是我的名字。没关系，这不是好事。

"有什么可以帮您的？"她说话的语气让我清楚地感觉到她根本不想帮我。相反，我感觉她好像已经叫了保安。她的样子就像我妈妈在便利店抓住我正在从零钱盘中偷硬币一样。接下来的对话令人很不愉快。

我：我与塞缪尔·威尔森约好了。

## 第十章　查利·弗兰克遇到了对手

　　面带疑色的前台小姐：你是约好了，查尔斯·弗兰克已经不在魏克曼事务所工作了。你和塞缪尔·威尔森约好了，他也不在这儿工作吧？

　　我：（表示反对）不是这样的，我确实与他约好了。他是在这里工作的，我的名字叫哈里·贝恩斯。

　　面带疑色的前台小姐：不对，贝恩斯先生，你没有约好。在美国国家银行里没有塞缪尔·威尔森这个人，一直就没有此人，而且这里也没有哈里·贝恩斯。

　　我：的确有的，在美国国家银行的确有一个叫哈里·贝恩斯的，如果你能再仔细查查的话，塞缪尔·威尔森也是在这里的。

　　面带疑色的前台小姐：让萨瑟兰先生来判断一下你和威尔森的约会好吗？

　　我：（哑口无言）

　　我无话可说。我非常不愿意失去任何塞缪尔和哈维以及美国国家银行其他人关于美元兑欧元涨到1.2200位置时是如何决策的消息。他们的操作什么时候开始执行？当然，他们今天就可能在操作——也就是说这组货币的汇率要上升200个点都会到达介入区间。为什么在那么高的位置开始卖出呢？克雷格说他们可以早些下单，但为什么要等这么久呢？威尔森先生现在在哪呢？怎样才能让前台不叫警察而我又能顺利进去呢？

　　叫萨瑟兰先生来比叫警察来还要糟糕，如果我把他惹怒，以后就再也没机会来到交易厅了，别的地方也去不了。也许威尔森先生正在等我，期待我的来访，如果我进不去的话，我就会把机会浪费掉。我决定向他们求情。

　　"我向您保证，上次我没见到萨瑟兰先生，我知道，我上次撒谎了。我对您撒了谎，就在上周，我还对妻子也撒了谎，此外，我还对我的老板以及其他人也撒了谎，我对他们说过什么，已经不记得了。但是你无论如何得让我进去，我发誓，威尔森先生就在这里工作。"

　　这位前台的女士一下子变得愤怒起来，"我已经叫了保安了，"她冷冷地说。"你不信我在这里有认识人是吗？你不认为你应该先核实一下吗？

那我还是回去好了。"

这时,我听到电梯开门的声音,紧接着,背后传来厚重的脚步声。

"请帮我打个电话给威尔森先生,告诉他我在这里好吗?如果他说他不认识我,那么我马上离开这里,你们可以把我铐上,或者逮捕我。你们可以在交易厅的名单上查一下这个人,或再看一看你们的目录。"

此时我真的希望威尔森先生没有因为上了年纪而得了什么病。我是说在交易厅里,他比其他任何一个人的岁数都要大,而且他有可能彻底把我给忘了。不然的话,他应该在前台留下我的名字的。对了!他没告诉这里的人我要来!怪不得这么不顺呢,他一定忘了与我约好见面了。跟我之前想的一样,他善良、乐于助人,但可能记性不大好。

现在还差一分钟就到12点钟,我几乎可以确定永远进不去这里了。他可能已经不在他的座位上工作了,因为他现在能工作的日子越来越少。对于一位老人来说,他需要午睡。

这时,两名保安站到我的两旁,我向那位愤怒的前台小姐显露出可怜的表情,因为是她打了保卫部的电话。

"朱迪,在大厅前台这里有个精神变态的人,他想知道咱们这里有没有一位名叫塞缪尔·威尔森的人。"说完,她开始等待对方回话。

"不,他不是真的精神变态,他非要见一个叫塞缪尔·威尔森的人,而且他说这个人在交易厅工作。"接下来的等待让我的膀胱神经紧张到快要崩溃的地步。我硬撑着,因为我知道,只要再坚持几秒钟,她就会知道她是错误的了,接下来我就可以到休息室里等着,然后我就能飞快地穿过几道红木打造的房门,然后见到威尔森先生,他将像传授那些神秘而富有的重量级交易师本领一样,使我加入最伟大的交易师的行列。

噢,糟糕。

我感觉到有人抓住了我的右臂,然后另一个人抓住了我的左臂。这几只厚大而有力的手彻底摧毁了我要进入美国国家银行的梦想。我看了一下左右,在两侧约3米远的位置各有一扇窗户。我们正处在20层的高度,我猜他们可能要选一个窗户把我扔出去。我没打算这样就死去,如果这样,我就再也看不到新的非农就业数据的报告了。原本已经制定的通过买卖欧元就能够赚取许多许多利润的计划只能就此中止了。

牧师：亲爱的朋友们，在今天这个阴暗的早晨，让我们一起纪念哈罗德·贝恩斯的一生。

等等，别这样，事情不是这样的。

牧师：亲爱的朋友们、州长先生、诸位议员、萨瑟兰先生、泰勒先生、威尔森先生以及赫布·约翰逊先生：在这个阴雨连绵而又令人伤感的早晨，我们在这里向这位英年早逝而又令人惋惜的哈里·贝恩斯表示深切的哀悼，他本应成为世界上最优秀的（等等此类的修饰语）……
（哭声）
牧师：唯一能够让我们得到一点安慰的是，国家银行的这位无知的前台工作人员昨天已经被开除了，理由是她不清楚公司里交易员的名字。
（现场哭声更厉害）

此时抓我的手攥得更紧了。
"公司里没有塞缪尔·威尔森这个人。"
她此时既兴奋又愤怒，仿佛她马上就能很高兴地看到我将被抛到楼下华尔街的一个角落似的，同时，她也证明了我坚持认为她不知道自己在为谁工作是对她的极大的冒犯。
"再见了，贝恩斯先生。"
真是雪上加霜，我的整个计划就这样给搞砸了。当两名安保人员抓住我的肘部并越握越紧时，我的身体本能地在向后用力，当我被拖进电梯时，双脚一直在地上打着滑。我大喊：

我：（一直在喊叫）我还有个名字叫查利·弗兰克！威尔森先生，是我，查利·弗兰克，哈里·贝恩斯也是我！我来找您来了！

她挂上电话，继续工作。当然了，她也可以说没有参与谋杀我，尤其是现在，她根本没注意我的处境。他们按了电梯的按钮，准备去往一楼，世界摔跤联盟从未规定他们可以把我抓得这么紧，好像我能从电梯里逃跑掉似的。值得庆幸的是，他们没有把我从窗户扔下去，但不知道有没有警察在外面等着。我是不是得给妻子打电话来保释我出去呢？这笔法律费用要花掉我多少解聘补偿金呢？

电梯到了一层，门刚打开他们就把我推了出去，再把我带到大门口，接着把我推向了便道。我摔倒了，街上的人群从我身上迈过，有的还踢到了我。还好，没有人绊倒。我抬起头，看到不远处的纽约证券交易所，接着，我再次垂下了头。

我告诉自己，我永远也成不了一名交易师。

"你一定能成为一个交易师的。"一个熟悉的声音从我上方传来。我抬起头，看到一只满是褶皱的手正伸向我，准备拉我一下。

再往上看，是塞缪尔·威尔森先生。

"哈里·贝恩斯？"他笑了。"查利·弗兰克？"他笑得更开心了，"是你吗？"

我没有对他笑，当然也没有生他的气，当我知道他就在我身边时，我彻底放松了。我抬起头望着他的眼睛。

"帮帮我！"这是我唯一想说的话。我的眼里淌出了泪水，为什么他没有告诉他们我今天要去拜访他呢？为什么想取得一点进步会这么难呢？此时，我忽然产生了一种幻觉，我发现我的交易软件自己成交了一笔欧元的交易，而且仍处于开仓状态，这是一笔在1.2200卖空欧元的交易，而此时欧元正快速上冲，这一波上涨足以消耗掉我的账户内的所有余额。我的妻子正要离开我，她带走了所有的家具，只把我最喜爱的躺椅留了下来，而这个唯一的财产也随后也破裂了，连屋内的最后一个灯泡也烧灭了，我只能在黑暗中等待死亡了。

"不会的，哈里，"他对我说，他再次伸出了手，"这种事不会发生的。你就要成为一个伟大的交易师了，而且还有可能是最棒的，我向你保证。"

他怎么知道我在想什么呢？

他怎么会在最恰当的时点出现呢?

塞缪尔·威尔森知道我是谁。

他想帮助我!这一刻,我把手递给了他,同时也把我的一切托付给了他,我将按照他的要求做每一件事情,我要学会他教的所有本领。他是我在生命中最灰暗的时刻所遇到的好友,这已足够,当我在街上带着未竟的梦想即将窘迫地死去时,他没有丢下我不管,这已足够。在我自己不能独自站起时,这位老人能够向我伸出援助之手,这已足够。在我正要放弃所有未圆的梦想时,是他,出现在了我面前。一瞬间,我的肾上腺素产生了一种化学反应,这种反应从大脑神经的最末端一直传遍了全身,到了脚部:这个人并不是我以为我认识的那个人,他不是塞缪尔·威尔森。

他是哈维·温克尔斯坦。

# 第十一章　拨云见日

哈维非常有力，他一下就把我从便道上拉了起来。

"你怎么会在地上呢？"

"我在想，这里或许就是那些未来的交易巨星起步的地方吧。"我回答，并掸了掸身上的土。

他笑了，"你这么说就对了。"

他带着我穿过了大门，进到电梯里，而我一直在担心，"你说他们能让我再进去吗？他们刚才很不高兴。"

"我保证他们不会的。"

"您为什么不告诉他们我要来？"

他顿了一下，看着我的眼睛，说道："你今天没有上次那么诚实，你也没有按照你所承诺的来找我。"他停了下来，这时，只听得见电梯向上滑行的声音。我被他所说的事实刺痛了。"你应该得到一些教训才行。"

"我已经得到教训了。"

他把双手放在我的肩上，把我转向他的面前。我觉察到他好像原本是可以把我从前台接进去的。"这就是你的教训。哈里：永远不要对我撒谎，也不要对别人撒谎，永远不要。在金融交易这一行，撒谎将会毁掉你的。"

我正视着他的双眼，"我向你保证，从今以后无论面对什么事情，我一定要做一个诚实的人。"

听了我说的话，他说道："好的。"接着，我们一起来到了交易厅的前台。那个秘书再次看到我时非常不高兴，但当她见到哈维时却对他微笑，"您好，哈维先生，"她非常高兴的问道，"他和您是一起的吗？"

他点了点头。"瓦莱丽（Valerie），谢谢你。从现在起他随时可以进来了,不用叫保安了。"她点了点头。我看得出她一定希望刚才保安把我从窗户直接扔出去。当我们坐在他的办公桌旁时,我注意到几乎所有人都已经离开了。

"这里的人呢?"我问道。

"走了,他们已经工作完了。他们可以回家,在家里他们一样可以了解到他们的操作的信息,我们不在这里替客户下单。"

"有什么区别吗?"

"我们在华尔街的地位很重要,经常有人打电话来问我们英镑、欧元或日元的报价,这样我们就得给他们报价,接着,他们就会整天从早到晚不停地打电话。"

"你们的做法有什么区别吗?"

"我们只用公司的资金来交易。"

"这里没有人为客户提供报价服务吗?"

"有的,但他们在另一层。而我们这里有单独的任务,我们为公司交易,为公司赚钱。当然,除了我,这里其他人也都是这样的。"

"你在这里做什么呢?"

"做我想做的事,比如看看长线的走势图。我也会做一些操作,但这张办公桌是为了我随时可能会来而准备的。"

"类似今天这样的交流吗?"

他摇了摇头,你是我领到这里的第一个交易者。

我斜过眼看着他,"我是自己来的。"

他笑了,"你做的所有事情我都知道,因为有我,你第一次才能来这里,就同今天这次是一样的。"

我很困惑他是如何知道这些事情的。不过,现在来说已经不重要了,但是我还是在脑子里记住了为什么他对我如此了解这件事。好像他能读懂我的想法,但更重要的是我有很多很多的问题要问,"你说过你要与我谈论有关诚实这个话题的。"我对他说。

"好的,我们直奔主题,这也是交易法则里最重要的一条:作为一个交易者,要做到永远诚实。"

## 诚实与交易的关系

我：你告诉我诚信是交易法则中最重要的一点，为什么呢？为什么我们不讲一讲你正在操作的交易呢？我记得你说过你要在欧元上做长线交易，为什么我们不从这个话题开始谈起呢？咱们直奔主题怎么样？

哈维：你倒是直奔主题了，但你所进行的操作根本没有切中要点，所以，那根本算不上什么有用的操作。我们不会那样做的。如果想理顺交易的要领的话，希望你能先测试一下你要去适应的环境，看看里面有没有激流，防止你被淹死。

我：也就是先学走，后学跑。

哈维：恰当点说，当你跳水时，防止你一头扎到浅水里，这就是你所犯过的错误。

我：这和诚信有什么关系？

哈维：这仅仅是第一步，这也是我要教你的内容中最重要的一个。一共有三个要点，每一点在你成为一个交易者的过程中都至关重要。

我：我准备好了，我会照办你说的每件事情。

哈维：那好，你在上个月里撒了几次谎？

我：（沉默）

哈维：那么，我换一种问法吧，上个月，你对赫布·约翰逊撒过谎没有？你对办公室的其他人撒过谎没有？

我：有过。

哈维：撒过多少次？

我：我真不知道该怎么回答这个问题，其实次数不是很多。

哈维：你这么回答，我是不会认可的，你换一种更好的说法吧。

我：好吧，我确实有些不太情愿。我原以为我会问你很多问题。

哈维：我们要通过向你提问题来帮助你学习，因为所有你所需要学习的内容都已经存在于你的内心当中，我仅仅是帮你把它找出来而已。就像一颗蛀牙，或已经发了炎的阑尾一样。

## 第十一章 拨云见日

我：我非常愿意。

哈维：那么，告诉我，你在工作时间撒过多少次谎？

我：至少十次，至少。我在那里经常撒谎，我撒谎说安德森要给我一份工作，我还对一个律师撒谎说我女儿病了，我为了方便自己，撒过几次谎。

哈维：就这些吗？仅仅是口头撒谎吗？

我：口头的？你指的是什么？

哈维：我是说，你是否通过你的行为撒谎了？不仅限于说话撒谎。这才是重要的，我在电梯里对你说的都是真话，以后不要对我撒谎了，对其他人也不要。否则我就中断对你的训练，看你的表现再说了。我没有时间陪你胡闹。

我：但是你说我通过行动来撒谎是什么意思？

哈维：我是说你可以从你的老板那里偷到时间，你是不是这么做过？

我：偷时间？天啊，我认为在律师事务所工作的每个人都会偷时间的。

哈维：你的说法很有意思，但你在避免正面回答问题，你是不是偷时间了？你是不是在工作的时候做外汇操作了。

我：是的，我做过，但是——

哈维：如果你不是在工作以外的休息时间内做的操作，那就是偷时间，你是不是只在工作的休息时间才做操作的？

我：不是的，不是在休息时间做的，我是在工作时间内做的操作。

哈维：还有没说的吗？

我：照你这么定义的话，我在律师事务所偷时间已经很久了，有十年了。在这十年中，我大概每天都会偷一小时，我说的是至少。

哈维：说具体些。

我：我经常在做各种事情的时候会多耽搁一会儿。当我出去办事时，我总会多用些时间。当我去客户的办公室办事时，我会去得很久。我还会把文件做两次存档处理，这样我就有两倍的时间来处理同一件事情，这样我就不用去做下一份工作了。天啊，现在想起来，我对待工作太不诚实了。

哈维：你对妻子怎样做的？

我：是的，我对她也撒了谎。

哈维：还有别人吗？

我：可能有吧。哦，有的，确实有过。我在过去的几周里也没有表现得很诚实。我对你公司的前台小姐瓦莱丽撒过谎，我是靠撒谎才得以进到交易厅的。

哈维：你能够承认这些事情，非常好。现在，我想让你到外面去对瓦莱丽道歉，我等你回来。

## 补救

向瓦莱丽道歉？这都是什么事啊？这对我成为一个更好的交易者有什么帮助呢？我希望他不会让我去魏克曼找赫布·约翰逊去道歉，不然的话，我到那个小"拿破仑"那里，让他听我言不由衷地说些蹩脚的道歉的话，那我更不情愿。

但是当我向瓦莱丽表示歉意时，她的眼睛忽然一亮，"真的吗？"她问道。

"是的，我是真心向您道歉的，"我告诉她。向别人表示歉意确实能够显示出诚意，当我嘴里说出这些话时，我感觉自己都被净化了。我感觉到自己站得更直了，也更加自信了。我回到哈维那里，把我的体会告诉了他。

"这并不值得奇怪，很好。你根本没必要老是因为那个愤怒的前台接待而提心吊胆，她会一直都给你制造麻烦，你必须把所有心里的负面因素全部消除掉。"

我没有问他我是不是应该向我以前的老板道歉，这是我最不愿做的事情。在我被保安架着推出这幢楼之前，我丝毫没有这样的想法。但是如果说让我向妻子道歉，这倒是我愿意到家后马上就做的事情。我需要尽力争取到所有人的帮助，而且我不能期望在她一味地帮助我的同时，我却对她不够诚实。

"现在,"他说,"你学到了第一堂课,记得你问我为什么要在欧元上涨之后卖空欧元吗?"

"当然记得,当我得知你与汉克正打算卖出欧元时,我本来是想做一笔和你同样的操作,打算分一杯羹,而且我不想错过赚钱的机会。"

"其实,在钱上,没人想错失良机,很多新手也都容易犯类似的错误——他们无法抵御跟随别人操作的诱惑,这都是因为他们不想错过机会。但是你应该知道,其实我并没做你所说的那笔欧元交易,我并不是一定要在1.2200卖出欧元。而且,我是否要这样做,仍属未知,所以这就是因为听说别人要做某笔交易而容易犯的错误。你这样做了,但其实别人也许没这么做,结果是什么呢?你做了一个无根据、无计划、无正当理由的操作,而你只是不想错过而已。"

我深吸了口气,这样确实不好。我现在正计划做一笔有实际理由为依据的操作。但这次是凭自己的能力做的,而不是借助哈维或美国国家银行的实力。突然,我觉得自己非常愚蠢,如果我这样下去的话,随时有可能赔掉账户里的钱,我能感受到,而且所有我投入到里面的钱都面临巨大危险,我需要停止交易。

"但是克雷格说——"

"克雷格一直在盯着屏幕上显示的挂单和成交情况,他发现汉克·杜雷克正在试盘呢,一个高于市场价200个点的挂单看上去离市场太远了。我们确实希望在不久的将来能做卖出操作,但是我们也想看看市场的热情是怎样的。别的人好像不会在离市场价格那么远的地方下单。"

"真的吗?为什么你们这么做了呢?"

"我们的确是想卖出欧元,这点是确定的。但是我们只想在它涨起一些之后再开始卖出。根据多年的测试经验,汉克认为,如果他挂出一张离市价较远的单子,就会诱使别人出价来买。我不这么认为,如果在这么高的位置挂单,实际就是在亮出我们的底牌。我倾向于挂得近一些。"

"为什么?"这时我已经感觉好一些了。至少哈维是真的想在欧元上来做操作,只是还不知道具体价位。如此推测的话,我的想法也不是那么不切实际。而且，我还是有可能搭上这一班车呢。下一个问题就是，我能否知道他们在什么位置下单。

"我希望看着价格上涨，然后我才会做出决定，我不会突然或马上做出某个决定的。"

"从你所说的话判断，你好像对交易不感兴趣。似乎是做不做都行，可如果你不做交易的话，你是赚不到钱的。"

他笑了，"我一直期望你能想明白这一点，"他向我这边靠近了一点，但说话的声音并没有降低："哈里，如果你做交易的话，你是赚不到钱的。"

我很伤心，但他并没有说任何安慰的话。

"你很不安，是吗？我能看得出你有些不安，这很正常。我以前跟比现在多得多的交易员一同工作。他们有一个共同的特点，他们都会问我，如果按照我说的那样总是保持耐心，避免操作，或耐心观察长线图表的话，从哪儿才能赚到钱呢？他们也会说，如果他们不去交易，他们就赚不到点数，如果赚不到点数，就赚不到钱。但事实是，所有他们的操作只能证实，只要他们操作，他们就赔钱。"

我无从辩驳，他并不是因为恨我才告诉我这一点，他告诉我这些是因为他想帮助我。他是正确的。

"我同意，你是正确的。我已经证明了，我做交易时是赔钱的。"

"你是证明了，一笔交易就赌上1000美元，对于你的账户来说，这是一笔大数目。随着时间的推移，你将学到更多的资金管理方面的知识。但有一个基本的前提是：多次交易并不意味着能够赚到更多的钱，对一个新手来说，更是这样。"

"你怎么知道我的操作的呢？"

他笑了，"你的外汇经纪商？你知道谁是那里的创始人吗？"

"你可以告诉我，他怎么了？"

他又笑了，而且笑得比刚才还要开心。

"你认识他？"我问道，接着我又说了一遍，这一遍更加肯定了："你认识他，你们可能500年前就在一起工作，那会儿你还在做佛罗伦萨比索

## 第十一章 拨云见日

和德国土豆之间的买卖呢。"

"不是你说的那样。的确，很多年前我是和他一起工作过，他是我的一个老朋友。我并没有看到你的账户，但他告诉我你发生了亏损。"

这就是为什么哈维对我如此了解的原因，他认识这个圈子里的所有人。

"我们回到正题上来，哈里。"他对我说，"如果你现在开始，增加操作的次数却不一定增加收益，这对你来说有什么意义吗？"

"有意义。"

"为什么？解释给我，为什么？我想听听你的看法。"

我停下来，思考了一下。就这个问题来说，我觉得他说的是对的。"如果我正确理解了你说的话，你说过，一个初学者常常不知道自己操作的原因。他买卖的目的仅仅是为了……要操作而已。这么想的话，确实是件可怕的事情。我发现我确实很愚蠢。"

"说说为什么你觉得自己愚蠢。"

"我觉得我很傻，因为我只是想成为克雷格那样的人。我认为，如果我参照短期走势图来操作的话，这才是每一笔交易具体产生的地方。而且当一个重要的经济报告公布之后，所有的涨跌都体现在这里。而且我自认为市场的波动会很大，我能捕捉到一部分利润。但我根本不知道如何来实现这个目的。我使用软件，听信别人操作的传言，我的操作不是基于分析而得来的。"

"还有吗？"

"你指什么？"

"哈里，"他说道，"这是个不错的开始，但是你还有很多其他的内容要学。你说得对，很多新手不知道他们为什么在买卖。他们买入的原因常常是因为他所购买的软件给出了个提示而已，而他们自己根本不去思考。还有人看到价格在上涨，或者听到传言说别人也在做类似的操作，并依此作为买卖的依据。其实根据谣言来买卖的情况是最糟糕的，因为你几乎无法验证消息的真实性，而且你根本不知道谣言所指的交易有没有真实发生。而且你也无法同那个交易者进行交谈来求证他是否做了你所听说的那样的操作，这种例子太多了。"

"你说你的买卖从未基于任何分析，这是什么意思？"

我告诉他，我说不太清楚自己要表达的是什么，但我知道那是对的。

"你的回答既诚实又坚定，但没什么用，"他回答道，"你必须得改进一下思路。"

我想了一会儿。"我是想说我已经开始认为一个好的交易者应该在操作之前先进行独立的分析，类似制定一个计划一样，或者列出一个清单，以便进行核对。"

"太对了！"哈维，喊道。周围没有人注意到我们或转过头看我们。看样子，大家已经习惯他这么喊了。

"一个清单，"我继续说道，"它可以让我循着一个流程来逐步确认要完成的工作。这样当我要做某个操作时，我就可以先把清单列出来。这个主意听起来真不错，同时我也可以把工作系统地来完成。"

"对了，又说对了！"他惊叹道，"你在做一项系统化的工作。当你有了一个你所要遵循的一系列的事情要做的时候，你某一笔操作是赔了还是赚了并不那么重要，只要你能明白，随着时间的日积月累，你的系统能够不断地产生利润。操作的最终目的就是要赚到钱，对吧？"

"是的！"

"既然（操作的）目的不是为了要操作。那你能认识到人们常常目的含混不清的原因吗？他们只是想要进行操作，就如同赌棍想按老虎机的开始按钮，或者一个吸毒者想要得到麻醉一样。他们完全是出于冲动才做出的操作。他们对待如何赚钱这个问题不够谨慎。你能否想象，一个威克曼事务所的律师在他上班的第一天就代表某个世界级集团公司在法庭上打官司的情形吗？"

"是的，我能想象出赫布·约翰逊会怎样说的。"

"他会把他扔到街上去。一个新律师只有当他已经用事实充分证明他的实力之后，才可能有机会在法庭上扮演一个重要角色。一个新入门的交易者和一个新入行的律师没什么两样。只有当你能证明你不是必须交易，你才能够把这项工作做好。

## 第十一章　拨云见日

"证明我不是必须交易，是这么回事，但是要让我这么做的话，真是像要搅乱我的大脑一样。"

"你觉得乱，因为你同时在想着两件事情。你一边在想着养家糊口，同时你还想着要把操作做好。如果你同时怀着两个想法的话，你会导致资金账户出现亏损（会致使你的资金账户出现亏损），为什么？"

"你问我吗？"

"是的，为什么会这样？为什么一个想要付清各项账单的交易者更容易赔掉账户里的钱呢？"

"我没明白这句话的意思。难道渴望得到利润不好吗？难道想赚钱的欲望不能使得一个交易员做得更好吗？"我对他说。

"你在为这种观念辩护，正是因为你生活在这样的环境中。"他告诉我。

事实可能就是这样的，我没有与他争论，他接着讲下去。

"你希望相信一个肩负着养家糊口的重担的外汇交易初学者能够被迫做到最好，那只不过是你在脑海里产生的一个幻象。一个外汇交易的新手，由于要养家或要付电费，他更可能会做出一堆愚蠢的操作。"

"因为他要赚钱，除了通过做外汇来赚钱，他还有别的方法能够赚到钱吗？"

"对了！又说对了！"

"这么解释，我终于明白了。现在，对于一个像我这样的初学者，虽然在电视上见过别人或见过类似克雷格这样的人做过一些操作。接着，我们就把赚钱想象成仅仅是按下一些按键一样简单。我们总是期望操作能够简单些，容易些或者……"

"或者什么？"

"我不知道。我想我们是希望它不要那么像一份工作。"

"正确。你已经明白了。你理解得很好，其实交易就是一项工作，如同在中城区的一个律师事务所里做存档工作一样，而这个事务所正是某个类似名叫托马斯·杰菲逊（Thomas Jefferson）的名人所创办的。可是交易者们并不希望听到'做交易其实就像做某份工作一样'的描述。他们希望把它说得很性感，他们想象自己可以在一天中的随便什么时候坐在电脑前，而就在此时，一个管家刚刚准备好了一个让他们在外汇市场大赚一笔的机会。他们不用做任何努力，他们认为自己只取所需即可。"

"如果把交易说成是一份工作的话，听起来让人觉得很糟糕。"

"说得对，现实与想象的差距是巨大的。你是否因此改变了决心了？"

我摇了摇头。"当然不会，我比以前的愿望更加强烈了。如果是一份工作，我可以接受。我乐意接受它，至少要比以前的工作强。而且我不用听别人在耳边对我大叫，同时我也能自己来安排我的时间。还有，随着时间的推移，我可以赚到更多的钱，我也能更为频繁地见到我的家里人。"

"哈里！哈里！"他伸出手，托起我的脸说道，"你没明白！你所要争取的胜利，是地球上最难做到的事情之一。你想成为一名交易者，你知道有多少人能胜任这项工作并从中赚到钱吗？几乎没人能做到的！你知道吗，在这一行做得出色的人，不一定有更多机会能见到家里人。他们可能也要面临别人朝他们大喊大叫，他们也许要经历很多恐怖的时刻，尤其是在开始，他们的收入连捡垃圾的都比不上。"

他俯视着我，表情看上去并不高兴。

"真是那样吗？"

"我认为今天我们已经取得了一些进步，但我们明天还要继续交谈。"

我对刚才的话感到非常震惊，我什么地方出错了？如果交易将会使我面临更多困难，给我更少的与家人团聚的时间，而且无法在眼下赚到利润（因为我现在还没有计划好开始交易），同时我还要面临更多的叫嚷。那么我将面临什么样的生活呢？我为什么不马上退出呢？我刚刚经历了兴高采烈、极度亢奋，接着又转变成灰心丧气，因为我有可能永远也做不到以此来解决生活费用。即便我能做到，我也不会喜欢这样的生活。

哈维打断了我的思绪，"别郁闷了，伙计，目前你还没有脱离险境，而且，我这还有更差的消息等着你呢。我们将在明天收到这份坏消息，不过我希望能把它铲除。"

我的心情好转了一些，"好吧。"我同意了，"无论你要教我什么，我已随时准备好了。我脑子有点乱了，不过我能处理好。我愿意做好这份工作。"

"即使遇到我刚才说的困难也不怕吗?"

"是的,尽管你已经把我的幻想捅破,而且把交易说得像一份存档员的工作一样,我依然不怕。"

"好,不错,贝恩斯,"他回答道,"今天的谈话使多年以来形成的一些神话破灭了。消化这些内容通常需要更长一些时间,而且总会让人感到失落。所以我们的动作要快起来,就像我刚才说的那样,我们要把坏消息铲掉。"

"什么是坏消息呢?"

"明天我准备带你去一家对冲基金公司,这家基金掌管着从别人手里筹来的20亿美元。"

这听上去一点也不像坏消息,听上去很刺激。

"你有可能会认为很刺激,"他一边说,一边在观察着我的表情,"但是你将会看到,那里破旧不堪。"

# 第十二章　假象

这是一幢外表平平的25层高的建筑,坐落在中城区与中国城之间的无人监管地带。我们站在一个像是由一个门板和两个锯木架搭成的前台桌子旁。接待员正在操作着她的电脑,但是,从它发出的当啷声可以判断这台电脑破得快转不动了。桌子上的显示器也不是时髦的平板显示器,而是一个过时的庞然大物,像是从垃圾堆里捡来的一样。没有任何标识和提示能够说明我们所处何在。也许这是一家非常隐蔽的对冲基金公司,或者这家基金公司经营得非常惨淡,所以它不想引起任何注意。

这是哪一类的对冲基金呢?当我们在前台等候的时候,我在想,一定要看看究竟是什么类型的没信誉的公司会使用这种破旧的电脑和被老鼠咬过的地毯。

"哈维,这是个什么地方?"为了避免尴尬,我低声地问。我们在等这里的首席交易员或有着类似头衔的人,我们不希望在讨论他们的垃圾办公室时被听到。

"一会儿你就知道了。"

这时,这里的主人(或许是首席交易员,不管他是什么身份了)走了进来。他的外表看上去比这里的所有人以及所有的摆设还要差。他穿着一套至少有700年历史的外衣,而且衬衫的袖口已经磨破了。他的头发竖着,好像是趴在桌子上时弄的。尽管他笑得很开朗,我还是为他感到担忧。他伸出手,我甚至怀疑他的手是不是干净而犹豫要不要伸手,不过我还是同他握了手。

"哈里·贝恩斯,来认识一下乔治·西斯勒(George Sisler)。"哈维说。我把手伸了出去。他握手时劲很大,而他一点也没觉得。

## 第十二章 假象

"谢谢你能抽时间与我们见面。"我说道。我非常希望我们能把这一环节快点结束,然后我们就可以看看哈维所说的 20 亿美元的对冲基金了。

我们穿过了一扇门(这扇门的破旧程度还可以忍受),接着来到另一间屋子,从摆设来看这里应该就是他的交易室了,在一张陈旧的地毯上摆放着几张由门板和锯木架搭起来的桌子。这里的电脑屏看上去是比较新的,但是这里的 20 个左右的交易员都穿着很旧的套装(其中的年轻人也是如此)或便装。还有值得一提的就是这里男女员工的人数是相等的,甚至女员工会更多一点。所有的交易员的电脑屏幕上显示的都是同样的内容:Excel 表格,分成几列,并有无数个横栏,屏幕上闪着几种货币的报价以及图表。这里谈不上安静,但也不至于吵得像个操场。我发现我正站在一群人中间。

我意识到我们应该到乔治的办公室里去谈话,但我一下子没弄明白,这个屋子里并没有私人办公室,只有这么一间屋子。由于这间屋子的楼层较高,我可以透过窗户很清楚地看到外面的一家中餐馆,一个塞得满满的垃圾箱,在不远处的一个停车场里,小汽车被堆在一起,十足的曼哈顿特色。我把视线转回屋内,桌子旁边放着一个坏掉了的 30 英寸电视机和一个水冷空调。这里真是"时尚"极了。

由于乔治没有独立的办公室,我们就坐在他的桌子旁,而他的桌子与别人的桌子没什么两样。他的桌子不比别人的大,上面也没摆更多的显示器,而且也没摆在一个显要的位置(比如屋子的中央)。但他的桌子上擦得很干净,看不到任何小纸屑,所有物品摆放也很整齐。我们坐在这里与他谈话,周围的人很容易就会听见,让人感觉怪怪的。

尽管我对这里的印象不那么好,但哈维似乎对这里很满意。这次会见,是哈维与他的以前的学生的一次重逢,而他的这个学生好像有事相求,同时这个学生好像正需要他的帮助。从我们进入这间办公室的第一刻起,哈维就一直在观察这里的所有事物。他一直保持着笑容,似乎对眼前看到的所有事物都非常满意。当他走到工作人员的办公桌附近时,他和所有以前认识的人握手,并弯下腰看看他们面前的屏幕,询问着交易的情况,俨然就是一个"外汇点市长"。

"哈里，"他走过来坐在我边上对告诉我，"你不认为这里很伟大吗？现在，哈里，你所看到的就是20亿美元是如何管理的。"

我当时不知说什么好。但乔治有话要说，"是30亿。"

哈维眼睛一亮，"你真行，太棒了，乔治。这个成绩不算太意外，你今年赚的有50%了吗？"

"是的，有了。在过去的四个月里我们一直做得不错。"

哈维现在一定高兴得都要飞起来了。我在想象他的脑袋正飞离他的躯体，脸上挂着开心的笑容，嘴里仍在称赞这里是多么多么的漂亮。而我正尽力让我的脑袋不要离开我的身子。我没听错吧？这个乔治·西斯勒真的在管理30亿美元吗？为什么他不买点时尚的办公设备呢？这里和我见过的欧内斯特·韦林顿公司或者其他大银行以及电视上看到的大公司一点都不一样。

我能感觉到，我将在这里学到一课，就像哈维给我讲的其他知识一样，这一课也将颠覆以前我对投资这行的错误认识。

哈维开始说话了，把我从恍惚中拉了回来："还在做单笔的交易吗？"

乔治点了点头，"是的，一直在做。"

哈维转向我，说道，"该你问问题了，哈里，你可以向乔治问任何问题。"

我有太多的问题，但大部分的问题都显得不太礼貌或不合时宜。

"直接问吧，"哈维说道，他猜到了我的顾虑。"什么都可以问，乔治已经知道你想问为什么他的办公室像个垃圾堆一样。"

## 与乔治对话

乔治没有太多时间来回答我的问题，但在我们谈话的这段时间里，我了解了很多对冲基金的运营原理，同时我也知道了很多想取得成功就必须得做的事情。

我：哈维说得对。我的确对你的办公室感到迷惑。

# 第十二章 假象

乔治：这里确实不是很漂亮，我知道。但我们把工作做得很好。

我：你在管理这么多的资金，为什么不花点钱把这里升级一下？也为你的客户着想一下。

乔治：你可以想象得到你并不是第一个问此问题的人，但我的答案是我已经对钱没那么深的眷恋了，或者说我不想炫耀。我认为炫富并不等于真的富有。物质资产应该用来创造财富。但炫富或者竭力创造比别的对冲基金公司更好的形象不是这里的根本目的。

我：这里的根本目的是什么？

乔治：积累财富。我们希望冒最小的风险，赚取最多的钱，并把开支降到最低。

我：我明白了。但为什么你不多加几张桌子和正常的椅子呢？难道你的客户不希望看到你们……

乔治：更成功的一面，是吗？

我：是的，是这个意思。

乔治：其实也没什么不好的，因为，我的客户希望赚取尽可能多的钱，所以我不收他们管理费用。大部分的对冲基金要收取所管理资产总额2%的管理费用，再加上20%的利润，30亿美元的2%是多少？

我：嗯……

哈维：他是个数学天才。

我：嗯……

乔治：6000万美元。

我：（沉默）

哈维：（沉默）

乔治：今年我们省下了可以收取的6000万美元的管理费用，这笔钱，我们本可以花在这间办公室里。我们没有把这6000万美元放到我们的口袋里，而是把它重新投资，把它用到我们的业务中去，到明年年底，这6000万就有可能值8000万了。猜猜会怎样？我们就能再分一部分利润。所以，如果我们做得好，我们就得到好的回报。你知道如果我们管理得不好的话，这2%的管理费会带给我们什么吗？

我：（沉默）

哈维：乔治，我估计他还在想着6000万美元呢。

乔治：嘿，别责怪他了。我的妻子也一直想着呢。但是，想一下，哈里，多想一会儿。如果你把你的钱投给了我，如果我成功了，或者失败了，你会奖励我吗？

我：如果你成功了，会的。如果你失败了，我就把钱转到别的地方去。

乔治：对了！如果我们失败了，每年却仍然要拿走你的资产的2%，那真是太荒谬了，而且与常理彻底相背：一个基金经理只有在为客户赚钱的情况下他才可能得到回报。

我：是这个道理。那么，当你胜利时，你能得到多少钱？

乔治：我们收取利润的20%，今年我们赚了10亿美元。我们在中西部购买了一个连锁超市，随后把它卖给了更大的一家连锁超市，从而赚了一大笔钱。当时的卖价是5亿美元，如果我们现在就结束交易的话，我们就可以取得一笔奖励，到年底结算的话，大约有2亿美元。

我：你们常常靠收购公司来赚钱吗？

乔治：不是的。这笔超市的买卖实际没费我们多少力气——我们这里有一个交易员曾经在华尔街的一家公司里做零售店分析。当他看到这家中西部的连锁店时，就相中它了。于是我们准备了一些钱，并找到了一家美国大型连锁店的CEO，我们告诉他我们想把连锁店卖给他。我们没打算长期持有这家公司。我们知道，如果我们把它稍加包装，然后转手卖掉，就能赚不少钱。一开始，他对这笔买卖不感兴趣，但在我们买下这家店的6个月之后，他告诉我们他有兴趣了，于是我们加价把它卖了出去。

我：这是一笔一次性的买卖。

乔治：是的，我们采取了恰当的方式。这么好的机会，我们绝不能错过。我们平常交易的品种主要有外汇、海外的股票以及债券。实际上，我们在美国国内的交易量并不大。我们关注海外市场，那里才是我们的焦点所在。

我：在国内交易的不太多，是吧。

## 第十二章 假象

乔治：是的。我不喜欢管理员工们。他们能够管理好自己。我们很少雇新人。如果我们需要新人的话，我就拿出 100 万美元作为签约奖金，这样我们要什么人就会有什么人。我们这里效率是第一位的。这个组里的每个交易员都管理着一笔资金，而资金的分配是根据每个人在组里的能力来安排的。每个人都是某个领域里的专家，米奇·科克伦（Mickey Cochrane）正在从日本融资并买入英国、巴西、澳大利亚以及新西兰债券。他正为我们大把大把赚钱，而且目前来看他的收益仍很稳定。

我：他从日本借钱吗？

乔治：是的，这就是人们所说的息差交易。你听说过吗？

我：没有。

乔治：我会慢慢告诉你。第一次听到这种事时，我激动不已，我希望你也一样——要知道，我离开高盛集团已经一年了，我已经知道其中的道理了。你准备好了吗？

我：准备好了。

乔治：一个人或一个公司怎样才能以较低的利率来借到钱呢？

我：良好的信用。

乔治：还有呢？

我：找一个能提供低利率的银行。

乔治：不错，说得好。如果我告诉你，我能够以 1% 的利率从一家日本银行贷出 1 亿日元，你会说什么呢。

我：我认为你应该买个新电视和一些沙发。

乔治：说得不错！也许是的。还有别的想法吗？

我：我猜你会想办法用这些钱赚取高于 1% 的收益，因为你得把本金和利息还上。

乔治：完全正确！就是这样。那么你猜猜该怎么办？我们可以到一些诸如贝尔斯登或高盛这类的经纪公司做存款抵押融资。他们会帮我们把钱放大几倍，这样我们就有了将近 3 亿美元可以用来投资。这就叫作通过杠杆来投资。

我：这个方法听上去不错。

乔治：如果我们去购买一篮子货币，或者一个外国债券的组合，能够给我们带来平均7%的收益的话，我们就靠3亿美元赚到了7%的钱。

我：但是你只要按1亿美元付利息。

乔治：对了。应该奖励你一根香蕉，你说得非常对。我们就是通过借钱，再利用杠杆放大，然后进行投资。

我：那么实际上你每年赚了21%的利息，再刨除掉1%的贷款利息。

乔治：是的，你算得很准。当然，现在情况变得复杂些了。米奇得不停地周转资金，他得不停地进行买入卖出，这样才能保持手中持有最好的债券组合。当然，每一笔交易都要付手续费和佣金。这只是我们的基本策略。

我：太酷了，我也想这么做。我能从日本银行借到钱吗？

乔治：理论上可以，但在操作上，有可能你做不到。除非你有几百万美元，否则你处理不了这种交易的。你能弄到那么多钱吗？

我：我办不到，根本不可能。真希望我能有这笔钱。

乔治：其实，如果你和哈维在一起工作的话，你早晚能弄到这笔钱的。不要急，你会实现目标的。如果你琢磨得够长时间的话，我相信你一定能找到办法实现类似操作的。有可能在零售外汇业务里做到，要通过掉期利率进行计算。我们有机会再讨论这些业务。现在，我必须得走了，但是你可以和哈维商量好——他此时正在和明迪·斯旺森（Mindy Swanson）交谈，过几周再来，到那时你可以和我讲讲怎样通过零售平台来从事息差交易。

我：可是——

乔治：我接一下电话。

就这样，这次谈话结束了。乔治有一个电话会议不得不参加，他站起来握住我的手，好像要把我从窗口扔出去一样。

# 第十二章 假象

## 明迪传授的一个点获利法

哈维一直在屋子的另一边与一位年轻女士交谈着,这时,他把我叫了过去。

"哈里,这位是明迪,她只做外汇。"

"太棒了!我刚才还在向乔治请教套息交易的办法呢。"

明迪笑了,"你说的是长线操作方法,我只做短线。我每天都要不停地买入和卖出。"

"你是怎么做的呢?"我问道。

"看一下我的屏幕,"她指着她面前的一个外汇报价界面对我说。她同时至少要进行七种货币对的买卖,上面的数字不停地跳动着,如果一直盯着的话我觉得眼睛会花的。我比较喜欢像下面这样的报价方式:

$$1.8500/1.8504$$

但在她的屏幕上,报价只显示最后两位数字,而把前面的 1.85 省略了。

在报价表上只显示最后两位数字,我总觉得难以分辨出实际报价的高低。

"这里的屏幕与你家里的屏幕有什么区别吗?"

"报价的显示方式不一样。"

她向我眨了下眼说道:"我指的不是这方面,再看看,这里的点差是多少?"

我又仔细看了一下,欧元兑美元正在以 1.2103 为卖出价,而买入价是 1.2104。点差只有 1 个点!在我家里的平台上,相同的货币对,点差是 4 个点。

"是的,这就是为什么大多数的短线交易者认为在家炒汇简直是傻子才玩的游戏,因为点差太高了,这就是为什么哈维要教你看长线图表的原因了。"

哈维点了点头说,"没错。"

"但是，我为什么不能以 4 个点的点差做短线呢？我觉得通过某种方法应该是能赚到钱的。"

她点了点头，"我并不是说不可能赚到钱，我只是说手续费将是非常高的，举个例子吧。"她拿出一张纸，准备在上面做一下计算。"比方说你每次操作目标是赚到 20 个点，并且是在家里操作，每天操作两次，假设你一年交易 200 次——这些数字设定只是为了便于计算。"

"好的。"

"那么，你每次操作时，你做一个标准手，应该是多少？"

"一个标准手是 10 万美元。"

"对了，也就是说每涨跌 1 个点的话，就有 10 个美元的变动。那么，如果你每操作一次的话，你要付你的经纪商多少佣金呢？"

"40 美元。"

"现在按每天交易的话，乘以 2，按 1 年的时长算的话再乘以 200，这就是 400 次操作，再乘以 40 美元每次。"

"一共 16000 美元，我赚钱或赔钱都要支付佣金，所以这些钱是无论如何都要付的。"

她点了点头，对我的理解很满意。"这是你的钱，如果你缩小点差的话，你将赚到更多的钱。换一个算法：4 个点的点差，占你盈利的 25%，如果你按每笔赚 20 个点算的话，你将把 25% 的盈利交给你的交易经纪商。如果你在这里交易的话，你可以每笔多赚 3 个点，明白吗？我们不光是在谈论资金量的大小，还在谈你盈利的 25% 那部分。如果你把点差降低 2 个点的话，你每年就能多赚 10%。"

"这些事情我从未考虑过。"

听我这么说，她感到很高兴，"我很乐意教你一些知识。在西斯勒公司，我们从上到下都是信奉节俭的。我们不但要把时间花在赚钱上，还要把精力花在节省开支。所有这些考虑都是为了要积累财富，我们一直在不停地努力着。"

"那么，你们是怎样交易的呢？你说过你每天都在不停地买卖。"

"哈里，"她说，"现在你可以想象你在以一个点的点差做欧元/美元的操作。你也知道这对货币每天都在上下变动，可能向上，也可能向下。"

"是的。"

"每天平均的变动幅度有 130 个点，这是指一个平均值。但在实际的过程中，它先向上走一点，再向下走一点，然后不停地这样运动的。我只要每次抓到一个点就可以了，我可以一整天都这么做。"

"你能赚多少点呢？"

"我每天的目标是 40 个点，一周里有大约三四天能赚到这么多。"

"你每次做一个标准手吗？"

她笑了，"不是的，我每次做好几十个标准手。"

"好几十手？"

"差不多有 1000 万美元的仓位，这是欧元的交易量，应该是每个点 1000 美元。"

她一天赚 4 万美元，一周赚 20 万美元，一年 2000 万美元。我的天啊。

我发现她在盯着屏幕正准备做另一笔操作，于是我决定不再打扰她。向她道过谢，哈维和我离开了公司。

到了街上，我们买了两个热狗，我本来说我欠他的情要买单，可哈维还是坚持把钱付了。

"您已经帮了我这么多忙了，"我告诉他。

"你要回报给我的，"他回答说，"别着急，你会还给我的，那是以后，但不是现在。我们不谈这些了。现在，你要做的就是听从指挥，这就是我们的开始。"

"好的，我同意。但我有些问题要问。"

他又点了一个热狗。他吃东西就像一台机器，两口之后，第二个热狗也吃完了。

我问道，"在楼上时我有个问题一直没问，明迪一年只为公司赚 4000 万美元，我并不是说这些不够多，但是对于他们管理的 30 亿资金来说，她是不是应该多赚点才对呢？"

"你问得好，哈里。我想乔治很快就会向明迪提出这一点的。她到这个公司已经有 6 个月了，我相信她已经完成了至少半年的任务，或者更多一些。但是你仅发现这些还不够,当她在西海岸的一家银行做交易时,赚这些是很荣耀的事,她也因此成了超级明星。但如果她想与乔治一起工作的话,她还得再一进步。"

"这就是他雇她的原因吗?"

"因为她非常善于为自己设立目标,她设好40个点的目标,然后她就实现了目标,而且一天天坚持下去,周而复始。乔治喜欢持续性。他宁愿让她每年机械性的去赚取1000万美元也不愿让别人以50%的胜算来赚1个亿或赔1个亿。"

"有道理,乔治看重可预期的回报。"

"减少不确定性。他希望让自己的客户看到他能年复一年地创造盈利。明迪的操作风格不需要做任何改变,永远不用。随着资金和成交量的增加,她可以加大交易量,这样就能赚更多的钱。在银行时,她的仓位规模是100~500万美元。现在她已经做到她的方法所操作的最大量了。"

"也许她正希望能把她的交易量提升到更高回报的程度。"

"是的。乔治要给她一个机会来证明这些想法。你接着问吧。"

"财会人员都在哪儿呢?他们管理30个亿的资金,但在那些人里没看到有财会人员。"

"这些都委托给外面去做了。所有的报告,协调工作等,他外包给第三方了。他几乎连这里的房租水电费都不去交。他们只做交易,这就是他们的全部工作,他们不做分神的事情。"

"明白了。你能再给我讲讲为什么他们在中国城的边上租办公室吗?而且他们还用着这么旧的破沙发。对不起,我对这一点始终印象很差。"

他点了点头,"我并不是完全反对,我不打算在那里工作。但这里面有个故事。咱们边走边聊,顺便买一瓶意大利苏打水,然后我把乔治·西斯勒的故事讲给你听。"

# 第十三章　乔治·西斯勒的故事

哈维非常了解中国城和苏荷区交界处的路况，他带着我穿过一些小巷，来到了马尔伯里街（Mulberry Street），这里曾是几万意大利后裔的居住地。从马尔伯里街左转，我们又来到了格兰德街（Grand Street），在这条街上我们找到了迪帕洛美食店（Di Palo Fine Foods）。他告诉我，在这里才能找到最好的饮料。

哈维为我们买了半磅重的橄榄甜品、一份意大利熏火腿以及两罐亚兰奇雅塔汽水（Aranciata），它被誉为给诸神饮用的甘露，这是一种有些甜味的橙味苏打水，它的味道的确是全世界最好喝的饮料。在我们享用美味的橄榄甜品和火腿时，哈维也开始给我讲述有关乔治·西斯勒的对冲基金的故事。

"10年前，乔治为一家很有名的欧洲银行管理交易团队。当时他是商品交易市场里的一颗新星，被提拔去管理一个设在银行之外的自营交易业务部门，地址定在纽约。这是一支擅长外汇交易的队伍，只有七八个人，他们实际上是利用银行资金并在银行机构内部运营的对冲基金，而不是一个真正的对冲基金，但是他们的经营很像对冲基金那么回事儿。他们自己制定交易策略，交易员可以根据自己盈利赚取提成，他们的任务就是利用银行的资金创造出特别的回报。"

"他们当时有多少钱？"

"至少5亿美元吧。当时乔治正年轻，而且这些钱也是一笔不小的数目。他知道怎样交易，但他不知道如何管理交易员们。你一会儿就会发现这一点的，但首先让我给你讲一讲他们办公室的事情。"

"当时的办公室就是个垃圾堆，估计跟乔治现在的办公室一样，是吗？"我问道。

"完全不是。在当时，这间办公室的装备足以显示当时最前沿科技水平。为了接收国外的新闻信息，他们安装了卫星接收设备，同时还装备了可以直接从世界各地接收信息的连接终端，单是这一项服务每月就要花费几万美元。他们聘请了很有名的设计师——花掉的费用更是惊人——光装潢设计与买家具就用掉了上百万美元。办公室的选址定在了市中心的华尔街，那是一座40层高的写字楼，办公室面积有1000平方米。透过落地的大玻璃窗可以清楚地看到自由女神的雕像。"

我能想象当时的情景，人们理想中的对冲基金的办公室似乎就应该是这样的。"这么说，当时的办公条件应该是非常完美的。"

"这样的办公室，很可能在30年之后都不会落伍，但对于这些刚从哈佛毕业的孩子们来说，他们不满足于这些。他们提出要求，马上就得到满足。而乔治正是索要这些玩具的带头人，而且还在合同内特别注明，他只接受在办公楼里就能看到自由女神景观的办公室里工作。"

"为什么呢？"

"首先，对于这个要求，他深信欧洲那边的银行能够同意。在外汇交易领域里，他们是起步较晚的，他们希望能够迎头赶上。他们害怕如果再有任何延迟，就会错过赚大钱的机会。于是他们妥协了，接受了所有这些要求，他们答应给乔治50万的年薪，给其他交易员每年25万。如此来看，他们一开始就拿着非常高的收入。"

"我能想象后来的结果。"我对哈维说。

哈维吃橄榄的速度很快，盛橄榄的碟子就在我跟前，我却一个也没吃到。橄榄的味道非常好，我想如果我能不断地把橄榄放在哈维面前，他就会一直这么教下去。这样一来，我就学得更快，也就能更早地开始交易并赚到很多钱。我还想了解更多关于那笔在1.2200位置卖空欧元兑美元的操作，因为刚刚在乔治的办公室里，我看到这个货币对正在直线拉升。

"在开始的前6个月里，他们做得非常不错，赚了将近20%。有了这么好的成绩，他们有点骄傲了。尽管他们在以前的工作中曾经取得过或多或少的成绩，但他们都是年轻人，没有经受过足够的失败，不知道如何保住胜利果实。"

"难道银行方面没有什么系统能够约束他们过度交易吗?"

"现在大多数银行已经有自动监控系统了,但在当时,乔治所在的银行只有一个'日间限额'也可叫当日最大亏损的限定。也就是说,如果一个交易员赔了钱,比如说当天赔到了20万美元,他就会被强制平仓,直到第二天他才可以继续交易。"

"我记得克雷格·泰勒提到过这条规定,这个'当日最大亏损'是如何规定的呢?"

"通常是以亏损掉资金的某个百分比来计算的。"他接着说,当他看到面前的碟子已经空了时,脸上显露出一丝失望的神情。"橄榄都被吃光了,我想我们应该再来一些。"他站了起来,这次他点了一整磅的橄榄甜食,然后笑着回到座位上,接着讲:"他们这些人通常是各做各的。但在第一年,刚开始时他们建立了很多相似的仓位。具体来说就是,一个人买了英镑,然后另一个人也会做同样的事情,他会跟着也进行买入操作,渐渐地他们就会集体深陷在同一种货币当中——这种情况包括英镑兑美元、兑瑞士法郎、德国马克,等等。他们在英镑兑所有货币的交易中做多英镑,这样的操作没给自己留下任何改正的余地。"

"但是,他们都是有风险限定的啊。"

"对于每个人来说是有的,但是要记住,他们是要靠交易来赚取工资的,而他们的工资非常高。想象一下从六七万的底薪到四倍于这些钱的收入来说,只因为他们每天来工作就付给他们的话,他们赚的钱太多了。但是他们还渴望赚到更多,如此宽松的管理使他们理所当然地认为,多出他们收入的那部分钱都是很容易就能赚来的,对这些钱不需要特别重视。"

"我明白了,"我对他说,"因为他们已经拿着丰厚的工资,即使赚不到更多的钱对他们来说是无所谓的。"

"是的,非常正确。我认为乔治也陷入了这种错误认识,他买了更大的房子,把女儿送到一所花费昂贵的贵族幼儿园去,一年的费用得2万多美元。不仅如此,他还给自己买了一辆保时捷,给妻子买了一辆奔驰。正是这些奢侈的开销使得他想要指望用年底的奖金分红来平衡他的花费。"

"你是说，50万美元的年薪不够他挥霍？"

"是的，他花钱越来越大方，但收入增长得却没那么快。"

"这么看的话，结果不会太好。"

"是吗？这可是我最希望看到的事情，"他说，"我说我希望看到是因为之后发生的事情给了他一次很深的教训，让他刻骨铭心。"

"后来呢？"

"那些英镑的多头仓位随着他们不断加仓正在一点点走弱。英镑不用下跌很多他们就会赔一大笔钱。他们一直在大量地加仓，直到他们每个点已经赔到了两三万美元才停手。"

"他们到了最大亏损限额了吗？"

他摇摇头，眉毛皱了一下，"没有，这一点我刚才就想说来着。乔治从来没有运行过那套系统。他本来可以做的，但从一开始就没执行过。"

"那么他们一直攥着这么重的仓位吗？"

"是的，他们全部陷在这里了，其实他们本不想忽视正在发生的事情。尤其是乔治，他本应在不赔不赚时平掉全部仓位，当他们赔了1个亿的时候，他们回到了初始的资金量，他们赔掉了当年的全部利润。"

"他还是没有平仓吗？"

"没有，他还在握着仓位——记住，如果他平掉所有仓位，他就把当年的利润锁定在零的位置了，与此绑定的是零奖金。在乔治看来，继续持有是他所发现的唯一可能有利润的方法了。"

"但他已经没有利润可言了。"

"是的！"哈维大声说，"的确如此，啥里，你说中要害了，他已经没有利润可言了！他死拿着仓位，希望英镑能涨回来，这样他就能再捞回一些利润。他本来是有选择的余地的，但在这个时刻，他和办公室里的同事们却明知道不应继续持有，却仍在一错再错地拿着。"

"他是不是担心被解聘呢？"

"哈里，他有很大的自主权。这家银行的总部位于瑞士，他争取到了很大的自由空间。他把公司的资金锁定了一年时间，也就是说，他与公司有协议。按照协议，他至少有一年的时间来创造利润，然后他们再讨论经营的成败问题。回到起始资金的位置不至于让自己被炒鱿鱼,所以他不会担心自己的工作,他在意的是报酬,这是他考虑的首要问题。"

"他的交易好转了吗?"

"有过那么非常短暂的一会儿,英镑涨回来一些,大概又赚回了10%——当时他们只是丢失了一半利润,总体来说本来还可以的。但是,因为乔治缺乏领导能力,他们全都同意继续持有下去。他们坚信所做的决策是正确的,认为不会再跌了。事实上,这里的大多数人的经济状况和乔治的是一样的,他们的钱都已经透支了,只有奖金才能挽救他们。"

在我看来,解决方法非常明确。"他们为什么不平掉仓位,开始做些更有用的操作呢?"

"那是行得通的,但需要有清醒的头脑。是这样的,所有只想着钱的交易者是注定要失败的,他们不愿平掉赔钱的仓位,他们不想赔钱。或者说他们认为他们不能赔钱。他们必须赢,因为他们要用这笔钱来付账单、买汽车,或者证明他是正确的。交易吸引了一些以自以为是的人,乔治是这样的,你也是这样的,那些深夜看电视并买了交易软件的人也是这样的。他们希望自己是正确的,他们相信自己应该是正确的,于是他们放任损失持续扩大。"

"我听过一种说法,说交易者应该让盈利的仓位奔跑并砍掉赔钱的仓位。"

哈维眨了一下眼,说,"是的,你说得对,但还要记住,如果你不砍掉赔钱的仓位,就不会有赚钱的仓位。"

"为什么?"

"就像你说的一样,哈里,"这时,橄榄又被吃光了,但故事还没讲完,他接着说,"因为他们把资金全部纠缠在了赔钱的仓位,这样就不能再开立新的仓位。他们被困住了。"

"接着,他们怎么办了?"

"他们开始对冲自己的仓位。"

"什么意思?"

"通过他们在银行的关系,他们做了反向的操作。"

"他们卖出英镑？"

"是的，在低于他们买入点 100 个点的位置，他们开始卖出英镑。他们用的是其他人提供的资金来做的，他们建立了相反的仓位。这就意味着他们把亏损锁定在 100 个点。"

"这有什么用吗？"

"首先，这样做可以防止他们继续犯错。如果彻底平仓就意味着他们承认自己错了，而这是他们非常不希望看到的，如果他们平仓之后，英镑可能会朝着他们有利的方向运行。仔细想一下，他们害怕赔掉利润以外的那部分钱，他们也不希望错过上涨的机会，这样的机会非但没有发生，而且希望也越来越渺茫。当他们用另一笔资金对冲着正在赔钱的仓位时，他们已经过度使用了手里的资金，他们已经没有再开新仓的机会了，他们的损失已成定局。"

"太像乔治的特点了。"

"和今天的乔治不像，倒是非常像以前的他。"

我挠了挠头，问道："你什么时候出场呢？"

"还没呢，当时我知道乔治这个人和他的持仓。我刚好在辅导他的对手，那个人正在卖出英镑。他的业务涉及给基金公司及一些中等规模的公司提供流动性支持。我不但教他如何针对英镑报价，同时教他什么时候应该靠对冲来降低风险，或者说建立相反的仓位。他现在还在原来的公司工作，已经赚了很多很多钱了。"

"我们能去看看他吗？"

"是的，当然。也许下周就可以。"

"太棒了！我非常想去看看。接下来，乔治怎么样了？"

"他握着那笔赔钱的仓位，一直拿了三个月。三个月后，有三个交易员退出了，乔治无法雇到更多的人，因为他必须得给他们看那些赔钱的操作。他变得消沉了，每天来到办公室，每天都要面对毫无变化的持仓，日复一日。他想找到一个时机，平掉一个方向的仓位，然后，持有另一个方向。英镑继续下跌，他们同时持有着多空两个方向，所以毫无作用。之后，英镑又回升了一些，他们不知是否已经见底，于是他们继续保持不变。他们都是薪水丰厚的职业交易员，已经原地不动地坐了好几个月了，进退维谷。你能想象当时的情景吗？"

"我想象不出，我一直以为职业交易员应该更专业一些，或者说表现得更好。"

他笑了，"哈里，那是把银行交易员神化了的说法。认为他们知道得多，有特殊的消息，或者有更好的交易系统。"他开始左顾右盼，寻找食物，结果一点都没找到，于是他接着说："也有可能他们拥有所有这些条件。只是可能，但是他们不会受到更多的纪律约束，而纪律才是根本所在。"

"你是说，搞到更好的信息或者说更内部的消息也是一点用都没有吗？"这对我没起过作用，所以我问他。

"咱们以乔治为例，比方说他和他的团队有一个系统知道应当买入英镑，这就是他买入的原因，但如果没有一个日内交易止损点，这个系统有什么用呢？如果你没有纪律来约束你的操作的话，这个系统或者说内部消息有什么用呢？"

"你说的是资金管理方面的内容。"

"是的，但不止如此，还牵涉到要遵守一套规则，这套规则将会引导你成为一个交易师，在这过程中，永远不要违反这些规则，这就是全部的内容。我做交易培训已经很多很多年了，这一点你是不用怀疑的。他们都是专业人员，胜与败之间的一个重要区别是自律，这就是为什么乔治在年底的时候平掉了所有的仓位。"

"他赔了多少？"

"他们赔了起始资金的27%。在12月26号，乔治平掉了所有的仓位并等着银行来处理，处理的过程一共用了三天，这一年以亏损告终。之后他收拾好自己物品离开了。"

"他去了哪里呢？是被解雇了吗？"

"没有，哈里，他没有被银行解雇，本来他们很愿意让他再干一年的，但他把自己解雇了，他失去了自信，他从盈利20%变为亏损27%，这是一笔非常惊人的数目，他总是在想他曾赚了1亿美元，但没能守住这些利润，当他对冲了自己的仓位时，违反了他自己规定。他消极地装死，让一笔赔钱的仓位连续几个月一直赔钱，而且没做出丝毫反抗。这就是在很久以前他所学到的原则。"

"没有纪律的约束，他根本就不知应如何操作。"

"是的，哈里，非常正确。"

"他把自己从外汇交易中开除了？"

"是的。"

"但你帮了他？你是他今天重新交易的原因是吗？"

哈里摇了摇头。"我帮了他，但我只是把乔治心里已经想到的东西释放了出来，这也是我要对你做的事情。"

说完，他站了起来，我知道今天的传授到此结束了。

"哈里，记得乔治今天让你找一种在零售平台上可实施的息差交易的办法吗？这是留给你下周的作业。我希望你好好钻研一下，我也不知道这个方法的可行性。"

"明天我们做什么呢？讲讲欧元兑美元的多头交易好吗？你觉得现在还有机会吗？1.2200是一个好的进场点吗？"

"哈里，我的确越来越认为1.2200是个合适的位置，如果你能用你的分析方法来解释操作的理由的话，我同意你试一下。否则的话，你就应该避免操作。但要记住，如果你参与操作了，你要以某种方法来向我证明你是正确的，我将会听你的解释。"

"我同意，明天怎么安排？"

"明天我要去香港，去庆祝我和一位对冲基金经理合作一周年。然后我要去走访几个准学生，再然后，我们就在下周见面。"

"好的，从您那里学了这么多的知识，非常感谢。"

"我理解你的心情，但你还没有彻底摆脱困境，记住我跟你说过的话：不要交易，即使你能向我解释清楚，你也只可以做欧元/美元的操作。"

"好的。"

"哈里，记住乔治的教训，好吗？明白我的用心了吗？"

"明白。"

"如果你胡来的话，你将很快赔掉一大笔钱。"

"这个我也明白了，"我回答道，我大笑了起来，"我不会进行交易的，我还有很多事要思考。"

当我许诺不去交易时，我是真这么想的。这时他已走了，正顺着马尔伯里街的人行道渐渐走远，我的心情非常平静，因为我知道，现在我不用去交易，况且我可以研究一下有关息差交易的事情，我还可以把这次参观西斯勒对冲基金公司的过程做一下笔记。再有，我还要保持住现在的资金，直到时机成熟。

但我还是打破了刚刚许下的承诺，我做了一次操作。

# 第十四章 回到起点

妻子为我感到非常兴奋。但她担忧我什么时候才能开始赚钱,与她争论很难说服她。如果赚不到钱的话,就不得不越来越多的动用我们的存款了。我们手中的钱都是靠贱卖我们喜欢的物品和存款凑起来的,一共是3万美元。我把其中的5000美元放入了交易账户中。吉妮知道我正打算在一个银行的交易师的监督之下做一次交易,所以她一点也不介意,这次的交易似乎将会更加安全。

本来是不必急着去进行交易的,但她这么一说,我又耐不住了。我的一生都可以用来等待跟随大银行来操作外汇的机会。

"如果你等待的时间越长,你所积累的财富就会越少。"那天晚上她对我说,"如果你交易的次数越多,我们就可能有更多的积蓄,而且可能会有更多的钱来继续交易。"

"说得对。"尽管她的话与我对哈维的承诺背道而驰,但首先,她是我的妻子。我并没有与哈维结婚,我不必替哈维去说话,我也不用给他买吃的或学习用品。于是我决定看一下图表。

我打开的第一张图是英镑兑美元的四小时图(参看图14-1)。哈维告诉我,只有在我能证明自己是正确的时候才可以交易,这也是我想做到的。如果错过他和汉克·杜雷克计划好的一笔操作的话,一定会令人惋惜。也许他告诫我不要交易是一种测试:他想看看我是否能为欧元兑美元的操作给出正确的理由,他只是想看看我是不是真的在听他的话。

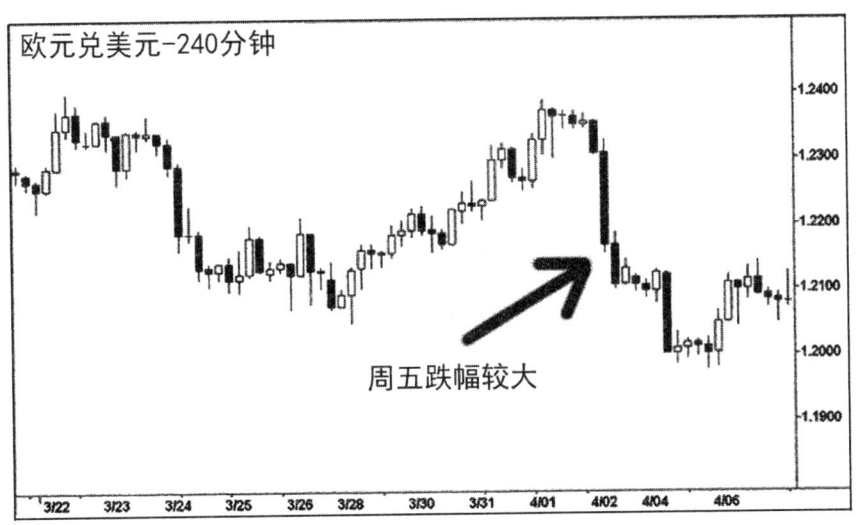

图 14-1 欧元兑美元 4 小时图

我什么也没看出来,几乎分析不出任何可以操作的机会,没有。那些美国国家银行的人都在看什么呢?卖空欧元有什么意义吗?我能看出周五的就业报告公布之后欧元下跌了很多,我还看到现已经涨回来一些了。真可气,我什么门道都没看出来。我说不出在 1.2200 卖出这些东西的理由。在 1.2200 会开始下跌吗?哈维说银行的交易员也没有更好的信息渠道,我看他们是有这个渠道的。

果不其然,电话响了,是克雷格·泰勒打来的。

"哈里,我听说你去见过哈维了,这事儿大家都知道了。"

能听到他的声音我很高兴,我不光是要感谢他帮我联系上了哈维,还想让他帮我针对这笔交易出个主意。

我告诉他我学到的东西,同时感谢他把哈维介绍给我。接着我告诉他我遇到了困难,"我不知道他们关于欧元兑美元的方向是怎么看的,"我对他说,"哈维告诉我说当我能说清自己的理由之后才可以操作,而我确实想操作一下。"

"你观察的是什么图表?"他问道。

"四小时图,"我回答,"哈维叫我不要看短期图表。"

"这是对的,你用的是哈维最常用的时间长度,你的开头准备做得不错。你还用了什么辅助方法没?"

"没有。"

"什么指标也没有?连趋势线也没有吗?"

我向他承认尽管我从书上读到过相关的内容,但没有时间去照着操作。"告诉你,哈里,"克雷格说,"首先,你不要总想知道哈维在想什么,那是不管用的。如果你想说明你的操作的理由,你就得拿出一些你自己的分析。"

"我不知道从哪里开始,我知道什么是趋势线,但我不知道怎么用它。"

"我必须得走了,哈里。你能想出办法的,但是,告诉你,自己去做一些考查和试验,那么你就会变得大不一样了。"

## 强迫自己做一些画线分析

我在电脑屏前坐了至少20分钟,一动没动。我决定不再退却,决定至少要画上一些线或加上几个指标才行。最终,我决定在1.2200这个入场点画一条直线,我准备从这里开始。这就是我的目标:我想说明在这里入场的理由。当这条线画完之后,我的图表就是图14-2的样子。

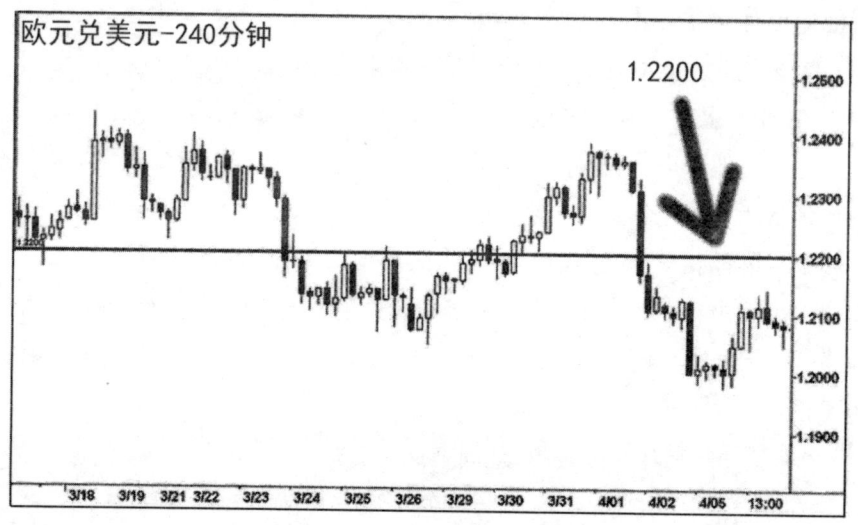

图14-2 哈里的进场价

## 第十四章 回到起点

至少我已经有了一个开始了，从图上可以看到我准备入场的位置。我这么做会不会有什么不对？尽管我是在自己做研究，但我不能借助任何原有的理由。我突然想起，哈维不只是让我解释为什么要这么做的理由，还让我逐渐形成一些自己的看法。哈维还有其他的交易者去辅导。他不可能总有时间一点一点地教我交易的理念，我应该自己在家把这些事做好。那天晚上，我要做的事情之一就是想清楚怎样靠自己来把交易的计划制定好。

我所看过的书里面有很多都是讲指标的：移动平均线、摆动指标，等等。那么，从这里挑一些来入手应该是对的。于是我添加了一条200个周期的移动平均线并把它设成虚线。移动平均线的作用和它的名字非常吻合：它显示的是在某个时间段内的平均价格，在这里指的就是200个四小时。当这条线加到图上之后，我看到这条线正好悬在当前的价格的上方，4月份，这对货币有过一波上涨，这条线像是把它压了下去。最近这次，很可能这条均线还会把价格压下去，这就能很好地解释这次交易的理由了。可我有什么理由说这次它还会碰到200周期的移动平均线呢？怎样证明它会跌回来呢？问题越来越复杂了。

书上还提到了摆动指标，这种指标的作用是，它能体现某对货币正处于超买状态（正要下跌）或处在超卖状态（正要上涨）。我继续翻着书，找到了随机指标，这种指标似乎很常用，我把它也加到图上。我用的是标准的参数14，3，3。这回我看得更清楚了，随机指标正处于上升状态，快接近顶部的位置了。会这么简单吗？只要等指标每次到了顶部就卖出或者在每次运行到底部买入就行了吗？也许是吧。但是我觉得哈维不会把他的交易系统建立在这么简单的方法上。

MACD，也可称指数平滑异动移动平均线，是一种动量指标。它主要起顺势分析的作用，是从移动平均线发展而来的，也许它能提供另一条思路。有一本书中提到添加第二或第三个指标来确认第一个指标所发现的结论。这倒似乎有些道理，可以加强理由的充分性。实际上，不仅仅有更充足的理由，而且我很清楚任何成功的交易者都不会仅仅基于一个理由来制定交易策略。怪不得我总觉得只用随机指标或只用移动平均线有些不太放心呢。于是，我把 MACD 也加上了，用的参数是 12，26，9。对于这几个数，我真是不知道是干什么用的，可是有谁会在意呢？我正要为一个操作寻找合理的解释，而不是要写一本关于这个指标的发明者杰拉德·阿佩尔（Gerald Appel）的书或报告。

我一点都没看明白，首先，我不知道他指的是什么意思。此时我已得出一个由波峰和波谷构成的 MACD 图，同时还有别的竖线上下穿越其中。这些竖线位于波峰下面，同时，波峰的形状就呈现扁平状。唉，我觉得这一点意义也没有。我还是看看欧元/美元在 1.2200 时这些有着波峰和波谷以及这些细线的表现吧。也许哈维和汉克·杜雷克有一台电脑能够预测 MACD 会见顶或者能预当汇率到了某个价格就会向下运行。

如果我能发现在这个时候汇率价格触及 200 周期的移动平均线，并且随机摆动指标（一种判断某货币对偏离中线的距离是否过远的手段）随之出现超买指示怎么办？现在我有了些进展，但仍不能确信我是否已经有了足够的操作理由，于是我决定再添加点别的指标。

我添加的下一个指标是斐波纳奇回调线（黄金分割线），我以近期的一个最高点为起点，向最低点画了一条线。之后，在高点和低点之间出现了一串数字，按照书上所说，在这些数字标识的位置，汇率价格将会遇到阻力，或者说抛压。在画线的 50% 的位置的回调点正好是 1.2182 位置。现在我们就要得出某种结论了。也许哈维正关注着汇率要升到这个位置，在这个点位，价格更倾向于下跌，而不是上涨。这就是我想要的，如果我能证明随机指标出现超买，而且价格几乎触到了斐波纳奇回调线的位置，也许我就能够为这次操作列出正当的理由。

我在这个位置上添加了很多的指标。其实，这么说有点过谦了，我的图表看上去就像是画满了技术分析的书一样。（参见图 14-3）

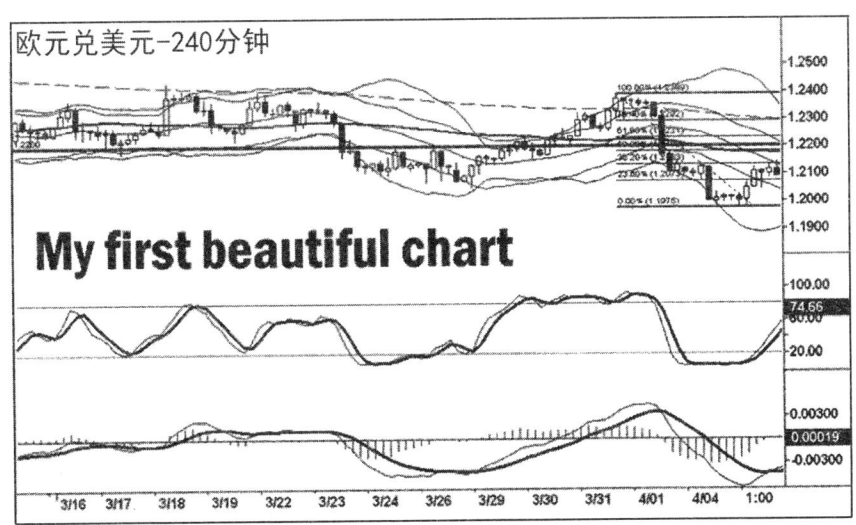

图 14-3 哈里的第一张绘图

此时,我已经工作了四小时,家人也全都睡着了。我几乎没听见妻子哄孩子们睡觉的声音。整个钻研的过程非常耗精力,我也非常投入。另一支蜡烛线正在形成,但看不到明显的变动方向。欧元兑美元在 1.2100 就停住了,而且哪儿都不去。此时我已非常疲惫,我希望在交易之前不用向哈里展示我的图表,因为我希望按他预期的那样卖出欧元/美元,而且我有自己的理由。

过了几分钟,妻子迷迷糊糊地走了过来,她揉了揉眼睛,看着我的图表。

"太复杂了。"她说道。

"是的,"我承认说,"我也不能确信能看懂所有的含义。但我认为它能告诉我欧元到了 1.2200 时会是一个很好的卖出位置。"

"这就是那个叫哈维的朋友要做的那笔操作吗?"

"是的。"

"为什么你现在不开始操作呢?"她问道。

她刚从床上起来,我能理解为什么她看不懂,"这个价格得先升 100 点之后我才能开始卖出,"我告诉她,"我们准备在 1.2200 卖出。"

"如果你知道它要到 1.2200，"她回答道，"那为什么你不现在就买入呢？"

说完，她又回到卧室去了。

我不知道她是在梦游还是真的知道自己在说什么。但她说得有道理。她是对的！如果哈维非常有把握欧元美元要上涨，然后到达一个极好的卖出位置，那么为什么不借上升的机会赚些钱，然后等下跌时再赚些钱呢？哇！太棒了。

我开始更加仔细地观察图表。价格似乎受到了 200 周期线的磁力所吸引，它的确是要再次升上去，但是随机指标却显示它正在形成一个向上的趋势，并没有出现超买现象。它还有继续上升的空间！而且 MACD，同我之前看到的一样，正处在上升阶段，并且在此前刚刚形成了一个波峰，而且价格正向 50% 的回调线运行。

在此后的 30 分钟里，我又添了几个指标，它们似乎都在说明同样的事情——价格正处在上升阶段并且我可以顺势买入。于是我打开了我的操作平台，我有 5500 美元，如果我做多的话，我还能赚 100 个点。如果我做 10 万的交易量的话，那就是每个点 100 美元，能赚 1 万美元。这是一大笔钱，足够我支付所有的账单了。这次操作可以补回我刚开始时由于愚蠢决定导致的所有损失。我在操作平台上输入了交易数额并检查了两遍，然后我进行了买入的操作。

12：35 时，我在 1.2098 位置买入。这次花了我 2500 美元的保证金。

我没设止损单或止盈单。我从电脑桌站起，跌跌撞撞的来到卧室，连衣服也没脱就一头倒下睡了。

## 第二天早晨：早饭时分，账户起火

第二天早晨，正当我要喝下一杯胡萝卜汁时，忽然想起我可能对欧元的操作估计得有些乐观了。我清楚地记得杯里溅出的胡萝卜汁从我的魏克曼事务所的"20 周年庆祝"衬衫上淌了下来；我还记得儿子拉着我的袖口问我他那天可不可以玩电脑；我也清楚地记得妻子问我是否听从她的建议做多欧元了，同时我更不会忘记当我平静地把电脑打开，运行图表软件，调出欧元/美元的图形时的情景，我感觉嗓子突然间被噎住了。图14-4上显示的是当时的图形。

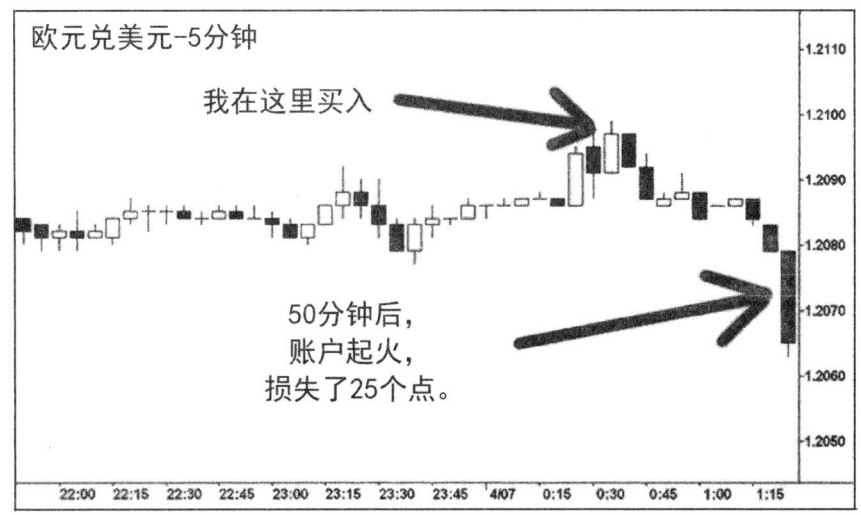

图14-4　哈里惊呆了

天啊，真倒霉！

这幅图看上去太糟了，没法向哈维解释。我突然发现，我已经做了那么多的卖出欧元的研究，仅仅因为一个投机的想法，我却执行了买入操作。我再一次陷入了把交易当游戏的陷阱中。原本以为我已经了解得更多些了，而我又一次到了保证金的底线，此时我的账户只剩2500美元了，我赔掉了账户内一半多的资金！

更惨的是，我发现我所做的决定是正确的。请看图14-5。我发现我的这笔交易最终应该是能够获利的——只不过当初不交易这么大量就好了。那样的话，这笔交易到早上8点时应该不会被平仓，而且应该已经赚到了一些美味的利润，正等我去取呢。在我买入之后，这对货币确实是下跌了，但是随后就又涨回来了。

图 14-5 哈里没有掌握好时机

怎么可能？太不应该了！我本来选定的方向是正确的，而且做了对的选择。但我没把时间计算对，我的交易量太大了。我的外行分析所迸出的火花导致了整个交易账户燃起大火，一半资金化为灰烬，我怎么告诉妻子呢？这时我明白了，我本来做的是正确的选择，我可以做一些拯救自己并能雪耻的操作。要是能把丢的钱再赚回来，我就什么也不再说了，现在我已经赔掉一半资金了。眼下能做的是，了解错误，立即改正。

我在交易书籍中看到过这些内容，当一个交易者做出了错误的决定，他应该马上承认错误而不要顽固地坚持对市场的错误判断。应该收敛自己的傲气，扭转不利的局面，并且夺回损失继续向前。

我点了一下买入键，打算买入 10 万美元的量，跟昨天晚上的一样。图 14-6 是软件给出的提示。

资金不足。我连一个标准单的量都做不了了！

我需要 2500 美元来启动一个标准单，而这些钱是我全部的资金了，这样就一点余额也没有了。这就意味着我得减小交易量。我这样做了，我做了一个标准单一半的量，或者说是 50 万美元的交易量，每个点的涨跌是 50 美元变化。我在 1.2119 的价格买入欧元/美元，时间是 2004 年 4 月 7 日

8：05 分。这笔操作花了我 1250 的保证金。

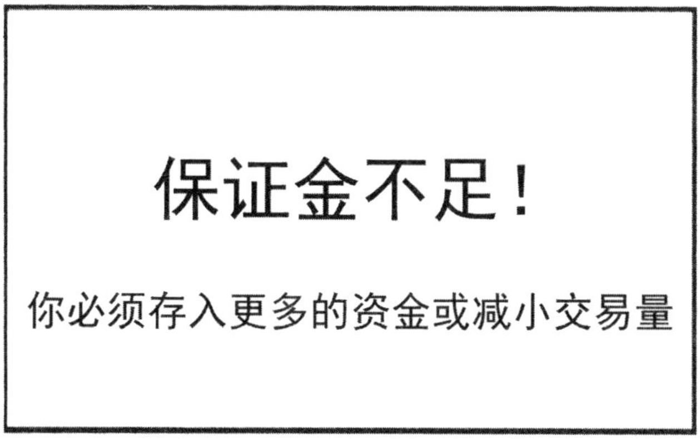

> # 保证金不足！
> 
> 你必须存入更多的资金或减小交易量

图 14-6　哈里被拒绝了

这个位置离我之前买入的位置不远，但至少我知道它正在上行过程中。至少我知道我错在哪里了，而且我有能力重新做对。我感到我正在对市场执行一次正义的报复，因为它把我搞得太惨了。在这几分钟里，我所做的每件事都是出于冲动而决定的。

我没有动，没有听到妻子的声音，没听到孩子们的声音，也没听到电话或任何其他背景的声音。我正在和市场进行较量，任何事情都阻挡不了我。

8 点 10 分，这对货币跌了 11 个点，到了 1.2104，我赔了 550 美元。

8 点 15 分，这对货币跌了 17 个点，到了 1.2098，我赔了 850 美元。

这样的变化真是令人难以置信。我怎么能眼睁睁地看着这些钱赔掉呢？要是我昨天晚上看到这种变化的话，我一定会把这笔操作关掉，那样就不用经受这次损失了。我是不是现在做也来得及呢？我问自己。我把它关闭吗？如果我关闭这笔交易，它又回到我选的方向呢？那我就会赔更多的钱，产生更大的亏损。我唯一能做的是死死拿住。

经过了疯狂的下跌后，在 8 点 20 至 8 点 40 分这一段时间，我终于得到些解脱，欧元/美元涨到了 1.2107 的位置，我的亏损也减少了一些。我知道我做的决定是正确的,于是我准备冲个澡休息一下。家里人都走了,也许是去公园或什么地方去了。不过这没关系,等妻子和孩子们回来的时候我就会有好消息了。

当我从浴室回来时,我的保证金又不足了。

我感觉大脑里传出很大的撞击声。

砰!

我用手抚摸着额头,一股剧痛从后脑涌出。这个位置可能是用来存储数字的,比如我赔钱的金额。

砰!

现在是什么情况?我赔了1250美元,只剩下1250美元了。几个小时之前我还有5500美元,到现在就剩这点了。为什么我没停手呢?为什么,我至少曾赚到过一点钱,却为什么没把它提出来呢?

在我面前的桌子上,摆着妻子的iPod,iPod通过下面的底座正连接在电脑上。它那光滑的外表仿佛在嘲笑着我,方向轮像一个张开的嘴一样,正在嘲笑我此时的窘境。

没剩下多少钱可以赔了,我现在把钱都赔掉也没什么关系了。现在1250美元能做什么呢?对我有什么意义呢?这么点钱,即使我赔了,也不会比现在更难受。如果我赚回哪怕是1250美元,也算把我的账户资金翻了一倍,我还能得到些满足,我没有放弃。很清楚,欧元兑美元从来就没想一直涨到1.2200去。我把图表调成小时图,我发现随机指标一直就没达到过超买的位置,而是正在向上翘。

这组货币从未打算涨到哈维说的1.2200!相反,它没涨那么高,而是在这附近就没劲了,至少要下跌50至100个点。于是我做了卖出决定。我又等了一个五分钟的蜡烛线,收盘价收在更低的位置,从此我可以证明我的决定是对的,我在1.2082开始卖空。(参看图14-7)我只能起20万美元的交易量了,每个点是20美元的涨跌,于是又花了我500美元的保证金。

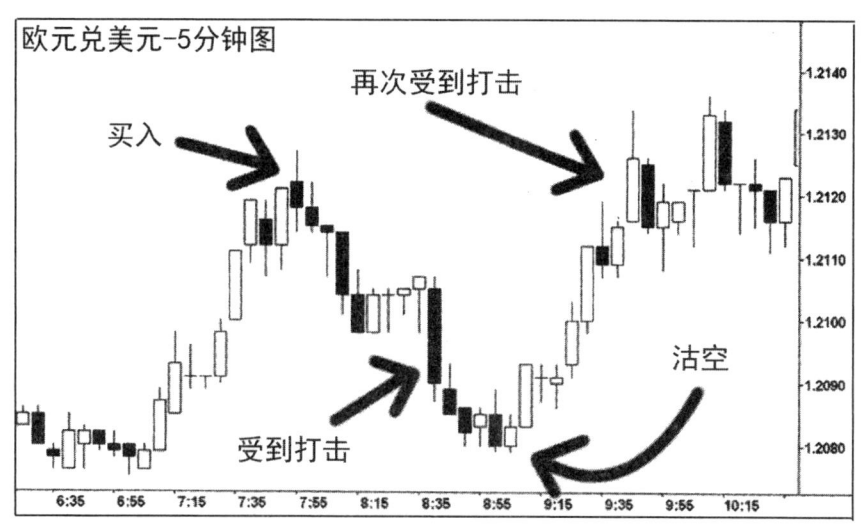

图 14-7　哈里卖出

之后，欧元/美元仅仅跌了 3 个点，连我的点差都补不上。一秒钟的盈利都没出现过，在上涨了 37 个点后，我的保证金又不够了。

砰！

砰！

砰！

10 点 15 分，妻子带着孩子们回来了，此时我的"可用资金余额"栏内显示的是 500 美元。

她一把推开门，向我喊着说她回来了，接着高兴地问我："昨天那笔操作的结果怎么样？"

我一下子吐了。

# 第十五章　与哈维共进早餐

哈维·温克尔斯坦简直想把我杀了。

这一切发生在仅仅 4 个小时之后，或者说是在点 48 根 5 分钟的蜡烛线或 16 根 15 分钟的蜡烛线的工夫里。在西区的乌托邦餐厅里，他和我面对面坐下来，这里是阿姆斯特丹离林肯中心不远的地方。这里有墨西哥煎蛋卷，但我没有点。我吃不下去。我几乎站都站不起来。哈维一定早就从香港聚会回来了，或许他根本就没有去。实际上，就在我那天早上打盹睡过去还不到 15 分钟的时候，他就打来了电话。我当时躺在家里特大号的床上，裹上毯子，外层用一堆枕头加以保护，希望哈维不会在这儿找到我。也许他只是把我忘了，让我独自咽下自己酿的苦果，被耻辱淹没。我干脆放弃成为交易员的计划吧。电话里，他说，我们见个面吧，这样他就可以对我说再见了。在交易的过程中，我违背纪律导致如此下场，以至于失去了作为学生所应有的信誉。从此以后，他怎么能再相信我呢？

"哈里，在我离开你之前，我还想教你最后一课。之后，我会飞往香港，与老友好好聚聚。"

我还能说什么呢？什么都没有。因此，我保持沉默。

"我想教教你拍卖点数的窍门。"

我点了点头。

他跟坐在我们对面的一对男女打招呼。

"先生，女士？"

他们朝我们看过来。这是纽约。人们一般不会就这么跟陌生人打招呼，并开始交谈的。但是他们看起来像是从纽约以外的什么地方来的。

"你在吃墨西哥煎蛋卷吗？"哈维问道。

## 第十五章 与哈维共进早餐

"是的，先生。"那个年轻人回答说，他的南方口音透露出，他不仅是从城外来的，而且他很可能会参加到哈维设计的任何游戏当中去。

哈维开口了："你们是从佐治亚州来的？"

那个年轻女子的眼睛一亮，"噢，是的！你怎么猜出来的？"

"算我走运，猜对了。"哈维回答说，但我知道，这和运气一点关系也没有。他继续说道，"我想知道，我可不可以借用您一会儿时间，就一小会儿。"

"做什么？"那个年轻人回答。"我们半个小时以后有个节目要看。"

这丝毫没有动摇哈维的计划。"你们肯定能按时赶去看那个节目的，我保证。快过来一会儿，你们可以帮我教教这个年轻人。"

那对男女相互对视了一下，又看了看盘中的食物，接着目光又回到哈维这里。他们耸了耸肩。显然，他们对于如何拒绝一位老人的请求并没什么经验。他们站起来，走到我们的桌子这边。哈维让他们面对面坐着，那位年轻女士挨着哈维，年轻男子挨着我。

"这是一次一百美元的竞价游戏，"他开场了，"是打赌的游戏，不过没有人会因玩这个游戏而受伤害。我一点钱都不会从你们那儿拿走，而且你们自己也不会损失什么。"

他们点了点头。

我可以看出来，他们一定在想：回到家乡，告诉家人和朋友，他们在纽约遇到的这个疯老头儿，将是多么有趣的事。我想象，当这一切结束时，他们可能会想同哈维与我合影留念。之后，我们就会送他们去欣赏票价离谱而又枯燥的百老汇演出。

"下面介绍规矩：为得到这笔钱，你们得出价竞拍。出价最高的是赢家。就坐这儿。整整100美元。输了的人得付他最后竞拍时的报价，但什么也得不到。"

他们互相望了望，耸了耸肩。一个人问："如果我出价不到100美元，而我又是赢家，我还能得到这笔钱吗？"

"是的。另一个玩家还是付出他最后所报出的价钱，但他什么也得不到，就像出去钓一天鱼而钓出个旧轮胎一样。"

年轻人扬了扬眉毛。可以猜出他已经在脑子里盘算怎么花这笔还没挣到手的钱了。他说:"那,我出一美元。"他显然相信自己比他那个新婚妻子或女朋友聪明得多。他想尽可能以少赚多。

还没等他说完,他妻子就插进来:"我出两美元。"

中间暂停了一会儿,我注意到,餐馆里的其他人都开始朝我们的方向看过来。打赌继续进行,而我也奇怪游戏进行得这么快,怎么每个人都变得那么兴奋——

"5美元。"

"8美元。"

"12美元。"

"我出16美元!"那个年轻人喊起来,我抬起头,发现我们周围围了一小撮人,包括给我们服务的餐厅服务生和厨师,还有其他什么人,让我有种被包围的窒息感。后来的出价竞拍中,有些人还鼓起掌来,显然每个人都对这游戏的结果特感兴趣。

竞拍进行到了白热化,每个玩家都志在必赢。我无法不认同这种出价法,因为看起来似乎很明显,即使出99元买来100美元也是值得的。这就像你得到了一个一美元的折扣,嗬,听起来还不错嘛。

但是出价还没有到那地步。就那么一眨眼的工夫,还在$59美元的当口,那个年轻女子就嚷嚷开了:"99美元!"我们餐桌上响起一声尖叫,我们都以为已经找到了赢家,但是还没有。

那一小撮观众笑起来,开始向那个女子表示祝贺,(作为第一个开价99美元的人),这时她的丈夫看来颇为受挫,发出看起来完全荒谬的宣告:"100美元!"

所有的人都沉默了。"你是不是中邪了啊?"传来那位厨师的声音。他代表了我们所有人的心声。每个人看起来都大惑不解。

那个妻子现在更坚定了。那位丈夫讲话的样子像是压抑已久的火山突然喷发似的。他说,"我没有输钱。你出99美元,我出100,至少我打了个平手。"

这时,我们都才意识到,在热火朝天的出价喧嚣中,那个年轻人以及

## 第十五章 与哈维共进早餐

我们其他所有的人都忘了整个游戏的规则：不仅赢家要为这 100 美元付出他最高的报价，输家也要付钱，而且什么也得不到！突然之间，大家都意识到了这一点，都紧张起来。

现在，这游戏不是在玩以少赢多得到有折扣的 100 美元，而是变成不要输掉一大笔钱。

我们每个人都暗暗希望这游戏现在就结束，因为我们明白将会发生什么。"别再出价了，"那位厨师说，"现在你们谁都赢不了。"他走开了，把一块洗碗布抛到一个卡座上。一个服务生把那对夫妇桌上的碗碟收拾了一番，他们根本没注意到。早餐对他们两个人来说，都已经不再重要了。

哈维乐在其中。显然，他对如此破坏这么一对从南方来的新婚夫妇一点都不内疚。也许永远不会。此刻，他像发了烧似的，一对眼珠子瞪着，他掌控这两个人，哄骗他们做了让他们会后悔的事儿，他对此无比兴奋。这根本就不像是哈维干的事——起码不像是我过去几天见到的那个慷慨而善良的哈维。

那个年轻的丈夫流汗了，他呼吸变得困难，越来越愤怒。

他老婆，现在也开始生气了，将她的出价开到 102 美元。

后面的观众传来了唏嘘声，而我将手放在那 100 美元的钞票上。"伙计们，"我说，"咱们就到这儿吧。哈维不会让你们付钱的。他就想证明点儿什么。"我转向哈维。"我明白，你在试图教我东西，"我对他说，"我们现在可以停止这一切。否则他们赶不上看戏了。"

可在哈维开口回答之前，那个年轻人的妻子砰砰地敲着桌子，推开了我的手，冲我嚷嚷了一句脏话，我学都学不出来。南方佬可真够有礼貌的。

"115 美元！"她在老公出价前开价大升。

我深吸一口气，很吃惊。他们在做的事令人无法想象。他们现在要付出整整 215 美元才能购得其中的一位拿到那 100 美元的权利。简直疯了。

"116！"

接着又是句脏话。

"117！"

"120！"那个年轻人回答说。我很奇怪，这会不会发展出暴力的势头来。

他老婆一拳头砸在桌子上，大叫一声，"150！"

出了这价之后，这位先生喊出了一句脏话，宣告说他老婆出这么高的价一定是疯了。而这正好是他们的结婚礼物的价钱。

如果哈维对这对新婚夫妇干出这种事的话，他大概是要以让他们杀了我，给饥饿的南方佬当美餐而收场。他看着这对夫妇："我们玩儿完了吗？就这么多了吧？"

感觉这时刻，他们其中一个人该抡起电锯开始将餐厅里的所有人都砍成小块儿。空中弥漫着愤怒的气息，若是发生这种事一点都不奇怪。

接下来，哈维告知那对夫妇，他准备收钱了。他向他们索要270美元，他们开始掏兜找钱。我敢肯定，他们实际上并没带这么多钱。这当儿，他们的怒气就要化作对彼此的伤害和懊恼了。

我觉得天旋地转。那天早晨我交易上的损失烟消云散。这场景让我目瞪口呆。哈维开口了："吉米？玛丽安？"他们抬头看他，似乎完全被这场游戏弄懵了，他们不知道哈维是怎么知道他们的名字的。他竟然知道他们的名字这事儿也让我大吃一惊。

他们都抬头看着哈维。那个先生还在口袋里找钱，他妻子将手放在她的钱包上。

"你们看戏要晚了。让我送送你们吧。"他说。这么说着，他们迅速收拾了东西。他用胳膊抱住他们，护送他们走到阿姆斯特丹大街上。透过窗户，我可以看到他还在和他们说着话。他们开始笑起来。他把那张100美元的钞票递给那个先生，他起先不肯接，之后，哈维靠近对他耳语了几句。不管他说了什么，反正很快，那对夫妇欢快地沿着街走了，去看戏了。哈维回到座位上时，余下的人群都散了，只有我们俩还坐在位子上。他说："你看到了吧，哈里，"他又开始了，"看到刚才都发生了什么吧。"

我得承认我看到的唯一的一件事就是两个愚蠢的人为钱付出了高昂的代价，我就这么告诉了他。

"那好吧，可这能应用到做交易中吗？"

## 第十五章  与哈维共进早餐

我想了想,这令我沮丧,我不愿再去想早上的损失。"我相信它一定有用的。"我回答说,"我敢肯定这里面有给我的教训。说实在的,尽管我并不想谈论它。"我停顿了一下,事实再次打击了我:哈维很快会离我而去,我从此再也不能做什么成功的交易了。不久,如果有人愿意要我,我会回到一个什么破律师事务所,我的眼睛里满含着泪水。

"哈维,我不太确定能不能讲讲这个。今天我几乎损失了我们存的所有的钱。"

他严峻地看着我:"我已经知道了。"这个刚刚给了陌生人100美元的男人一点同情的意思都没有。"我知道了。跟我说说我不知道的,或者,让我说完。"

我没有让他说完。我站起来,从餐厅走了出去。

哈维跟出了餐厅,他抓住我的肩头,把我拧回来。他非常愤怒,眼里冒着火。然后,开始讲话。

## 干预

哈维:嘿,哈里!回答我个问题。刚才那笔货币交易的游戏怎么样?

我:(沉默)

哈维:那你不必回答了。你下半辈子可以就这么坐着,逃避自己的错误。如果你在犯了这么严重的错误之后打个盹儿,你就可以睡过去,而不去从中吸取教训。你可以继续犯错,再继续逃避后果。从餐厅里跑出来只是你不敢去面对那个愚蠢的自己的一个借口,如果你回家,再睡过去,你可能再也醒不了了。当然,你不用总是在床上睡觉,但只是个行尸走肉。这经历将永远在你身上留下烙印,而你也永远不去为自己未来的财务负责任。

我:哈维,我没有继续从事交易的钱了,我今天一眨眼的工夫就损失了5000美元。为此,我妻子不会原谅我,我在财务上没有未来了。我把自己所有的可能用于做交易的资金都给了外汇交易。当然,我们还有点额外的积蓄,但我现在不想用它。我不能拿它去冒险了,靠不住,我们需要那笔钱生活呢。我简直不相信这么快我就什么都没有了，它走得太快了，我甚至不想谈论它。

哈维：哈里，你要控制一下你的脾气，跟我聊几分钟吧。

我：（沉默）。

哈维：这样好些。这才是我认识的那个通情达理的哈里·贝恩斯。

我：（沉默）

哈维：也许那是你做的最后一笔交易，那是一种可能性，但是我得跟你说说这事儿。你必须接受所发生的一切。

我：好吧，我也想这么做，我洗耳恭听。

哈维：首先，咱们看看刚才在餐厅发生的一幕，这怎么和那外汇交易相比较呢？

我：假设今天早上我从事的是一种拍卖美元的游戏。

哈维：或者就是点数竞拍游戏。

我：对，就算是竞拍游戏。

哈维：注意到没有，吉米和玛丽安开始以为他们自己能赢多少钱？他们想的是怎么算计过另一个人，得到那带折扣的100美元。他们想花最少的钱得到最多的钱，但他们没有什么花心思考虑出价的问题。

我：听起来耳熟，就像我今天做的。只不过我用的是自己的交易款。我并不想成为一个输家，因而我没有停止交易，希望最后能赢，不管我在这期间损失多少。

哈维：对了！完美的解读。这就是下一个教训。当你像今天早上这么交易的时候，你为追逐金钱而不计代价。对你来说，最重要的仅仅是不要看起来像个失败者。除此以外，赢多少都没关系。记得在美元拍卖游戏的短短时间里，吉米和玛丽安是怎么忘记了他们希望赢取的金钱目标的吗？而后来，他们担心的仅仅是不能成为失败者。

我：是的，我注意到了。我意识到他们不想看起来很丢脸。没有人想成为那个为空无一物而买单的人。今天早上，当我交易时，我觉得赢得多少都无所谓，都会高兴。当我仅剩1250美元时，我想做的就是再挣回1250美元。这就像我开始为弥补以前交易的损失而做新的交易。而根本没有关心下一笔交易是否真实明智，想的全是怎么赢回损失的钱。

哈维：任何做交易的人都会落入这个陷阱。我把它称为点数竞拍游戏。即使是银行交易员也会掉进去。你所做的每一笔交易仅仅是一个赢取点数的机会！你就出价了——

我：以利润的形式。

哈维：不，不完全是，你觉得那就是你冒险的代价，但它不是。你做交易时真正冒的是什么险？

我：我有损失的危险。如果交易不成功，我可能赔本。

哈维：那么你今天做的交易的风险关口在哪儿呢？

我：我没有。

哈维：因此，你的危险也是无极限的。

我：是的。

哈维：那你的利润潜力在哪儿呢？你做这些交易的利润目标是什么？

我：嗯，它们中有一些交易目标明确，其他的我没有利润目标。

哈维：因此你愿意为了赢不确定的一笔钱而押上所有可以交易的钱。

我：这听起来太可怕了。

哈维：看起来，这就是事实。

我：我记得你谈到过乔治·西斯勒和他的第一次金融管理经验。我不想将自己比作乔治那样的成功的交易者，但是这听起来的确很熟悉。某种程度上，他简直忘了自己来这里做交易是为了什么了，他就这么一直做下去，就为了不做输家。有一阵子，他为了赢得模糊的利润情愿损失不确定的一大笔钱。

哈维：你还记得乔治！但是今天早上你却把他忘了。

我：我还没有彻底忘记他。

哈维：那是因为这种事在乔治身上也发生过。现在你开始意识到了。当你成为一个伟大的交易者时，这些教训也不会远离你的脑海。你会清楚地记得今天早上你自己做了什么，比在乔治身上发生的记得清晰。

我：我不敢肯定自己是不是能成为一个伟大的交易者，不过，我不认为我会再去做交易。

哈维：噢，你会的。

我：我没有钱做交易了。

哈维：是的，你有。

我：我不会去动那笔钱，我找到下一个工作之前全靠这笔钱了。

哈维：是的，你得依靠这笔钱。你也得再找个工作。看看乔治吧，看看他在做什么，他从最坏的交易中损失了一亿多美元，你能和这相提并论吗？

我：的确没超过他。

哈维：太准确了，你还没有大展身手呢。你经历了自己第一次最大的损失，你还能干这行。

我：但是你告诉我你不会继续和我合作了，如果我是你，我也不会了。

哈维：我这么说是因为我对你的信任大打折扣，而这可能也还是事实。你还需要做很多重要的事情，如果你这么做了，我们还可以再次合作，但是那不容易。有一半与我合作的人就这么彻底半途而废了。

我：我不想放弃。

## 煎蛋卷和微不足道的馅饼

"对你来说，最最重要的是什么？"哈维问我。

我们坐在一间餐厅里，我正在吃墨西哥煎蛋卷，它味道鲜美，名不虚传。如果那天哈维没在街上拦住我，我相信很多坏事已经发生了——我的婚姻可能因此而终结；可能直到今天我仍在给别的什么人打工；甚至我可能会采取什么过激的行动——幸好那一切都没有发生，难以想象。

事实上，我们坐在乌托邦餐厅里，我经历了一种点数游戏，一阵头脑风暴，一台为如何成为出色交易者而实施的手术，除去了我那些可笑的幻想。这场讨论将我从我所做的糟糕交易的阴霾中释放了出来：我认识到，其他交易者，即使是利润爆棚的那种也都经历过类似交易失误的神圣洗礼。即使是乔治·西斯勒，他从挫折中恢复过来，最终管理数十亿美元的对冲基金的交易。

有了哈维的帮助，即使他不再能与我合作，我也可以看到自己每天都做得更好，不再犯同样的错误。甚至有可能管理基金，但是这太离谱了。现在，与其去想下一笔交易怎么做，或想象我可以追寻哈维的，或汉克的，或克雷格的，或别的什么人的交易，不如我集中精神去想怎么改变自己的思维，我把这告诉了哈维。

"我首先关心的是，"我说，"我要转变思维方式，改变我的想法。我已经让自己被贪欲，或情绪牵着鼻子走了，我不能再这么做了。"

"你需要有一定之规。"

"是的，我的确需要。我不能让自己再陷于今天的境地了，再也不想了。"

"那好，我要给你透露一个秘密，"他一边说，一边靠向我，然后说："根本没有什么秘密。"

他坐了回去，等待我的回答。

我没吱声。他又说："得到一定之规没有秘密。增强你自己的自律是有办法的。但是没有秘密的公式。"

"不过，我缺乏自律，一定有办法治的。我需要它，什么都行。那些你与之合作的其他交易者是怎么做的？总不会是这个样子吧：一天早上醒来，乔治说，'嘿，我再也不能以这样长期持有的方式做交易了。'然后，就这么过去了，一干二净。"

哈维凝视着我，足有一两分钟。"真的吗？"然后他问，"乔治·西斯勒不是这么过来的吗？你为什么不告诉我乔治那儿到底发生了什么？如果他不是一天醒来后决定重整旗鼓，尽力改善，那他到底做了什么了？"

我没有答案。"我不知道，"我承认，"我就觉得，对于在我这种状况下、有我这种问题的人，你会有什么行动计划。"

"我是有行动计划，哈里。"他回答说，"我有个计划。但前提是你要发誓彻底改变你的生活，我不能强迫你去遵守某种规矩。我不能生活在你的身体里，或是在你的交易操作平台上替你按按钮，或总是待在你的屋子里,告诉你什么时候停止交易。我也不能强迫你练习不再对你妻子隐瞒真相,或是做怎么永远不在一宗交易上损失一半存款的练习。我可以告诉你这些,但我不能迫使你这么做。"

"这说得过去。但我该如何是好呢?"

"这得靠你自己了。这就是为什么我现在不想与你合作了。为什么你要自己一个人待会儿。先给你自己放个假吧。我们本可以在很短的时间内取得巨大的进步,但是我们必须有所防备。我还得继续我的工作,去和一个来自肯萨斯托皮卡的名叫拉里·何的家伙合作。他做大宗商品交易,而且他已经快把自己的交易账户彻底毁了。"

"他这么做之前请千万阻止他。"

他抬高了声音:"哈里!我刚刚教过你,我不会成为你的良知。你自己有。我和交易员打交道的年头太久了,你都难以想象。我干这行不是要成为你的母亲,如果你想从你的交易账户中把钱都取出来,那就这么干吧!这么做了之后就解脱了,你可以开始新生活了!但是我不会干预,别指望我插进来抓住你的手。否则,我永远不会信任你。但如果你这么干,你必须有自己的担当,你得值得信任。"

"我不值得任何人信任,我明白了。我这回彻底懂了。正如你说的,我还希望拉里不会彻底赔光他账户里的钱呢。"

哈维叹了口气。"我也希望,哈里·贝恩斯,我也这么希望。"

这突然使我有了想法。"哈维,我想请你帮我个忙,也许不是我应得的,如果不合适的话,你可以拒绝我。"

"好吧,是什么忙?"他答道。

"我想和拉里·何谈谈,让他不要那么疯狂地毁掉他的交易账户。"

这请求让哈维大吃一惊,但他马上答道:"不行,绝对不行。"

"为什么?"

"你们两个人一起谈吗?这就好像两场飓风在太平洋上空相遇,在它袭击纽约城之前。你们彼此会产生可怕的影响,谁知道你们会生出什么交易想法来。"

"那如果我和他交谈时你在场呢,比如通过电话?"

他思索了片刻，这个想法让他小小振奋了一下。"或者见面时，这样我可以把你们打断。"

"当然，可我买不起一张去托皮卡的飞机票。"

他似乎对所有的问题都有解决之道。"不过拉里一定可以承担来纽约的机票，我考虑考虑，哈里。我保证能做到这一点。但是，我们得先探讨下一个交易法则，然后，我会离开你一个星期的时间。"

"我准备好了。"

### 我的个人日内交易止损点

哈维：哈里，你觉得你的个人账户能够承受多少损失？

我：多少都承受不了。

哈维：不，你这个答案简直废话。不可避免的，你在日常的操盘会有一些损失，那多少是太多了（而不能忍受）呢？按百分比来算的话，告诉我，你认为一个交易员什么时候应该停止交易并撤出来？

我：这个问题现在看起来一点也不奇怪，但是，以前我从来没想过这个。

哈维：大多数交易者都从未想过这一点。但记住，还记得我们谈论的那个在银行工作的乔治·西斯勒吗？乔治设有日内交易止损点，那该是他学过的应该止损的一个标准。

我：我现在想起来了，它应该是以百分比显示交易资本的损失，当他达到某个门槛时，它就会停止交易，或者，他会被迫停止交易。

哈维：我再重复一遍，对你这样的人来说，在银行里做交易的唯一优势，就是日内交易止损点是强制执行的。如果你今天早上已经在一家银行从事交易了，你永远不可能把钱赔得这么惨，你的经理早就会发现你已陷入亏损的泥潭，他会立即替你斩仓出局，关掉你的交易。然后，你就会去会议室，等待老板的裁决，他可能会把你炒鱿鱼，也可能你会得到一些帮助。但是，几乎可以肯定，你不能——至少在欧内斯特·韦林顿公司——不能随心所欲地一直交易下去，直到把所有的账户里的钱都扔到厕所。

我：这么说，我喜欢。我知道你不怎么支持实施强有力的规范，不过……

哈维：对，我讨厌那个。这就是为什么这么多的银行交易员离开了银行，自己做事，但他们问题成堆。

我：是因为他们不再有老板了，是不是？日内交易止损点是一种问责制吧，不管他们怎么做。

哈维：银行有一套很系统化的办法，能够使你不得不约束你自己，是一种系统化的自我约束。银行是一个实体，它关注的是使用最少的投资赚取最大可能的利润。这些日子，他们雇用风险投资顾问和数学家来保证他们没有过度风险。他们不会让一个交易员疯掉，即使是以往业绩最辉煌的，也没有可能。

我：那，好吧。我得重新规划我的生活或什么的，这样我也能形成一套有效的操作规范。我得承认，有这些铁血纪律还是挺吸引人的。

哈维：不过，这并不难，你看出来了吗？

我：是的，因为它取决于别人为我的输赢来负责。如果我有一个主管或者我有一个在我失控时能够替我按下按键的人的话。

哈维：当那个人帮不上你时怎么办？你领悟了！你想明白了，你不是想要依靠我，或者你的老婆或乔治·西斯勒或是克雷格·泰勒或别的什么人。你要培养一种自我指导的能力，做一个负责任的交易员，这工作可不小，但你能做得到，而这是以你改变思路为开始的。

我：我准备好了，做吧。

哈维：很好，现在让我们回到正题，你是怎么判定自己损失了很多钱的？咱们回想一下，问几个问题。你觉得如果一个交易者损失了他账户的1%的话，他应该怎么做？如果他用5000美元来交易，而损失了50美元的话，他该怎么办呢？

我：嗯。

哈维："嗯"可不是一个令人满意的答案，你这么回答什么分也得不了。

我：我不是想为赔钱开脱，但是我认为这个交易者不应该受此所困扰。

## 第十五章　与哈维共进早餐

哈维：不对！答案错误。

我：我知道你在寻找的是更聪明的答案，我觉得我回到律师事务所工作了，在那里人们总问我这些问题，其实他们早就知道答案了。

哈维：再试试。

我：他应该担忧。

哈维：这样好些。但为什么？

我：因为我们的工作是挣钱，天啊，好像我不知道这个。哈维！如果你告诉我在一次交易中超过账户的1%的损失都不能发生，我真不知该怎么做交易了。

哈维：这不是我要强调的，你换个角度想想。还记得我们说过的话吗，如果没有一个日内交易止损点或是资金约束方案的话，有好的交易系统又有什么价值呢？

我：我记得，现在我想起来了。我想我明白你在试图告诉我什么了，你是说，最大可能的损失实际上取决于长远的目标。

哈维：那长远的目标又是什么呢？

我：一个交易的系统。如果我有个交易系统，我会知道这个系统能承担多少损失，我会知道在规律运转的基础上，它应该损失多少钱或赚多少钱。我明白了！我现在能明白这些了。我没有在任何成型的交易系统上操作，因为我对损失多少钱算多了根本没概念。我甚至都不在乎！我是否曾考虑过何时止损何时止盈呢？我没有。

哈维：现在体会到了吧。

我：是的，现在明白多了。

哈维：很好，现在，假设你建立了一套规则，一个经过了测试的系统——这个我们之后还要再谈——损失多少才算太多呢？

我：这次，我猜猜——10%？

哈维：再高点儿，25%。这是斩仓点。

我：斩仓点？对每个人来说都是吗？无论他或她是谁？谁都行？这个理论有什么数据支撑吗？

哈维：问得好，这就是我所发现的。我已经和成千上万的在家里做交易的交易者合作过了。我发现，如果他们已经赔掉账户里25%资金的话，那么，他们赔掉账户里余下的钱的可能性高达75%。这就是我所说的25/75法则。

我：那么，你的意思是，一旦在一个一万美元账户中，一个交易者亏损了2500美元，他就有可能全盘皆输？

哈维：完全正确，他就有75%的可能亏空账户所剩的资金。

我：为什么？

哈维：你来给我些理由，讲一讲你今天是怎么一直赔下去的。

我：啊！那时我可不是这么想问题的，我宁可越陷越深，就是因为我们谈到过的那些原因——我不想让人看出来我在亏钱。我觉得，损失了一大笔钱之后，为了挽回损失，再损失一点也无所谓。我这么交易是报复性的。

哈维：以这种报复心态做交易，就像是在你的交易资金下面堆放炸弹一样。

我：明白了，我懂了，我可以保证这一点。我保证我永远也不会再让自己亏损25%以上。我现在明白了，如果我以此为标准，将自动让自己更早地从亏损的状态中抽离出来——这样我就不会走得这么远了。因为一旦形势变糟的话，那我该怎么办呢？停止交易？当然！但是那之后呢？给你打电话吗？

哈维：天啊，不行！

我：好吧。那种情况下，你可不想搅和进来。你可不想强迫我进入什么状况。与其给你打电话求救，我不如休息了，那是我会做的。

哈维：休息多久呢？你怎么知道你什么时候准备好了回到交易世界呢？

我：我不知道，感觉我只是停止了一段时间，它其实什么都证明不了。我得做点什么，比如惩罚什么的，或者，用什么来保证我以后不会再这么做了，否则……

哈维：否则，你就计划着如何慢慢出血，流光账户里的血，一次接一次的赔掉25%，直到你的账户不再存在为止。

## 第十五章 与哈维共进早餐

我：我可不想这么干。在这个问题上，你一定是想让我说点别的。

哈维：关于交易方面，你所能想到的最坏的惩罚是什么？

我：告诉我妻子我整整损失了5000美元。

哈维：如果那就是最坏的惩罚，你就不会亏掉了，对不对？所以这不是正确答案，你最怕的是什么？

我：回到我原来的工作。给别的人打工。

哈维：正确！

我：唉，不！我不应该这么说的。

哈维：是的，你应该这么说。因为这是正确的。你不会想再去给魏克曼·巴特曼·贝利打工。你回到那里，把你原来的工作要回来……

我：不可能！让我回去可是完全没有可能的。

哈维：那你可以去送比萨饼，我可以把我那辆施文（Schwinn）1925款自行车借给你。

我：谢谢了，但是不用。我不会回那律师事务所去，我宁可骑上你的旧车送比萨饼外卖。

哈维：这么说，我是触到你头脑深处最敏感的神经了。我现在按的是"回去给别的人工作"的按钮，你不高兴了。

我：不，我是想当交易员谋生。

哈维：你还没有获得以交易来谋生的资格呢！每一天我都在拒绝和那些愿意付我数万美元的交易员打交道，你知道为什么吗？因为他们相信做交易员谋生是他们的权利，但不是这么回事。这不是权利，这是一种通过约束自己你才可以获得的优势，我不会和无法自我约束的交易员合作，包括你，哈里·贝恩斯。

我：明白。

哈维：你知道，如果明天你自己跑去给韦法尔、森夏因、杜德巴格或是别的什么名字的律师事务所打工的话会发生什么……你知道吗？你会嘀咕，"天啊，哈里，你现在本可能在做欧元交易，应该在1.2200位上卖空，可你没那么做，你不能在这个点上做交易是因为你必须挣更多的钱填补到你的交易账户上。"这就是你嘀咕的内容。

我：而我意识到，我必须努力工作赚钱，为了那些做交易所损失的钱。

哈维：它将改变你对你交易账户中的钱的认识。

我：你是逼我这么想的。

哈维：不，我没有。你不用回去打工。你可以拿上你剩下的存款，也还能继续做交易。如果你愿意，现在就可以开始做。你可以和我做欧元沽空的交易，你也可以过去看看克雷格是否还想和你讲话，或者看看你还能不能找到别的什么人帮忙。你永远不必照我说的去做任何事，我不会强迫你的。但是我敢保证你会做一些事。

我：什么？

哈维：我保证，如果你这么做的话，如果你先迈出第一步，我就不再威胁说不帮你了。我保证，你将很好地约束自己，在这方面前进一大步。那样，我们就又会在一起合作了。

我：这对我来说太难了。

哈维：对我来说，看到你现在的处境，我也很难过。不过，我不会和你断绝交往的。那么，你是怎么打算的呢？

我：我会做的，我愿意。我明天就回去找约翰逊先生，去把工作要回来。我不敢相信他能答应让我回去，但是我会试着问问。如果他不答应的话，我再找别的事做。

哈维：别的什么事？

我：是的，如果有必要，我可以去比萨饼店送外卖。不管怎样，我要把损失的那 5000 美元挣回来。

哈维：我同意。假如你这个星期就开始行动起来，我希望你可以自己来研究一下另一条交易规则——测试定律。我会留给你自己去琢磨细节，如果你把这项工作做好了，我们还会再见面，现在我得走了。

## 再次面对甲壳虫

哈维走了，我独自坐在卡座上，思绪万千。我想的大都是这样的场景：甲壳虫会把我的脑袋拧下来，在他的办公室扔来扔去的情景。我甚至想查验一下我的护照看它是否还有效，然后离开这个国家，我宁可离开也不愿面对甲壳虫或我的妻子。

我又想，损失 5000 美元的后果也许并没那么糟糕。也许我会再等一个星期，存入更多的钱。我不可能把亏损的实情告诉妻子。可以想象，没有哈维的话，我可能很快就将我们所有的积蓄彻底耗尽。

因此我决定，我得马上把我的工作要回来，以此向哈维表达我的感激之情。对于哈维为帮助我所付出的时间和努力，我无以为报。到目前为止，对他来说，我只不过是个麻烦，但至少我开始按他的教导做事了，这显示出我对他的帮助的重视和感激。我的确很感激他的帮助，我选择现在就去把我的工作要回来，而不是再等一天，这至少证明我下了决心要做正确的事。

而现在，找份工作是应对我所面临的困境的唯一正确的选择。我不想告诉妻子我还需要用更多的存款做外汇交易。我们的钱不多，我想尽可能不去动用它。我的计划是先出去工作挣点工资，把那天早上损失的钱弥补回来，即使这需要两三个月的时间，然后再用我挣到的工资做外汇交易。这回要好好保护我们的钱，不能让它随水冲走，我们不需要再从自己的存款中掏腰包。我还得回去给别人工作，而且要面对炒过我鱿鱼的人。我得承认，在外汇交易上的粗心，挥霍了一个能在外汇交易中取得很大进步的极好机会，坦诚错失良机几乎是我做过的最难的事情。

路上交通还可以，我打了辆车，争取快点儿到办公室。这样，我也能早点经受赫比的咆哮，然后我可能会从那份工作中解脱出来，再去给西区布勒克尔街的比萨饼店送外卖。至少，我很喜欢那儿做的比萨饼。

我没有一个计划，也没有什么好的理由让他们重新雇佣我。也许，我应该先和前台的接待员谈谈，打探一下他们是否已经雇了什么人来替代我。乘电梯上楼时，我计划先和行政管理人员克里斯蒂·马修森（Christy Matthewsen）谈谈。她可能会立即拒绝我，或者向我解释说，公司对我的服务是多么的不感兴趣，这样也省得甲壳虫劳神对我大喊大叫了。

希望渺茫。

当我坐电梯到达第44层时，赫布·约翰逊正好站在前台那儿。

"贝恩斯！"他大声喊道，"你正是我要想见的人。到我的办公室来一趟，马上。"

# 第十六章　从头再来

甲壳虫看起来已经没那么生气了。实际上，他看到我甚至还有点儿高兴。我从没见他高兴过，这真是太令人吃惊了，我简直有点不知所措。走向他的办公室时，他就跟在我的身后，我感觉自己好像还在这儿工作，没什么改变。

通过走廊时，我用眼瞟了一下档案室外面的中央工作区，我原来的办公桌上还堆着成山的需要整理的文件，比我以前见到的还多了不少，甚至比我以前休假回来时看到的还多。

"贝恩斯，"他把我带到他的办公室，随手关上了门。"咱们先来清理一下障碍吧。你知道那个龌龊的斯科特·尼德威出卖安德森的文件的事情了吗？你对这件事知道些情况吗？"

"我一点也不知道。"我告诉他，"当然不了，如果我知道的话，我早就把他开除掉了。这就是丢失文件的原因吧？是我被炒的原因吗？"

他点了点头。接着，他说了一些斯科特所做的一些卑鄙勾当。看到我对所发生的事情毫无所知，他似乎很满意。"这就是你被解聘的原因，也是我上周开除掉斯科特的原因。他在不停地把各种信件以及证词出卖给商业杂志社。他在与电视台记者通话时被我们抓住了。他为了牟取私利也太胆大了，我炒他之后他没机会再犯错了。我在想这是你回来的原因吧，你听说我们抓住他了，你要洗雪一下耻辱。"

我摇了摇头，"我是直到现在才知道这件事的。我一点报仇的心思也没有。说实话，我是来道歉的。"

他说："道歉？道什么歉？"他示意我坐到他桌前的椅子上，然后他坐在桌子的一个角上，离我只有几英寸远，我感觉颇有不适。不过起码他没有冲我大叫。

接着我向他讲述了这么多年来，我一直是多么的不称职。我向他坦承，我总是拿一个小时的钱就只干一个小时的活；每天午饭时间结束，我总是拖延15分钟才回到工作岗位；我有过无数的迟到和早退；而且在我离职之前，我还在工作时间里用电脑做了一些外汇交易；我还时常对他撒谎，所以我要道歉。我说出这些话，不但让他吃了一惊，连我自己都几乎不敢相信，"我希望把时间补偿回来，这是我欠公司的。"

后来我知道，这么多年里，他作为一个律师事务所的合伙人，从未听到一个员工说出这样的话。他从未听过类似的话，而他也不希望再听到。

"贝恩斯，我不想再听这样的话了，"他告诉我。这时，他的电话又响了起来，奇怪的是，他并没去接听，目光也没有从我身上移开。他说道："实话实说，我没有时间来注意你过去对工作的不严谨的表现，我眼下正有7个助手因为超额支付费用需要解聘掉，但是我不打算这样做，因为眼下这里的活正忙不过来。安德森的案子有10个律师在处理，这件事很棘手，有一堆文件要处理，没人有时间来雇一个新人，我们堆了很多的文件等着你去存档。"

我没有犹豫，"我很愿意回来帮忙，我不知道我能待多久，也许一个月，也许两个月，我想尽快赚些钱，如果你需要帮助的话，我需要这些钱。"

他没有提解聘金的事情，我也没提。他说道："我不知道以前你拿的是多少工资，但是如果你愿意现在开始工作的话，我相信我们一定有办法。你想要多少？这些任务要花多少工钱呢？"

电话又响了，这是我见过的他在一个时间里只做一件事时间最久的一次。在诸多任务的压力下，他对我做出了让步。

"我可以做介绍人，我能在两个月后找到替我工作的人。你每个月给我5000美元好了。"

"成交，"他说道。当电话铃又响起时，他拿起听筒。"出去吧。"

我径直走回我的办公桌，把上面的一堆文件推到一旁，从下面找出了电话。桌上的电脑已经不在了，我心里感到有些高兴，因为我不想分心。

我拿起话筒，拨通了家里的电话。

第一声铃响时，妻子接了电话。

## 回归原岗位

我把所有的事情都告诉了她，原本我想当面向她说清交易亏损的事实，但我不想隐瞒任何细节。我想把所有致歉的话都说出来，在一个地方一次性地说出。她很惊讶我把工作要回来了，尽管我还要在不喜欢的岗位上工作。我告诉她我要用晚上的时间来研究我在什么地方做错了，我要逐渐端正交易的态度，这样我就不会再犯同样的错误了。她很理解我。如果我没有回原单位工作的话，这次对话的结果将大不一样。

挂上电话，我开始处理手里的工作。在此后的5个小时里，我做完了很多工作，而且待到比过去还要晚。我至少要用掉两周的时间才能把这些资料整理完毕。但是，能重新工作的感觉真好，我要为撑起这个家以及赚回曾经的损失多做些努力。哈维是对的，这么做是唯一能够挽救我的交易生涯的办法。刚开始，通过不做交易来拯救交易的做法看上去似乎没什么意义，但是现在我开始工作了，我发现这对保护我的账户是多么重要。

晚上7点，我停下当天的工作。我从办公桌上取了一张白纸，在上面写下这一行字：

*你必须保护好你的账户资金*

接着，我把它用摁钉钉在了提示板上，然后去按了电梯。但是我没有一直下到一层，我停在了31层，这里是欧内斯特·韦林顿公司的交易厅的位置。我写了一张纸条给克雷格，告诉他我又回来做原来的工作了，准备赚一些薪水来弥补损失，因为我曾做了一次愚蠢的交易，同时我还希望在他有空时能和他好好聊聊。我打算在最近几周的午餐时间也坚持工作，但我希望下班后能约个时间。我把这张纸放在前台的桌子上，正当我打算转身离开时,一个声音喊住了我。

"哈里·贝恩斯,是你吗?"

喊我的人是安德森。

## 安德森失去理智

安德森想找我谈话,当然我也不打算拒绝。他把我带到交易厅内,这里仍有几个人在上班,安德森告诉我他们在关注亚洲市场。

"当然,在日本以及世界上的其他地方,都有我们的人在工作,"他说,"但是我们希望把大多数人留在本部。"

"听起来有道理。"

"克雷格告诉我,你在做一些交易,进展如何?"他把我带到工作区的两个空位并一起坐了下来。在我们每个人的面前放着四个平板显示器,我的肘部不小心碰到了键盘,这些显示器随即亮了起来,上面显示的是各种图表、主要币种的报价以及一些网页。安德森看了过来,"欧元/美元好像又在上涨了。"我看着报价对他说。

此时是1.2160,在这一天中,它一直在尽力冲击1.2200,但仍未触到这里。

"是的,今天早上我做了欧元的交易,"我告诉他。"我赔了,我准备停一两周再说。"

"你是赔到了亏损限额了吗?"

我点了点头,我在想他为什么要和我说话,他连我曾被开除的事情都不一定知道,以我对安德森的了解来看,他不是那种做无聊谈话的人,这后面一定有一个目的。

"是的,"我向他承认,"今天早上,我赔光了所有的交易资金。"以往,对我来说,向别人承认犯过这样的错误是难以想象的事情,这次彻底不同,我感觉很棒。为什么要对他撒谎呢?他根本没有要雇用我的想法,我也不必去打动他。

"在开始时,我们都会有这样的经历,当然,这种错我也犯过。"

## 第十六章　从头再来

然后,他目视着远方,开始对我讲述一个很长的故事。在大学时,他曾有 6 个月的时间没有上课,他在一家大银行应聘到一份工作,然后去银行内部参观和见习其他岗位的工作,就像现在的学生那样。在 6 个月的见习结束后,他开始在证券交易部门工作。接着,他赔了一笔钱,因为这,他差点被解雇。后来的经历非常枯燥无味,比起我学过的内容,对我并没什么帮助。

当他讲完后,轻拍着他前面的桌子对我说:"哈里,如果你下班后愿意和这里的交易员聊一聊的话,我很乐意帮助你。当你准备再次操作时,我们已经在这里给你准备了一台电脑,你可以在这里登陆你的账户。"

他在说什么?我不停地在想,他为什么要给我这些帮助?他疯了吗?

他一定认识哈维·温克尔斯坦,而我也因此受到了皇家待遇。

但是,在我的印象中,哈维没遇到或者没说过喜欢安德森。也许克雷格和他谈过话,当然,我不能用一天的时间去思索这件事,于是我欣然接受了。

"我愿意接受你的帮助。以后我会在下午的晚些时候过来,大概会在一周以后开始,因为到那时我能把手头的工作理顺一些,然后我就会下来。"

"很好。如果明天你过来,我不会在这里的。我会给你做一个胸牌,至少你能自由进出这里了。过几天这里会为你准备好一台电脑,这里的 IT 工程师会很快为你搞定的,如果你有任何问题,打我的手机。"说着,他递给我一张名片。然后站了起来,注视着我的眼睛和我握手。

"我能看到不远处有一位崭露头角的交易员迎面走来,哈里。"他告诉我,"我想也许以后我们会有机会一起做些事情。祝你摆脱亏损,重新回到马背上,不要被亏损搞得不知所措。"

我点了点头。

"如果你愿意的话,你可以在这里再坐一会儿。"他又补了一句,"我得走了,但是你已经登陆到埃伦·汉塞尔(Ellen Hansell)的电脑上了,如果你想看看图表的话,随时欢迎。你走时门会自动关上,打电话时拨 9 转外线。"

他转身走开，到相隔几张桌子远的地方去看看其他交易员正做得怎么样。他向我指了过来，显然在让他们知道我在这里。

我完全被惊呆了，我面无表情地坐了至少 5 分钟，不知道我是否应该碰这台电脑。要是我不小心执行了交易怎么办？

要是他本来就想让我交易呢？这会是某种面试吗，就像克雷格当时溜进来时一样？安德森是想看看我能做些什么吗？

我给妻子打了个电话，告诉她我现在在哪儿，我要在这里做些研究，以免回家受不住诱惑又做出什么错误的交易操作。在这儿搞研究非常适合我，因为我不会进入到自己的交易账户中去，这一点很好。

我想到的第一件事就是打开一张欧元/美元的图表，这里显示的是一幅近期走势图，让我想起了早上的经历。从这幅图上我意识到我应试着看看更长期的走势图，这也是哈维在第一次与我见面时就提到过的事情。于是我又切换到四小时图，我在 1.2200 位置画了一条水平线，没有思考任何其他的事情，我开始在图上标出所有与 1.2200 相交叉的点的位置。参看图 16-1。

我有些兴奋了，没有交易——我很清楚我不能这样做，但是我最终完成了一些实际的、真实的、有价值而并非无用的分析，这都是我自己完成的！

1.2200 位置为什么如此牢固？难道没什么理由吗？我记得有的书上说过，在外汇市场中有时整数位有很强的阻力作用。我还读到说一旦一条阻力线（当前价上方的一个价位）被突破，这条线就会有支撑作用，或称为地板。这种解释有道理，一旦一个货币对向上突破某个价位后，一些出自感情和投资目的的资金就会涌出，并把价格维持在这条线的上方。

## 第十六章 从头再来

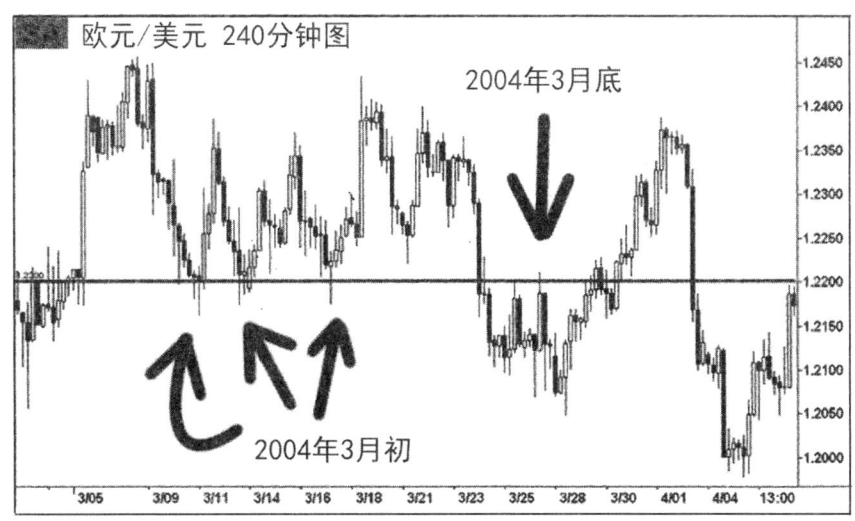

图 16-1 欧元/美元触到 1.2200 位置。

同样，如果某个货币对向下击穿一个支撑位的话，那么这个位置将会成为很强的阻力，或称为天花板。同样，这个解释我也认为十分有道理。而且眼前的这幅图好像正适用这个道理。

我注意到在 3 月初，欧元兑美元曾经有三次试图向下突破 1.2200 位置，终于在 3 月 24 日，向下突破并收盘于 1.2200 下方。当这对货币试图回升到这条线上方时，发生了什么事呢？没有成功，从图表上看，至少被挡住了两次。这些都是很好的卖出机会。

非常完美，实际上，现在不也是这样吗？

在 3 月 30 号，欧元/美元曾上穿 1.2200，接着跌下来，然后又涨了上去。在 4 月 2 号它又急跌并下穿这条线。这次下跌是不是违背了我的支撑和阻力的理论了呢？1.2200 位置的力量是不是因为急跌而变弱了呢？（见图 16-2）

在我看来，这条线仍有一些力量，一根 4 小时的蜡烛线击穿了这条线，但是 5 分钟线是怎样的呢？也许和 4 小时蜡烛线相似，也是很容易就突破了这个位置——但实际上在较短的时间刻度内曾经出现过反弹。

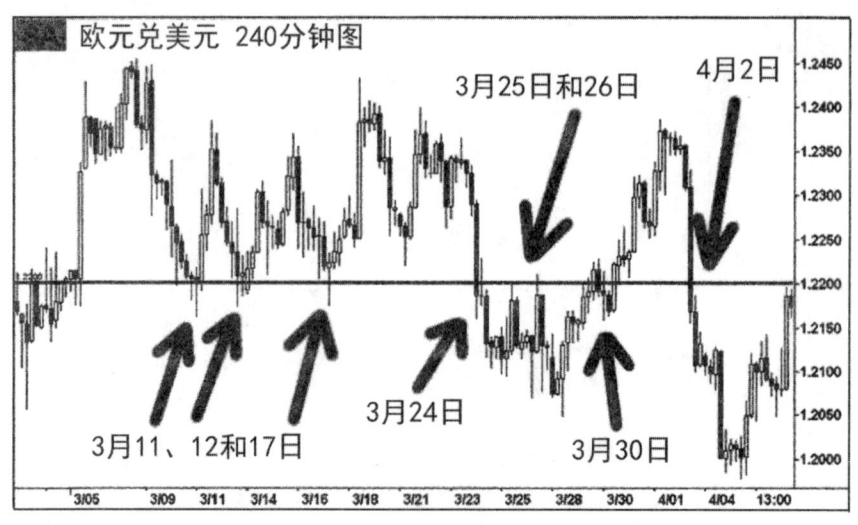

图 16-2　1.2200 位置的力量

我决定切换到一个更短的时间刻度的图形。也许你觉得这不太可信，但当我看到 5 分钟图表时，不寒而栗。

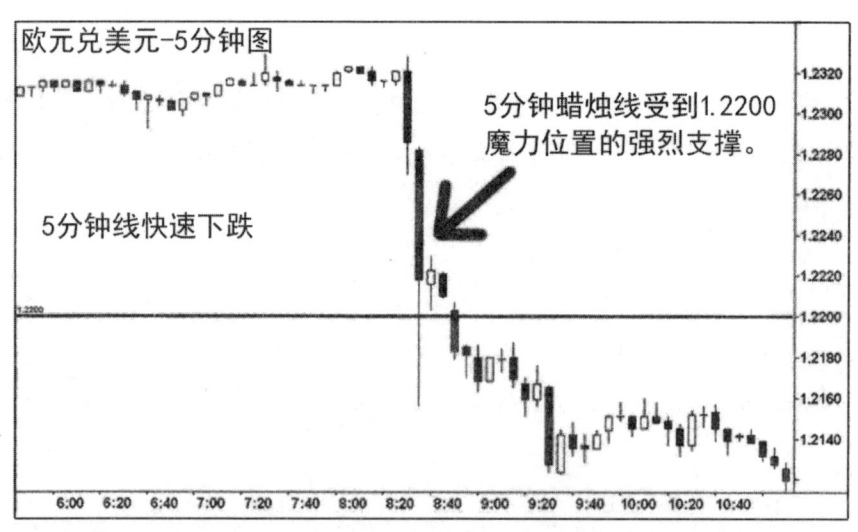

图 16-3　1.2200 位置的 5 分钟图

5 分钟图显示的正是我想看到的：在 1.2200 位置，确实存在力量，尽管一根 4 小时蜡烛线直接穿过了这条线，但并不是所有的交易者仿佛都忘记了这个数的重要性。5 分钟蜡烛线曾经跌破 1.2200，但很快就反弹上来。这就意味在当时这个数字仍有它的重要性，而且如果价格在几个小时之后或几天之后回升到这个价位的话，那么它很可能会在此停住然后再跌回来。

汉克·杜雷克用的就是这套办法吗？我在图上只画了一条简单的线，看上去有些稀疏，而且过于简单了。我在想，汉克在交易之前一定会寻找一些有用的信息来佐证他的想法的，一根这么容易就画出的水平线怎么都不会够用的，但是也许对我就算够用了。

我从桌上取了一张便签纸，在上面写下："卖出欧元/美元，1.2200 位置。"尽管我不打算实盘操作，但至少我可以明确自己的交易意图。我设好了我的入场点，但应该在什么位置止损呢？到了哪里我才知道我错了呢？我应该在这组货币的价格变动了多少时才应离场呢？

从图上看，这对货币在 1.2200 上方最多运行了 40 个点，这是八次上冲中最高的位置。要是我信口说出价格会超过这条线 50 个点的话，那就是错的。于是在"卖出欧元/美元，1.2200"的边上，我写了，"1.2250 止损。"这就意味着如果欧元/美元汇率上涨并突破这条线的话，我将以认赔 50 个点出局。但是我希望这段距离能成为一个缓冲的空间，而且最近的走势符合我的判断。

我感觉设立止损是正确的，同时也令我很高兴，至少我不会面临巨额损失的可能。当然这些都是假想的交易，但是把想法写在纸上让我变得更有责任感。我知道哈维会认可我这么做的。

但是，获利目标该怎么设呢？该设在哪呢？

我观察了 4 小时图中前几次在 1.2200 遇阻跌回来的例子，3 月 11 号的最大跌幅是 186 个点，之后调转方向重新回到 1.2200 位置。3 月 12 日有 172 个点的下跌，17 号是 234 个点，3 月 24 日有 30 个点，3 月 25 号 131 个点，3 月 26 日 153 个点，3 月 30 日，在这条线位置遇阻回调，并下跌了 40 个点。再看看 5 分钟图，4 月 2 号，下跌途中曾遇到支撑，之后反弹 20 个点。每次的反弹都没有失败过，至少幅度都够赚到些利润。它们平均变动幅度是 120 个点，我决定把这个数定为获得目标。图 16-4 显示的是写完的便签的样子。

我把它夹在桌子上面，希望下次来的时候能提醒我。然后我就离开了。这是很长时间以来我感觉最好的一次，我在为供养我的家人而努力工作。最终，至少我知道我已经发现了一套交易理论的雏形，但还需要更多的努力。我还想多试验几种交易方法，然后再和克雷格、哈维以及其他愿意听我说话的人去沟通，我希望他们能听听我的想法。

```
在 1.2200 位置卖出 EUR/USD

止损： 1.2250
止盈： 1.2080
```

图 16-4　哈里的便签

## 一切顺利

妻子对我能改正错误并回到原来的公司非常满意。对于我离开原来的稳定的工作，她从未表示过赞同。现在我正准备把赔掉的钱赚回来，而且我不仅会从哈维那里得到指导，同时安德森和欧内斯特·韦林顿公司的人也会帮助我，我们都知道我将逐步学会怎样才能做得更好——我已经步入正轨了。

## 第十六章  从头再来

第二天，我提前 1 小时就到岗工作，整个上午我一刻也没休息，一直在整理文件。中午连午饭也没吃就去发了一份广告（我要寻找能接替我的人）。现在没有斯科特或实习生在帮我，但我发现我已经喜欢上了独立完成任务。我意识到以前我做档案部经理时曾是那么的懒。

下午 5 点，一切都很顺利。我考察了一种新的利用电脑进行管理的存档系统，记下了它的价格，给卖家打了电话并做了语音留言，然后又整理了一堆案卷，而律师们还以为这些案卷都失踪了呢。我把在过去的四周里由斯科特接手后的安德森案子中所有的文件都整理了一遍，包括证词、信件、笔录供词，等等。在这当中我还发现斯科特犯了很多错误，他愚蠢地把很多本不应退回的东西还了回去，同时他还向媒体以及对方的律师出售信息。我不禁在想，斯科特跑哪儿去了呢？他的事已经是旧闻了，而我很高兴我们分开时彼此关系还不错。

晚上 7 点钟，我不得不停下工作，我差点忘了要去 31 层的事了。正如安德森许诺的那样，当我到那里时，晚班的保卫那里已经留好了为我准备的胸牌了，这个牌很管用。交易厅里和前一天差不多，人不多，我能看到有大约 15 个人正坐在自己的办公桌前。有几个人在打牌，而其他的人在上网。没有一个人在交易。

在离后边屋角不远处，大概距离克雷格办公桌 6 米的地方，支起了一台电脑，而昨天这台电脑还没装上呢。两旁的桌子上还是空的，电脑、监视器、电话，什么都没放。安德森留了张纸条，告诉我这张桌子归我使用了，如果我想装些软件的话，我可以叫技术人员来处理。而在家里，这种事都是由我自己来完成的。

在安德森写的便条边上，放着一张署名阿利斯泰尔·马丁（Alistair Martin）的纸条，上面写着：

"哈里：欧元赚到钱了！谢谢你出的主意！"

阿利斯泰尔·马丁是谁？我抬头朝昨天坐过的位置看过去，想起我曾把便签条放在了一个名叫埃伦·汉塞尔的交易员桌上了，是她做了这笔交易,也许是经过安德森允许的。我立即在键盘上敲了几个键,(我发现有台电脑真是件好事,可我以前却没意识到。)之后,我点开了图表,想看看这天欧元的走势(图16-5)。

用惊讶来形容我的感觉真是说得轻了,我震惊了,足足五分钟,我一直在从不同的角度看着这幅图。没看错吧?我真的这么计划过吗?真的是我分析了图表之后选择了买入、止损点和获利点吗?账户也没爆仓?我想知道阿利斯泰尔·马丁用我的主意赚了多少钱。如果阿利斯泰尔交易的是100万美元的话,那么120个点能让他赚12000美元。如果他交易的是500万美元的量的话,那他就赚了6万美元。这个数字把我吓着了。

我发现,归根结底,长线图表更适合我。从一开始哈维就是正确的,我以后再也不看短线图表了,它们只会诱惑我不停地交易,这些短线图总在勾引着我的贪欲,而长线图表需要的是耐心和对回报的分析,同时,长线分析赚到的利润比我见过的任何一次短线操作都要多。

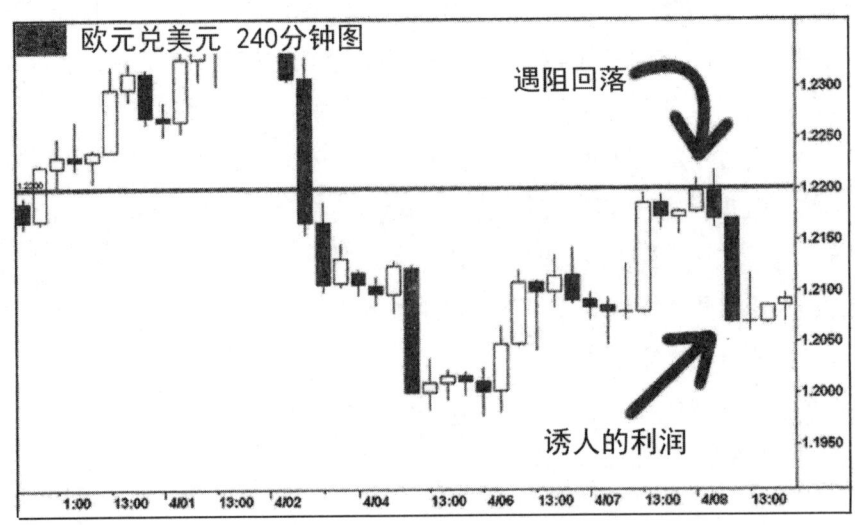

图16-5 哈里观察欧元走势

我想起了在乔治·西斯勒基金工作的明迪。我突然想到,如果乔治想让她多赚些钱的话,按照哈维的建议,她可以转换成长线思路,一定能受益不少的。不管怎样，这招对我来说是管用的。为什么要在一天里操作100次呢？得到的收益不过是和仔细研究长线图表赚的一样多。

我又想好了，如果支撑和阻力的这套赚钱方法过去能够奏效，那么它一定还会再奏效的。而且如果我被诱惑去看别的周期的操作的话，一定要看比四小时图还长的。但是我还有几个问题没弄清楚。

在我面前大约6米远的位置坐着一个交易员，他正在很投入地和另外一个交易员玩掷色子游戏，另一个人显然也玩得很起劲儿，他没待在自己桌子旁。两个人都穿得很休闲的样子，年龄都不到30岁。我在想，从我所认识的交易员来看，他们外表很年轻，看上去对市场没有一点担心，而这却与他们在外汇操作方面的技巧毫无关系。我在想，越是一个好的交易员，外表就越不像一个交易员。那么我希望一个交易员应该是什么样子的呢？或者说我希望交易员应该做些什么呢？实际上，这些人每天都在做些什么呢？他们为什么要待在这里呢？我迷惑不解。

"嗨！哈里，"第一个交易员说话了，"在做什么？"他说话时带着加拿大的口音。

"嗨，如果你们不介意的话，我有些问题想问一下，希望不会打扰你们要紧的事。"

"不会的，贝恩斯先生，"另一位回答，"我们只是在盯着几个开了仓的单子。"这位，带着英国口音，说话非常有力。他的话里透出一种自信，给我印象很深。我也想像他那样说话，也想像他那么自信，尤其是在交易的时候。要想获得成功的交易，自信似乎起着很重要的作用。我在脑子里记下了一个便签，针对这件事我要向哈维请教一下。我接着问："假设我按照同样一个思路来操作的话，如果把4小时图切换成日线图有什么不妥的地方吗？"

那个英国口音的小伙子连抬眼看一下都没有，只是摇了摇头。我在想他一定把我当成新手了（对这一点我不想争辩），他根本没在意我是否得到答案了。那位来自加拿大的交易员似乎很愿意帮忙："不一定，在4小时图上起作用了在日线图上也应起作用，但你应该回去检验一下才行。"

尽管我不知应该怎样来做这种检验，但我觉得他说得有道理。我正准备问下一个问题时,那位加拿大口音的年轻人抢先说了:"如果你想按日线操作,那么你就得把目标放在更大的趋势上。如果你借助趋势赚钱的话,这才是你赚大钱的所在呢。正因如此,这里有很多交易员者都在用心钻研长线图表,为的是多赚钱少劳动。而你是在家里做交易吗?那么显然你只要每天看一眼图表就可以了。或者,你至少应该在东部时间的下午5点左右看盘,这时正是纽约外汇市场结束的时候,而且也是日蜡烛线收盘的时候。"

每天一次?有道理,如果我在日线图上应用我的阻力和支撑交易方法的话,那么我只需在日蜡烛线结束时看图表就行了,而且,现在我知道收盘时间是在下午5点。我更愿意学会以24小时为周期的外汇交易,东部时间的下午5点意味着一天的结束和另一天的开始。在这个时刻,崭新的一天正从亚洲开始,而一个工作日的结束是在纽约结束的。所以,如果我从全球角度来观察的话,这是很有意义的。

我想不出更多的问题了,于是我站起身看他们掷了几下色子。英国人说:"想玩会儿吗,哈里?"

"我不想玩。你们用什么来下注呢?"

那个加拿大人笑了,"哈里,这个游戏叫'赢工资',他已经赢了我两个月的工资了。游戏很简单:我扔三次,然后把点数加起来。然后,罗迪开始下注,他押的是他能用一次或两次或者三次来超过这个数,抛一次叫'一次押注',抛两次'叫两次押注',抛三次叫'三次押注'或者叫'胆小鬼押注'。你能猜出我们为什么这么起名的原因。如果他押的是三次,而且他赢了,他什么也不欠我,我也不欠他,我就再扔色子。如果他押的'三次赢'输了——'三次赢'是我们公司内的叫法,那么他把工资的一半给我。如果他押的两次赢,结果赢了,他赢取我的下个月的一半工资,然后我们继续扔色子。此时他只能押一次赢或两次赢,明白了吗?"

"当然,我懂了。"太疯狂了。现在是晚上8点,一个星期四的晚上。他们正在玩掷色子游戏,赌注比我两个月的收入还要多。

"现在是一次赢,"他用他的加拿大口音接着说道:"这就是它有趣的所在。如果罗迪赢了一次赢的话,他将赢得我的下一份工资,同时他来掷

## 第十六章 从头再来

下两轮的色子，无论我输或赢。如果他输了，他就得把他的下个月工资给我，并且他已输了一轮。"

我在想：的确，他们疯了。他们能有多少钱呢？

当我正准备离开时，那个英国人开口了："喂，贝恩斯！今天的交易有何感想？你觉得它能走多远？你认为能跌到 1.2000 吗？我喜欢称它为整数位。"

"我不知道，"我回答说。"我设的目标是 1.2080，现在到多少了？"

他把身体倾向键盘并敲了几下键盘，"离 1.2000 还有很远呢，但我认为它还能再跌一次，我等着进场呢。"

"你做欧元了？"我问？

"是的，我做了。你的事我都听说了，你在和哈维·温克尔斯坦一起工作。这里每个人都参与了这次交易。包括你在这里看到的所有的桌位，他们都参与了，他们都想做一把——获利大小都有，不过这没关系。"有的人只做交差汇率，比如，欧元/日元、英镑/瑞士法郎，等等，所以这部分人没有参与。但是我参与了，温尼伯·乔治（Winnipeg George）也参与了。

"安德森知道你们都参与了吗？"我问道。

"当然知道，"他回答，显然他在想我连这都不知道简直是个白痴。"安德森知道，是他批准我们每一个人做的。这笔交易做得不错，哈里。你让我今天多赚了一笔，谢了。"

"不用客气。"我回答，其他问题一个也想不起来了。

什么？我在想。

砰！我的大脑仿佛又被重击了一下，跟我操作非常糟糕时一样。但这次，比上次要猛烈得多。就像初次接吻时的心跳一样，只不过吻我的是这些回报我的甜美的获利点数。有谁知道我让这些人赚了多少钱呢？1 百万美元的仓位乘以 10 或 20 吗？还是更多？再乘以 100 个点或更多是吗？

我一边想一边回到我的临时交易席旁，我没打算装出一副满不在意的样子。如果我能跳着回到座位的话，我愿意那样做的。我现在的任务是找到更多这样的交易机会。这种机会是不是只发生一次呢？我是不是纯属幸运呢？因为克雷格曾经向我透露过下跌的起始点，而且也是经过哈维确认的。我能再做出这样的分析吗？

我打开欧元的日线图然后开始进入工作状态。

## 我能再来一次吗？

让我惊讶的并不是我的主意被真正的华尔街交易员们所使用（的确，这并不完全是我的主意，但这时正是我需要爆发自信的时候），而是这么简单的支撑线和阻力线竟有如此威力，能赚到点数。它像毒品一样：让我还想要得更多。别的货币有类似的表现吗？我能否在别的货币上也这么操作呢？罗迪刚才提到的交差汇率有没有机会呢，比如欧元/日元。

先不去操这个心。此刻，我只要专注于 4 小时图，甚至日线图。我渐渐明白了哈维说的测试的意义：他让我集中精力来研究一件事，当时我还不太清楚该怎样开始，但是我已决心要去试一试。如果我没找出办法的话，那我就再去找他。

日线图的涨跌比 4 小时图要大得多——就像温尼伯·乔治说的一样——所以，我得设计好更大的止损，因此也能赚到更多的利润，这一定就是为什么哈维总想让我关注长线操作的原因了。有获得更多利润的可能，而付出的努力是一样的，听上去不错。现在 4 小时图、日线图以及欧元兑美元这个品种很适合我。

受罗迪的启发，我又问了自己一连串的问题：欧元究竟会跌到什么位置呢？它在哪儿可能会停下来呢？我能不能找到一个位置，能像 1.2200 那样，只是低一些呢？会不会在它曾经上行或下行遇到过阻力的某个位置呢？

4 小时图根本没帮上忙，我倒是发现欧元在 1.2200 上方曾经停下来过，但不是在下方，而我正在寻找欧元下行时的最佳止跌位置。于是我切换到日线图，找到了我想要的东西（见图 16-6）。

的确，1.1850 位置是一个有意义的数字。在图的左侧，也就是 2003 年 5、6 月份的时候欧元兑美元曾试图越过这个位置，然后在当年的 10 月同样没能突破此位置，到了 11 月，终于积累了足够的力量向上击穿了这个位置，接着在这里停留了 7 天，当然，在这里还上下波动过几次。在 2003 年 5 月和 10 月之间，我发现欧元一共有过 5 次曾到了这个位置就被挡了回去。

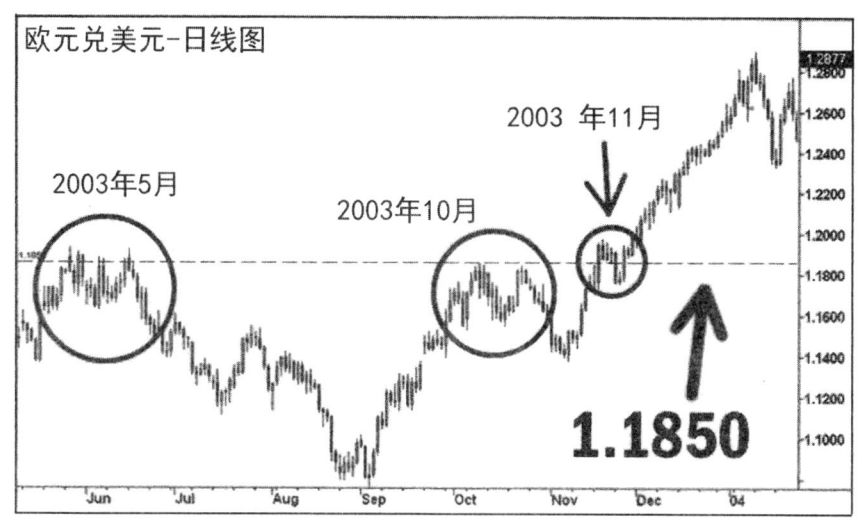

图 16-6　日线图

我想把这个位置设定为一个获利目标位，但是研究到这样就算行了吗？我又重新回到当前的图形上，怎么才能知道它到那个位置就能停下来呢？昨天晚上我的交易计划是由克雷格和哈维给我的一个数字为起点的，之后我去找了证明在这个数值操作的理由。但这次完全不同，我还能在便签纸上写下一个数值吗？同时，我会把它放在我的桌面上吗？

进一步确认，我需要进一步的确认。我需要再找一张图表来支持我的观点。

于是我打开了周线图，但是一点作用也没有。上面画的是在 1998 年 10 月，欧元兑美元在 1.1850 位置遇到了问题。但是那时候有欧元吗？当时这个货币根本不存在，他们是怎么把图画出来的呢？

我删掉了周线图。如果换了哈维的话他会怎么处理呢？我认为首先，他一定不会去冒赔钱的危险来交易的。所以我决不能以买入操作再加设止损和止盈为交易前提。这样行不通，但是如果认定欧元兑美元将会触及1.1850位置就会停止下行会是恰当的吗？毕竟罗迪问了我认为会跌到哪里。为什么不把它写下来呢？而我仅仅是在纸上交易而已，没有人会受到伤害的。

于是我在一张便签上写下："欧元兑美元会在1.1850止跌"，然后把它贴在我的桌子上，接着收拾好物品离开了。当我关上交易厅的门时，听到罗迪大喊："又有人输钱啦！"

# 第十七章　交易测试

第二天，我意识到，我的分析得有更加清楚的思路才行。当我 7 点赶到魏克曼·巴特曼·贝利律师事务所时（提前了两个多小时，因为我想把曾经偷走的时间弥补回来，即便这样仍是无法弥补），我的语音短讯提示音一直嘀嘀响个不停，一共收到了 37 条留言。这个数我可一点没夸张。

我站在拐角处偷偷观望，赫比办公室的灯是亮着的。他总是来得这么早。不过这些留言肯定不是他的。那样的话，他会给我留张条，让我别再回来了。而且，一连留下 37 条留言也不是赫比的行事风格，事情显得完全不对劲。

第一条留言就说明了一切。这条留言是在楼下 31 层工作的罗迪两小时前发来的："哈里，因为你留在这的那张该死的纸条，现在这儿的交易员全都疯了。他们正在到处找你，想知道你在 1.1850 是要买进还是要卖出欧元，赶紧给 31 层打电话，但可别打给我，我现在在家。就因为是我第一个看到了你写的纸条，现在我已经烦死这些打来的电话了！以后别在这儿留什么纸条了！"

接下来的留言来自不同的交易员，这些人我都不认识，也不知道他们怎么获知我的电话号码的，也不知道他们为什么如此在意我。不管怎样，我来得挺早，所以我还有两三个小时去处理这些事情，接着我还可以及时返回魏克曼事务所开始我一天的工作。虽然我并不想落下工作进度，但我当然也非常不愿看到我们的接待员刚上班，就被接踵而来的电话给淹没。

还没等我来得及拿起电话，我的电话铃声就响了起来。是克雷格打过来的，他的电话里夹杂着嘈杂的人声，听起来他一定已经被其他交易员们团团围住了。他对我说："哈里，你最好下楼来一趟，我不知道这些家伙发什么神经，但他们想和你谈谈。"

"好吧。"我答应了。我怎么变得如此受欢迎了？难道仅仅只是因为我的一次成功的交易判断吗？到底发生了什么事？从克雷格的语调中可以听出，他对于自己成为一名不得不找到我踪迹的秘书代表这一情况感到郁闷无比。我也理所当然地认为，他一点也不希望看到像我这样毫无经验的交易员会受到如此多的关注。我下到31层，在门口出示了自己的证件，然后走进了交易厅。厅内人声鼎沸，混乱不堪，就像发生了什么严重的事情一样，克雷格在这群人中显得非常醒目。

我找到了他，问他到底发生了什么事。"刚才这里局面有点儿失控，"他承认道。"有消息传来说，我们其中的一名伦敦交易商遭到了重创。损失巨大。好像有一个多亿美元的损失。"

"是外汇交易员干的吗？"

"是的，所以这场劫难将这里所有拿着固定收入的伙计们变成热锅上的蚂蚁。"

"为什么他们会受到影响？"

交易厅里喧闹万分，以至于我们几乎必须靠喊才能听得清对方在说什么。还好没有人认出我来，也没人注意我们。我们头顶上方的电视屏幕清一色地报道着这件事，在各种评论声中，我能听到他们用尽了所有难听的语言。"这间交易厅是世界上最不稳定的。"他告诉我："这些家伙可不是以潜心钻研禅宗教义或追求安稳生活的主儿。相反，他们就像一群鲨鱼，在水中嗅着血腥味儿，随时觉察着各种变化。他们中的一些人已经在打电话联系那些猎头，试探能否在华尔街上找到其他工作。还有一些人不清楚公司是否会削减开支，能否免于被淘汰。"

我想知道在这群恐慌的人堆里有没有罗迪或乔治。"昨晚我遇见一个叫罗迪的人，还有一个来自加拿大的家伙，名叫乔治，他们也遇到麻烦了吗？你也陷进来了吗？"

他摇摇头。"罗迪，他不会有麻烦的。他是亚洲市场的专家级人物，他与世界各地的人都有交往。他为一些名副其实的大公司做外汇投资，其中有些是伦敦的公司，但他不想回到伦敦。他很乐于在这里以赌博的方式

## 第十七章　交易测试

赚取每个人口袋里的钱，这让他乐此不疲。现在他哪儿都不去，整天就干这些。只要他愿意回伦敦，很可能会被提升的。乔治也没事，我们都叫他温尼伯·乔治，因为他来自加拿大的温尼伯省。乔治是一名出色的交易员，他和罗迪已经在一起密切合作了很长时间了。"

"你怎么样？"

"我？我也挺好啊。这个月我倒是过得挺舒坦。"

"那太好了。看来你似乎与这群发疯的人沾不上边儿了。"

他耸耸肩表示赞同，可是此时此景，不便于承认罢了。

"对了，哈里，"他说道，"我在 1.2200 卖空欧元，目前我仍未脱手。你为什么要告诉这群家伙去做那笔交易呢？安德森告诉我说，他给你提供了一张办公桌，但你却不在这儿工作，这是怎么回事儿？"

现在轮到我耸肩了。"我也解释不清楚。竟然有一些银行的交易员会对我说的话如此上心，我也有些吃惊。"

"一般情况下，他们不会轻易相信别人说的话，但安德森的确已经把你给神化了。"

"是吗？"

"嗯，是的。"克雷格的语气中透露出一丝嫉妒。"你和他说什么了？我还以为你的交易一直做得很糟糕呢。我告诉一些人说你师从哈维，加之安德森对你的大力肯定，足以使他们趋之若鹜而且不会有任何怀疑。3月份对这里的短线交易员来说挺难熬的，上个月，有些人通过帮一些客户投资，从中拿了点儿赚头。他们想重回正轨，现在都指望着你呢。"

"怎么说呢，"我回答道，"首先你得知道，我和安德森说过我是一名蹩脚的交易者，而且赔光了我所有的本金，很显然，对安德森来说，我根本算不上是个能人。"

克雷格狐疑地看了我一眼，说道："你这么说解释不通。"

这句话有点儿伤人。以前我是输光了账户的钱，也不遵交易纪律，这些都是真的。但我可不是一个傻子，我面对各种挑战，在哈维的帮助下，我还是成功策划了一次不错的交易。

克雷格也意识到了他的话说得有点儿过，开始试图挽回。"真抱歉，哈里，我不是那个意思。我是想说，那句话说不通，如果你……怎么说呢，"他停顿了一下，盯着我的眼睛，继续说道："好了好了，也许我就是那个意思，但我不该那样说。其实你的交易技术真的很棒。我们从哈维那里得到入市价，但止损价和止盈目标都是由你设定的。"

"可是，这群人为什么会相信一个和他们从未谋面的人所说的话呢？"

"这种人一向都这样。他们整天相互交谈，交流心得，讨论各种传闻，这没什么可惊讶的。但我相信安德森是一位非常有眼光的天才，所以，当他发现你有潜力可挖时，我一点儿也不吃惊。但是，给你一个在这儿的工作位置，又给你办理出入公司的通行证，对于一个他不太熟知的人来说，这真是极大的信任了，我觉得有些奇怪。"

"我也这样认为，我真不知该说些什么了。"

"昨天和今天我都来了，听到这些人谈论着你的那笔交易。这使我想起了我第一次从这里起步的情景。回想当年，每当做成一笔成功的交易，我就觉得自己是世界第一，无人可及。"

我知道他想说什么，但我并没打断他。他继续说道："我已经告诉过你了。但我似乎在你身上看到了一些我的影子。你现在有超越巅峰的欲望，想要更多地展现自己，显示你不会犯错。如果是那样，你很快会麻烦缠身的。"

我点点头。他所说的这些正是我现在需要听到的提醒。昨晚我又跃跃欲试想制定另一个完整的交易计划，但我还是放弃了。我选择放弃，是因为我意识到我没有信心再去策划另一笔交易。我没有实际操作，只是开始思考下一个问题——欧元可能停止的点位（至少在我看来）。也许是离我赔掉全部账户资金的时间太近的原因，我不太愿意出去搏击人生，征服世界。我仍然想在魏克曼事务所工作，希望重新取得妻子的信任，想让哈维看到我可以控制自己的情绪，并为我感到骄傲。然后，最重要的是，我希望能够约束自己去遵守交易纪律，这样我才能有再次交易的机会，然后重新开始交易。

我得离开了。楼上还有许多活儿等着我呢，人家付给我薪水可不是让我坐在这里和这群失控的交易商吹牛闲扯的。还没等我离开，其他交易员已经开始向我们围了过来，向我问东问西。他们最想知道的是，我是否打算在1.1850买入欧元。我只花了几分钟向他们做出解释，我只是提供一个在原来那笔交易基础上的盈利目标位，前提是，如果在此之前我还没有设定其他盈利目标。事实上，我有些不解，为什么他们不自己设定一个盈利目标？对于外汇投资这行，难道他们还没我懂得多吗？

## 拿着欧内斯特·韦林顿公司的钱再次冒险

这个工作日过得飞快，周五转眼即逝。我在楼下停了下来，想跟罗迪及温尼伯·乔治道声再见，这也是唯一能让我在此逗留的原因，可他们已经走了。整个交易厅空无一人。我查看了一下欧元兑美元的价位，一直在1.2100上下徘徊，一天下来几乎没有什么变动。我打开走势图，想看看能否从中找到可在1.1850位置开始操作的交易机会。仅仅知道价格会在那个位置停止是没有多大意义的，如果能够在这个价位停留的话，那为什么不尝试买入呢？哪怕只赚几个点也可以呀。

我又打开了4小时图，想看看有哪些时间点曾经触及1.1850位置。接着我打开了15分钟图，进一步观察在那些时间段内的具体细节。

最近的例子是发生在2003年11月18日上午10点15分，当天，这组货币对一路直冲，顺利穿过1.1850，丝毫未做停留。当天，可能有利率调整的消息发布，因而左右了整个市场。不管怎样，欧元冲破这条线，冲到线上127个点的高度，并且连续6天一直保持在这个水平。当它回落到线下时，跌得也很猛烈。但我必须相信，在回落之前，我一定已经平仓出局了。127个点的亏损数值有点太大了，于是我在跟前的一张纸上写下：

*2003年11月18日：亏损点数/127*

紧接着，我又向前找到另一个例子，11月16日当天，欧元正处于上涨过程中，当时距离这条线5个点以内（升至1.1845），但紧接着就下跌了122个点。通过观察短线走势图，这个判断得以确认。在这次大逆转之前,价格从未向上突破 1.1845 的水平。这次符合我的标准吗？我的回答是肯定的,因为我不会和 5 个点过不去。从现在起,在继续寻找例子时,我会选择在距这条线 5 个点内的位置开始做空,这样做似乎很合情理。我在纸上又添上了一笔交易：

### 2003 年 11 月 16 日：盈利点数/122

接着,我继续往前找到了 10 月 24 号的走势图。当时欧元上涨至 1.1856,接着马上开始回落。在 1.1850 水平位停留的时间还没超过两支 15 分钟蜡烛线,就在接下来的两天内一路下滑至 1.1720,下降了 130 个点。这又是一次不错的操作。我写道：

### 2003 年 10 月 24 日：盈利点数/130

10 月 23 日的价格达到 1.1843,之后未能上涨更高。虽然这本该是一笔极好的交易,但我还是坚守我的 5 点缓冲区原则。坚持这个原则就意味着我与这笔利润丰厚的交易擦肩而过。但是,我意识到,如果我现在就改变原则,未来就不会有一系列很好的收益回报（见图 17-1）。

10 月 10 日的价格达到 1.1845,未再走高,之后仅仅 7 天的时间里便一路跌落至 1.1547,直到 10 月 23 日才一路攀升至 1.1843。这笔交易盈利近 300 个点,几乎没有任何风险。我写道：

### 10 月 23 日：盈利点数/297

接下来是 10 月 9 日的例子,净赚至少 150 个点。我曾在 1.1845 到 1.1850 区间做空。但最终只达到 1.1857 位置。很显然,这是个重要的高度,也许和 1.2200 位置一样重要。

我发现在图中的另外 6 个地方中,这组货币对到达过那个水平位,而后回落。在价格走低前，曾三度到过 1.1900 以上的位置，其中有一次达到过 1.1931，距 1.1850 不到 100 点。如果我坚持我的原则，坚持在开始回升至 1.1850 的区域之前，找到货币对到达过的最低点，那么这两次操作的收益只有 30 点。我想了解的是在这个点上，每笔交易所能获得的最大点数。

我分析的交易总共 11 笔，1 笔亏损，10 笔盈利。如果我把止损控制在 100 点，那么我的平均损失将为 100 点。我所有交易的平均盈利为 171。我意识到这次我只在关注抛售欧元兑美元，而从未在 1.1850 买进。

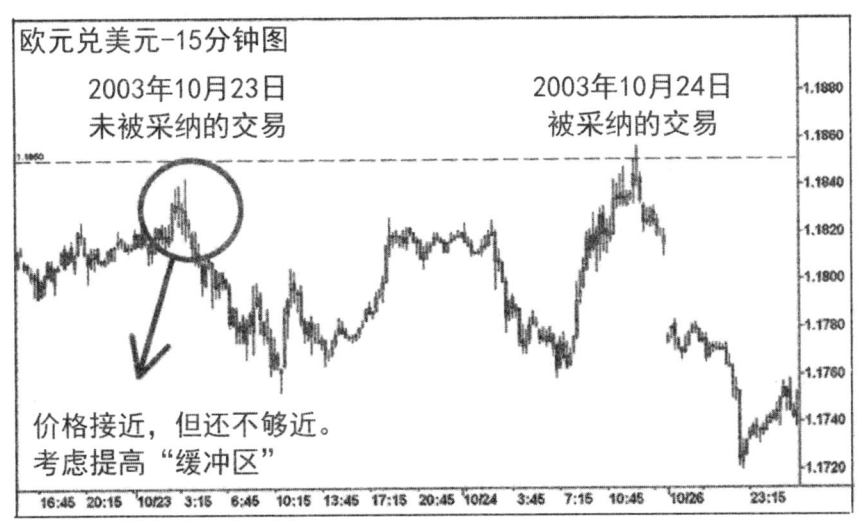

图 17-1　哈里的 5 点缓冲区规则

我扯下一张便签，在上面写道：

*沽空欧元兑美元 1.1850（自下方涨至此位置时开始操作）*
　　　　　*止损价位：1.1950*
　　　　　*止盈价位：1.1700*

这个公式似乎完全合理。但这组货币对应该跌至 1.1850 以下的哪个价位，而后回升，才能达成这笔交易呢？或许我应该考虑在那个价位买进。

我必须和罗迪或乔治谈谈，或者找克雷格聊一下。如果他有兴趣的话，我想看看能否从反方向应用我的来理论指导操作。

与此同时，我也明白如果只是计划买进是不会安全的。已经没有便签来记录这些内容，我只能等一等再说了。假如我与这笔交易失之交臂，谁又会在意呢？我不过是纸上练兵，在不投入一分钱的前提下，通过这种方式来积累经验，建立自信。

那么，反正不是我的钱，也许可以用一下欧内斯特·韦林顿公司的资金。

这项工作花了我三个多小时的时间，但我感觉好像只过了一刻钟的样子。在我的感觉中，分析的过程几乎比真正交易还要有意思。我经历了由好奇而探索新发现的过程，没有因为思考这些交易而产生任何的痛苦或情感波动。我做这些操作的理由完全是受内心冲动所驱使的。但现在完全是分析和钻研的需求让我把操作做下去。

我的分析也只是些皮毛，大脑里也充满了无数个问号：

我的这套分析结果能用到所有货币对中去吗？

我能否将这套分析结果应用于短线操作去呢？就算不去实际交易，至少可以证明利用水平支撑与阻力来交易的方法是可行的。

关于利率有什么窍门吗？乔治·西斯勒一直希望我研究利率问题。而且，我也目睹过一次利率决议是如何让市场陷入疯狂的境地的。怎样能从利率上做出些文章呢？

我给妻子拨通了电话，告诉她我不回家了。我夜以继日进行着我的工作。

## 疯狂的周末

截至周六早上，我获取了许多宝贵信息。清晨7点，我回到家中，和家人吃完早饭，再与每个人吻别，回到欧内斯特·韦林顿公司。妻子对我非常支持，虽然她听不懂我在说什么，但她很开心看到我加班加点地去解决问题。我们有着共同的感受，那就是，我终于能用一种理智且有章法的方式去做交易了，并且开始显得更像是在做投资。我们喜欢这样。

在接下来的两天里，我不仅对所谓的交叉货币对进行了研究，而且从网络上找到了大量有关利率的信息。现在我确信，乔治·西斯勒将我的关注点指引到利率上来，简直是送给我一个大礼。对于该如何将水平支撑与阻力与利率结合起来分析，我也有了一些想法，但我必须先和他谈谈。

周日下午晚些时候，罗迪和乔治第一个到了办公室。他们按亚洲时间工作，这天已经是亚洲的周一，所以他们周日也来上班。他们心情大好，一看到我，立马靠了过来："贝恩斯，你又在为这里的人进行该死的交易了吗？"罗迪问道。

"没有，罗迪。我在用你的账户，做空一个亿的波兰兹罗提。"

他笑着说道，"很好！"他拍拍我的背。"想在本周赚一笔吗？"

乔治插进来说："哈里，别听他的，这个周末，我们过得有点疯狂。"

真不知道他俩碰到了什么麻烦，也不知道他们去了什么酒吧，喝了多少，参加了些什么派对，反正问问也无妨，"怎么个疯狂法？"

"测试！"罗迪大声叫道。

测试？毒品测试吗？还是性病传播测试？

乔治点点头，他们兴奋得有些晕晕乎乎的，"我们一直在验证一个新的短线策略，并取得了突破性的进展，为此我们已经有 48 个小时没睡了。"

我点头说道："我也一直没合眼。"

"贝恩斯！"罗迪大声叫道。他扑上来一把抱住我，几乎要把我整个人提了起来，尖叫道："原来你这个家伙也一直在做交易测试啊！"

除了笑，我无言以对。他的身型是我的两倍，精力比一般人要充沛 50 倍。我向他们承认自己一直在做测试，也取得了一些个人的突破性成果。但我需要与比我懂得多的人交流，来进一步确认自己的成果。

"你可以和我们交流啊，"乔治自告奋勇地说，接着拉过来两个椅子放在我旁边。罗迪激动得无法入座，他已经迫不及待地想分享我的成果了。

我决定把自己的水平支撑与阻力的测试结果与他们分享，他们对此全盘吸收。

## 数据回测得到的见识

罗迪：那么你观察了几组货币对？

我：只有五组。首先是欧元兑美元，接着是英镑兑美元，英镑兑日元，欧元兑日元，美元兑加元还有欧元兑加元。

乔治：用的什么时间单位？多数都是长线交易吗？

我：不错，全都是长线。但我的确放大到更小的时间单位来对止损和止盈位进行了核实。

乔治：这跟我与罗迪一直以来所用的观察的方法很相似，我们称之为"长线图中的短线交易"。

我：这名字不错，我也有同感。我正在寻找由趋势反转所产生的点数盈利，而且大部分的交易都维持不了几天。我最喜欢依据四小时图和日图来策划交易，但我觉得采用一小时图也是可以的。

罗迪：你的感觉真棒，贝恩斯！的确，用一小时图绝对行！这是我最喜欢用的图。

我：为什么你最喜欢用一小时图？

温伯尼·乔治：他最喜欢这个是因为，除此之外再也没有任何长线能够让他的注意力持续更久了。

罗迪：谁说的！我可以盯着十五分钟图一整天！

乔治：那还是短线的。

罗迪：噢，说得没错！

我：为这个我做了许多分析，每组货币我都做了二十次的操作和观察，而且全部都作了记录。

乔治：这里到处都是你纪录的纸张，全是你手写的？

我：是啊。我猜还有更简单或更好的方法，但我一路观察下来，就停不下手了。

乔治：你需要用表格软件来记录这些信息。

# 第十七章 交易测试

我：我不会用表格软件。

乔治：要是这样，以后你会知道不用它的难处了。但还是让我来给你演示一下它有多重要吧。我在这儿打开我们使用的一个表格软件，我们只需键入开仓价和平仓价，这个表格就能所有的把盈利和亏损全部显示出来，并给出总的盈利点数和亏损点数。它还能告诉我们盈利的平均点数和亏损交易的平均点数，也可以告诉我们胜算的几率——也就是说，以我们所提供的信息为基础，我们平均每隔多久能够盈利一次。

我：你所有的测试都是这么做的吗？

罗迪：这是居家旅行必备之物！我们的测试全靠它，我们会把所有信息全部填入表格里，我们拥有最棒的表格软件。我不可能对所有的交易进行跟踪，贝恩斯，你说你才测试了20笔交易吗？

我：对啊，每组货币对测试了20笔交易，所以，实际上我一共测试了100笔交易。

罗迪：小子，100笔可不够哦，你还得加把劲儿！

我：还得怎么努力呢？

乔治：你知道吗，我们用了整整一个周末进行测试，我们已经测试了1000笔交易。

我：（沉默）

罗迪：是这样的，哈里。你测试的有1000笔么？我想没有！

我：你们怎么做到的？

乔治：我们俩人手一台笔记本电脑，窝在沙发里——一个看图，另一个利用表格软件来计算。饿了就叫外卖，只有上厕所的时候才能休息片刻。我们不洗澡，不听电话，也不与其他人接触，全身心投入我们做的事情上。

我：你们一遍又一遍地对同一个系统进行测试吗？

乔治：实际上我们用同一系统进行两种相近的测试，每一种交易都测试500次。我们测试的主要系统是由CCI（顺势指标）与长线支撑和阻力的结合运用的一种筛选方法。我们同时在做的另一种测试是以菲波纳奇回调位为离场点进行观察，而不是靠设置止盈位来结束交易。

我：具体怎么操作的呢？

乔治：在这儿可得花点时间解释了。比如，我们已经找到了一些我们认为不错的菲波纳奇回调位，当使用了菲波纳奇回调位为出局点的交易中，我们的平均盈利上升了20%。

我：那你们准备开始投入实战了？

罗迪：我准备好了！今天下午我准备实际操作一下。

乔治：我们的想法一直处在讨论阶段，我倒希望不要交易，先观察一周再说。将这些零碎的些信息收集在一起，已经耗费了我们很长很长的时间。我们每个周末都进行测试，已经持续了7个月的时间了。期间，我们对策略和规则进行了成千上万次的修改，现在我们认为已经找到了可以百战百胜的法宝。

我：那你们在这期间做了哪些交易？我的意思是，你们还得做交易啊。

乔治：哦，我们为客户们报价。别忘了，我们的首要工作是为客户报价，我能肯定你很熟悉这块儿业务。

我：嗯，制造商或对冲基金公司会打电话给银行，表示想要购买一些英镑，这时你就会向他们报价，是吗？

乔治：没错，我们整天就做这些事，我们通过价格差为银行赚取利润。有时候，我们在即期市场上通过买或卖来抵销交易。感觉有利可赚时，我们会继续持有手中的仓位。

我：那这个新系统怎么能与实际情况结合起来呢？

罗迪：别说了，温妮（Winnie）！

我：温妮？

罗迪：这是我给乔治取的名儿！他是加拿大温尼伯人，所以这是他的绰号。

我：我想，还有许多事等着我去做，100笔交易量是不够的。

乔治：你应对你一直在做的纸上交易测试有信心。到目前为止，你所选择的那些价位水平很有意义，1.1850也是我们一直在观察的价位。

我：买进还是卖出？

乔治：买进。这组货币对已经在那里停留了有一段时间了，我们认为现在形势要逆转了。从前的阻力现在变成了支撑，我们很高兴在这里买入欧元，我们都可以买。你下一步准备做什么？准备测试哪组货币对呢？

我：所有的都进行测试，但我得先找乔治·西斯勒再谈谈。

乔治：西斯勒？就是那个开对冲基金公司的家伙？你要和他谈？

我：是的，如果我能做到的话。我们上周曾见过面，他想让我研究一下利率，我照做了。但现在我反而更加迷茫了。

乔治：介意我和你一起去吗？

我：没问题，不过不确定他会不会见我，但我会尽力试一试的。

# 第十八章　作业

没有哈维的作陪，我不知道乔治·西斯勒是否会见我。任何一个经营着庞大资金的对冲基金公司都不会选择把时间浪费在像我这样一个小人物的身上。或许，哈维已经将我贸然入市并赔光本金的经历告诉了乔治，如此一来，和他见面的机会就更加渺茫了。

第二天，当乔治接了我的电话时，我颇有些意外。早上7点我一到魏克曼事务所就给他打了电话，他拿起了听筒。

"我是乔治·西斯勒。"

我本以为会是一位秘书或接待员之类的人来接听电话。我停了一下，思索我要说什么，就在这短短的间隙里，乔治挂上了电话。显然，他非常忙。我再次拨通他的电话，这次他又说道："我是乔治·西斯勒。你是哪位？"

"我是哈里·贝恩斯，就是那个——"

"哈里！你完成了我交给你的利率研究的作业了吗？"

"完成了，我做了许多工作。但在我能继续下去之前，我有些疑惑需要解决。"

"午餐时见吧。"说完就挂了电话。

为了挤出两三个小时的吃饭时间，那天上午我拼命工作。原本我决心在接下来的几周里，不去吃午餐，以便弥补我曾丢掉的时间。但是，与乔治会面成为目前更重要的事。午餐时间到了，我快速钻进一辆出租车，希望在没有哈维的作陪下我能一切顺利。

我一个人去似乎也没有什么不好，乔治很快就接见了我。他的办公室还是和我上次我看到的一样，破旧不堪。这次，我对他的办公室有了新的感观。我开始对乔治的住所产生好奇，他会住在车里或者在桥下吗？

我的问题马上就会有答案了，但他却开门见山地先向我提问了，问了许多问题。

"你研究出什么了？"他问道。

"你告诉我让我试试能否找到一个在零售平台上进行息差交易的方法，这就是我研究的内容。周五晚上我熬了一整夜，做了很多很多的研究。"我回答。

"然后呢？你发现这是一个不可能完成的任务。"这句话说得很实际，他想让我进一步做出解释。而我的回答却让他相当吃惊："哦，这是一个非常有可能完成的任务，只不过和你们用的方法不完全一样。"

他的眼睛开始放光，"真的吗？那我倒要听听了。"

我拿出笔记本翻到标好"利率—零售套息交易"那页，"你曾说过，要借低利息的钱去投资高息货币。我坐下来仔细研究了至少两个小时才明白其中的道理，这对我很重要。实际上，一个一流的借贷者有很多途径可以借到资金。我发现，一个精明的投资商总是会在合理的回报期望值的基础上，寻找机会以最低的利率贷入资金，并以尽可能高的利率贷出。以前我从未考虑过这个，并不是因为它没有意义，而是这是我以前根本就想不到的事情。"

乔治笑了。"那么，既然你现在想到了，你从中学到了什么呢？"

"我学到了套息交易者不仅仅是对货币进行投资，他们还投资于美国股票、世界各地的债券以及房地产等项目，他们甚至还用贷来的钱对公司进行整体收购。反正外面贷来的日元多着呢，但我过会儿再谈那个，我相信我讲的这些内容您早已了解。"

他点点头。"也许是的，但我还有半个小时，我想听听你的所有想法。"

我低头看着我的笔记本，在半个小时内讲完我的所有想法是不可能的。但我还是坚持继续向他阐述："一旦当我明白为什么会是这样时，相信我，这是我花了好长时间才悟出来的，我发现我可以试着将这套理论用到我的外汇交易中来。我给外汇经纪商打了电话，询问利率的问题。得出的结果是，零售货币平台收取和支付利息的方式和银行是一样的，只不过零售平台称之为掉期率，这个利息是在每个外汇交易日结束时进行计算——也就是说，在东部时间下午5点。"

"他们收取或支付的利息是多少？"

"根据我的研究，我用的是英镑兑日元。因为日本是零利率，而英国的利率为4%（我想说可能还会持续上升），当我在账户内买入一个标准手的英镑兑日元，相当于10万美元的资金量，我每天能赚得20美元的利息。"

"他们给你的杠杆比例是多少？"

"这是我接下来要说的。我的经纪商给了我400：1的杠杆，我知道这很荒谬。这个杠杆太大了，但这和杠杆几乎没关系，"我告诉他，"这正是让我兴奋的原因所在，我希望我的研究没有完全走错方向，因为我认为我有了一个很棒的发现。"

"假如我在一个名叫'环球外汇'的经纪公司那里开了个账户，在里面存入了10万美元。事实上我没有这么多钱，但假设现在我有。我只存入1万美元的保证金。由于有杠杆的作用，他们可以让我买入400万美元的英镑兑日元，或者40个标准手。每天我持有这个货币，每个标准手每天可赚得20美元，总共可以赚800美元。我只要每天在买盘持有该货币就能赚利息，哪儿有这门子好事啊。但那天晚上我与至少20个外汇经纪商通了电话，我发现他们几乎都在支付这样数额的利息，每家都在支付。我希望我现在还好。"

乔治点了点头，接着看了看手表。我能看出他已经对我产生兴趣了。他说："我点了些三明治，但在听你谈论钱时，我就慢慢没胃口吃了。"

"我也是。我待会再吃。"

"很好，目前看来，你钻研得还不错，虽然与我们用的方法不太一样，但也算很不错了。"

"很高兴听到您对我做出这样的评价。如果这项研究到此为止一直是错误的话，那我没什么可说的了。但接下来的是：我认为，每天购入英镑兑日元，然后赚取800美元，这也未免太容易了。为什么这么说呢？因为这组货币对价格可能不升反降，你知道，如果出了一些新的消息，或者有什么恐怖事件发生的话，价格又会剧烈震荡。对于每个标准手来讲，一个点约9美元。假设跌了100点，而交易的是40个标准手，如果这对货币价格一天跌100点，那么我的损失为100乘以9美元再乘以40——也就是100个点乘以每标准手9美元，再乘以所交易的40个标准手，那将是一大笔钱，比我从利息中赚取的要多得多。"

"所以不值得冒这个险了。"他补充道。

"没错，那样会很可笑。但如果我能找到一个好的价位买入该货币对，并一直持有，那么我的仓位会很健康，远离危险。我不但能赚利息，还能赚点数。这要比同等情况下做低息货币交易好赚得多。这样，我基本上可以在做一笔交易的同时多赚一份钱了。"

"我喜欢你的理论。但你会如何规避风险呢？"他问道。

"规避风险？"

"不错，你怎样去平衡你的风险？"

"一方面，我会根据一系列的止损规则退出买入交易。那样就可以控制下跌的风险了。"

他点点头，"那只是开始，但你有没有可能采用期权或期货合约的方式为自己规避风险，以免出现突然的大幅度下滑？"

"我不太明白，我从没有做过期权或期货交易。"

"哈里，你开了一个很好的头。但是，如果你想成为世界级的交易员，那你还得继续努力。你必须将你的风险降至最低，近乎为零，也就是说，你要想办法尽可能地降低亏损的可能性。你一定能找到方法来保护你的交易，这样你就可以长期持有，而无须为开仓和平仓而担心。"

"听起来不错，但我不确定是否可行。"

他笑着说。"当然是可行的，我们一直都在这么做，我们做期权和期货。我不知道在你用的零售平台上是否有这些金融工具，但一定会有办法能实现这个目标。"

"如果真有办法，我一定竭尽全力的。"

"很好，接下来是我对你的要求。虽然比较困难，但很值得。我想让你现在对利率进行非常非常深入的研究,我想让你继续下去。你会用表格软件吗?"

我很难堪地回答说我不会。

"好吧,那找个会用的人来帮助你。"

罗迪和温尼伯·乔治!"我认识这样的人。"

"很好,现在我要给你一个载有数据的CD。"接着他对房间对面的一位交易员喊道,"鲍比!把即期汇率的CD拿过来。"

"哪个币种的,西斯勒先生?"

"英镑、瑞士法郎和日元。"

"知道了。"

鲍比走过来,交给我一个CD盘,乔治向他点了下头。"从现在开始,不要将这些数据外泄,这是我们花了很长时间汇编整理的,里面汇集英镑兑瑞士法郎和英镑兑日元这两个交叉货币对20多年来的即期汇率记录。"

"好的。"

"我想让你查看一下英国、瑞士和日本20多年来的利率变化,然后绘一个图表,用它来说明利率是如何随着时间的变化来影响外汇汇率的。我知道你了解利率对货币价值的影响力,但现在我想让你向我展示的是,利率到底怎样影响货币价值的,懂了吗?"

"懂了,您什么时候要这个图表?"

"一周后,4月19日周一,我会在同一时间和你在这儿见面。"

"如果有人帮我一起完成了,我能带别人一起过来吗?"

"当然可以,现在我得走了,一周后见。"

## 英镑兑日元

温尼伯·乔治和罗迪都显得很兴奋,至少可以这样说吧。下午7点完成工作后,我见到了他们,并和他们说了我和西斯勒先生见面的事。看得出,他们认为找到利率的相关信息不是一件难事儿。"我们今晚可以待在这儿,在明天早晨到来之前搞定一切。"罗迪对我说。

# 第十八章 作业

熬上一夜？在这周吗？我错过了许多与家人在一起的时间，而且如果我不眠不休一夜的话，肯定会影响我第二天的工作状态。"如果真的这样容易的话，我们能改在周末吗？"我问道。

"当然，"乔治回答，"与此同时，我们能计划出更多的交易。你呢，也可以学习怎样用表格软件。"

"一言为定。"我说，同时我决定在这周剩下的时间里，一边计划更多的交易，一边学习表格软件。

接下来几天里，那两个家伙十分努力，取得了很好的进展。学用表格软件也不难。总之，那些交易的测试结果非常好，其中有的交易可以持续一个多月，有的几乎刚开仓就完蛋了。

在第一笔交易中，我希望通过英国和日本的利率差来获利。所以，我像平常那样通过四小时图来对英镑兑日元进行观察，我想找到一个买入点。首先我注意到的是，这组货币对的汇率波动的幅度很大——似乎一直在某个范围内变动。然后我注意到，最近以来，193.00价位形成了较为合理的支撑。在3月末的时候，该汇率一直未能超过这个价位并停留在该价位之上；一个星期之后，英镑兑日元冲破了这个价位，并且未再回落到该价位以下，这就是阻力位向支撑位转变的最佳例证。

对于为什么193.00位置会成为一个很好的支撑和阻力区域，罗迪和乔治有着自己的看法，这与一个事实有关，即每当英镑兑日元到达这条水平线的时候，他们的CCI摆动指标就会出现超买或超卖提示。我很高兴他们的测试系统也证实了这样一笔交易，但不管怎样，我还是打算把它记录下来，进行纸上交易。我们都认为虽然这组货币对之前曾在193.27位置坚挺不动，但我们有信心等着它回落到193.00。因为，根据我的新搭档的说法，这是一组倾向于靠近整数位的货币对。在这点上，我准备谈一谈有关止损和止盈的问题（见图18-1）。

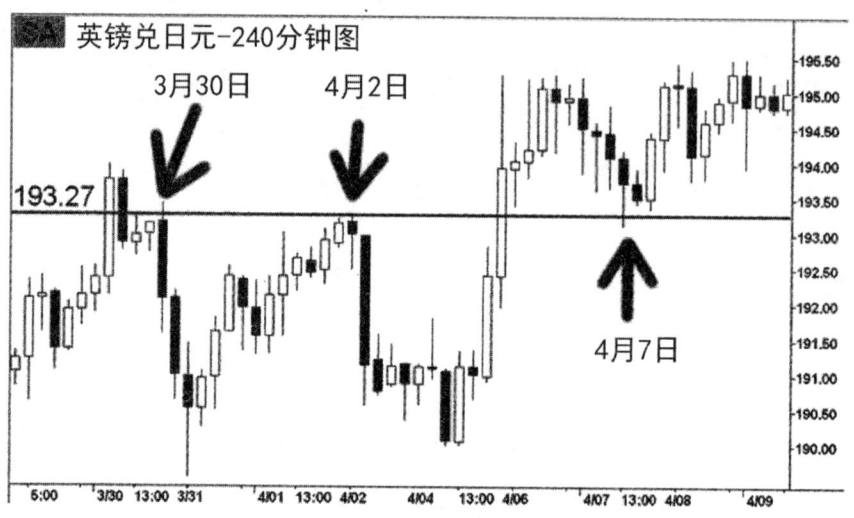

图 18-1　止损价位和盈利价位目标

乔治认为 195.00 应该是该货币对的绝佳卖出位置，它可以给我们带来 200 点的盈利。同时，这组货币对也曾三次在这个价位停止过：第一次是在 3 月 18 日，该货币对跌落至 195.00，在继续跌落前，一直停留在该位置，纹丝不动；第二次是 4 月 6 日，它终于从 193.00 下方重新涨回这个高度；第三次发生在 4 月 8 日。在这三次当中，每当达到 195.00 时，该货币对只突破了 50 个点左右。而我最喜欢看到的是，195.00 价位在当中扮演了支撑位与阻力位的双重角色。

我写下：

英镑兑日元由开始 193.00 做多，止损位：192.00，盈利目标：195.00

罗迪和乔治为公司下了这一单（见图 18-2）。看着他们交易，对于我来说已经足够了。

在乔治和罗迪轮流工作的过程中，这笔交易经历了开始与结束的全过程——4 月 13 日早上 3：00 开始，在 48 小时后的同一时刻前后结束。

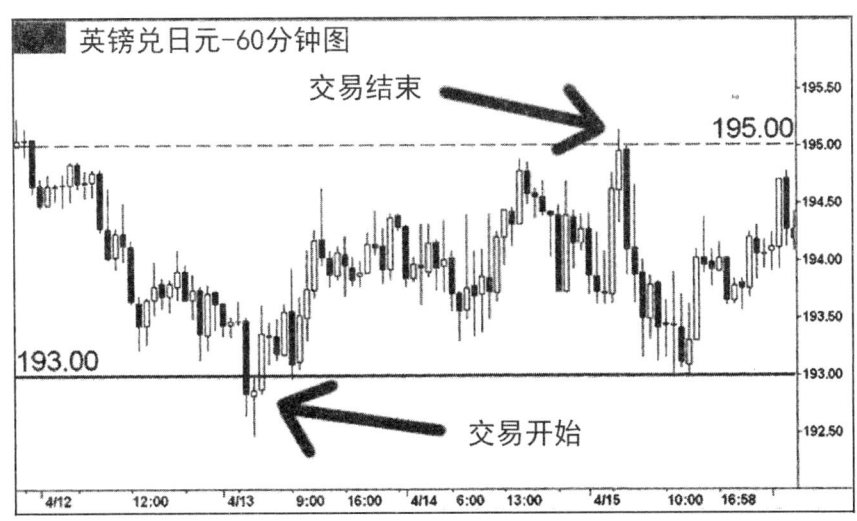

图 18-2　乔治和罗迪的交易

我仍不想自己交易，前一周的惨重损失仍在我的脑海里清晰可见，也许还得等一个月后，魏克曼公司付给我第一次薪水，我才可能出手。也许会更快，最好在哈维·温克尔斯坦的建议下再做决定，我希望可以很快再见到他。

哈维不在身边当然不会阻止我计划更多的交易。与乔治和罗迪一起，我又分析和策划了四笔交易。其中两笔是基于英镑兑美元的一小时图，每笔净赚 40 点。这两笔交易，每一笔开仓时我都不在场。还有一笔交易是靠分析欧元兑美元的 15 分钟图完成的，我们赚了 50 点。我不太喜欢短线图表，但罗迪和乔治说服了我，他们认为我应该知道我所用的系统在短线图上是否可行。的确行得通，那笔欧元的交易我对来说就是足够的证明，我还是决定放弃用短线图表来计划交易。

在这段时间，我们开始将这个交易系统起名为"温伯尼绝活"，主要原因是罗迪非要这么叫，想以此纪念温尼伯·乔治的故乡，另一方面是因为有些人不明白我们在做什么，会问到我们。罗迪乐于如此命名。整整一个星期时间，包括克雷格在内的大部分交易员任由我们在此孤军奋战，我提供的交易信息也不再迎合大众的口味。我意识到，欧内斯特·韦林顿公司的大部分交易员对最热门的想法都很感兴趣，不管这些想法来自何处，但他们不会特别地对哪一个想法关注太久。他们同时还从事着许多其他的事务，如为客户报价、进行期权和期货交易以及其他交易品种等。我写在标签上的信息已经很久没能吸引他们的关注了。

由于我自己还在不断的学习过程中，这使得欧内斯特·韦林顿公司的其他交易员对我的想法失去了兴趣。每一笔交易测试，都会为我自己的能力增添一分信心。在本周末前，我准备完成1000次交易测试，并把结果录入到表格软件中去，我的进展很快。

温尼伯·乔治向我演示了如何通过表格软件来记录开仓价、止损价、盈利价、交易过程中最大浮动亏损以及最终盈亏点数，等等。通过表格软件还能显示出总体盈利百分比以及盈利单和亏损单的平均值。他告诉我说这个信息对于我的成功极为关键，以后我就知道为什么了。

到了周五，我已经做了1000多次交易练习并把数据录入到表格软件中了。整个一周我没怎么合眼，一直在进行交易测试，与家里人基本上也没联系过。直到这时，我才想起乔治·西斯勒让我对利率进行的一堆研究任务还没动手呢。

# 第十九章　贝恩斯团队卷土重来

温尼伯·乔治和罗迪一致认为利率的研究很容易，对此一直保持乐观的态度。他们邀请我共度周六夜晚，一起做出研究成果。但我已经答应过妻子要和她以及孩子们一起参加周日早上的弥撒——我很少参加这种活动，我决定不让他们失望。我很高兴我做到了。

周日的早晨阳光明媚，让人心情畅快，我很开心能与家人共度时光。早餐的时候，吉妮很高兴听到我在律师事务所取得的进步，而且我已经面试了几个有望接替我职位的候选人。我以前没对她提到过乔治和罗迪，所以我向妻子解释说，他俩正在帮我把多项研究进行整理。我和她讲了从那周以来我所做的交易测试的情况以及在接下来的几周内我希望取得的进展。比起我帮助乔治和罗迪赚了多少钱，她更欣慰于我学会了怎样做自己的分析。

"安德森，甚至乔治和罗迪都应该为你所做的工作给你些回报，这样看起来才公平，你为他们赚了不少钱呢。"

"仅上周就收获了300多点，我简直不敢相信那些交易是我帮他们策划的。今天我和你待在一起时，他们正在帮我做一大堆的研究，这也算是对我的一种回报吧。"

"也许吧。但我还是认为既然你帮他们赚到钱了，你就应该为之得到回报。你现在这方面做得这样出色，我一点儿也不吃惊，因为我知道你能行。"

听到妻子的鼓励，我感觉这一周的努力是值得的。我一路微笑地走到教堂，神父正站在门口，迎接一个个虔诚的教徒。我一走近冈萨雷斯（Gonzales）神父，他就把我拉到了一边，我知道他肯定要建议我多与家人一起参加这样的仪式,以获得主的庇佑。我不得不赞同他的这一建议,但他想说的不是这些。

"里面有位先生想见你。哈里,早上我们谈起了你,谈得很愉快。"说完他在我的背上拍了拍,把我交回到家人的队伍中去。

哈维·温克尔斯坦坐在教堂的最后一排的板凳上,一看到我就咧嘴大笑。他起身向我的妻子和孩子们介绍了自己。他的一旁放着一个大纸袋,他说这个袋子里装着奖励与惊喜,是为在这次仪式中表现最守规矩的人准备的。我的妻子邀请他去我们家吃饭,他同意了。

接着,他告诉我,他要先去布鲁克林周围逛逛,去见一个老朋友,等我们的仪式结束后,再与我们见面。

那天的弥撒我几乎一点都没听进去。我不记得在哪里起的身,在哪里落的座和在哪儿下的跪。在我脑海中一直显现着哈维灿烂的笑容和那张满面春风的脸。就在一个多星期前,我还认定自己是世界上最差劲的交易者,哈维也这样认为,至少他相信如果我再继续从事这行的话,我一定会赔光我所有的钱。一个星期竟然可以让事情变化这么大!我一直没有进行实际交易,但我证明了我懂得如何去自己分析和测试。我带了很多张统计好的表格结果,想稍后展示给哈维看。

哈维·温克尔斯坦也是来我家的客人当中最受欢迎的了。在我和吉妮准备晚饭的时候,他在给孩子们读故事书。在饭桌上,他吃了两份吉妮做的烘肉卷,还向她要了烹饪的食谱。孩子们吃完饭,回他们的卧室玩耍去了。哈维开始谈起了交易的话题。

## 组建贝恩斯团队

哈维:今天我想和你们俩都谈谈。从这点上来说,你们同属一个团队,需要共同参与进来。这其中也包括你,吉妮,尽管你可能不用去做任何交易。

吉妮:我想参与进来。我想一直以来我都在参与其中,即便我晚点听到交易的情况,但至少我有听说过。

我：我很希望她能成为其中一员，我知道一定会有帮助的。

哈维：怎么帮助呢？

我：她需要对我们账户里的钱有个数，对随时所处的风险资金有个数。这也是她的钱，我希望重新开始，但不是一个人孤军作战。

哈维：很高兴听你这样说。吉妮，这就意味着你将每天与哈里至少碰一次面，在每一次交易开始之前，最好一起商量要做什么样的交易，哪些交易赚过钱，哪些赔过钱，风险是多少。可能有时候，你们会采取措施降低风险，也有时候你们想提高风险，做更大的交易。等你们一起合作了，你就知道怎么去做这些事情了。

我：我还想给她看一下我做的统计表。

哈维：我也想看看，告诉我你学到了哪些测试方面的知识。

我：在我做了大量测试后，我首先得到的启发是，你教给我的75/25资金管理原则显得越发有用了。

哈维：为什么这么说？

我：因为得益于一个盈利系统，所以我很感谢它。你教我绝不要让自己的账户亏损超过25%。通过测试，我知道我能开发出一个系统，对它进行测试，我发现有利可图。在表格软件上输入1000行测试数据后，我发现我不用凭感觉来做交易了，靠感觉做交易，不太会有胜算。

哈维：对，你说的没错，事实上，凭感觉来做交易是有负面作用的。

我：在做测试的时候，我发现我只愿做有把握的交易。只有当我懂得这些交易在一个更大的环境或系统所处的位置时，我才对自己的操作有信心。如果现在损失了100点，我也不会为此发愁，因为我知道，第一，我不会在一笔交易中投入过多钱去冒险，第二，随着时间的推移，盈利的次数会渐渐大于亏损的次数。平均下来，盈利将会大于亏损。

哈维：大出多少呢？

我：要分情况而定。我做日线图测试时，测试了至少300笔英镑兑美元、英镑兑日元和欧元兑美元的交易，平均盈利为212点，平均亏损为88点。所以，对那个时限来讲，我的盈损比例为2.5。

吉妮：说具体点好吗？

我：这是一个好的表现，因为这意味着平均算下来，我们每次交易的盈利将是亏损的 2.5 倍之多。

吉妮：要是你一半以上的交易是亏损的该怎么办？

哈维：问得好！哈里，在那些 300 多笔交易中，你比较过输和赢的次数吗？

我：当然。232 笔盈利，78 笔亏损，这意味着在这几百笔交易中，我有 77% 的笔数是盈利的。

吉妮：所以，这是个不错的系统，真的很棒。

我：是的，但这还不算最好的。我用 4 小时图做的交易要比其他的都好，我已经对同样的几组货币对做了 600 多笔交易的测试，得出平均盈利 267 点和亏损 94 点的结果，盈利次数占 74%。

哈维：真是让人耳目一新！你准备在实际交易中也以 4 小时图为主吗？

我：是的，只要我一准备好就马上开始，但在此之前，我还是会继续做纸上交易测试。

哈维：很好，待会儿我们再谈这个，现在我还有些问题想问你们。

我：没问题。

吉妮：您说吧。

哈维：吉妮，打个比方说，哈里这周开始做交易，在 4 月份余下的几周里，他一直在亏。他做了 10 笔交易，但都是亏损的。他该怎么做？

吉妮：我不知道你想让我怎么回答，我想我会让他继续坚持下去。

哈维：为什么呢？

吉妮：因为，不久以后，他会通过他测试的系统转亏为盈。

哈维：没错，你的回答很精彩。但是，哈里，你还有什么其他角度的看法吗？你交易的前提是什么样的？

我：我们交易的前提是我在每笔交易上只投入很少的钱，所以，10 笔亏损对账户不会有太大损失。

哈维：棒极了！这是另一个重点。如果你再开设一个 5000 美元的账户，那么我建议你做每点 2 到 3 美元的交易。如果你的平均亏损为 100 点，那么每次交易时你账户的风险只有几个百分点，交易量越小，那么你能承

# 第十九章 贝恩斯团队卷土重来

受风险的时间就越长久。

吉妮：想要从那么小笔交易里赚到很多钱，这太难了。你认为呢？为什么不多投点钱，承担同样比例的风险，至少有机会赚到更多的钱，对吧？

哈维：这个问题问得不错。但是这让我们忽视了应该关注的地方。下个月，哈里应该把精力集中在把交易做好这方面，你和他一起把关，继续测试，确认交易系统的有效性。他又回到魏克曼事务所工作了，所以问题不在于他现在能从交易中赚到多少钱，而是在于他这种方法能够持续多久，如果他能够证明，那么他现在就可以开始交易了。

吉妮：你说得很对，他现在仍在学习交易阶段，所以现在应尽量用最少的钱来交易。

我：而且要学会对资金负责，如果我再赔掉5000美元的话，至少我知道我还能在魏克曼公司多待上一段时间，毕竟这钱我们赔得起。

哈维：你不能再赔钱了。

吉妮：（沉默）

我：（沉默）

哈维：难道你们搬进一个公寓，然后对彼此说，好了，这个公寓要是被烧毁了也没关系吗？难道我们只能搬进一个对我们来说即使烧了也无所谓的公寓里去吗？

我：不是。

哈维：你的交易账户就是你的下一个公寓，那儿正是你想买的公园坡的高档公寓。你想用交易赚到的钱去购买这套公寓，然后再失去这笔钱吗？这钱你能赔得起吗？

吉妮：肯定赔不起。你说呢，哈里？

我：噢，真抱歉！我还从来没那样考虑过。但这是事实，如果我损失了账户里的25%的钱，就相当于失去了我们未来住房的25%。你说得很对，这就是为什么我对第一个账户没有给予足够重视的原因。首先我没有去考虑赚到这些钱要付出的代价，或者说我的不负责任意味着我把未来毁掉了。

哈维：说得一点儿都没错。如果你学会如何重视100美元账户的话，那么你就能驾驭100万美元的账户。钱数的多少没有什么不同，因为你相信你将永远不会再做任何有可能破坏你梦想的事情。

我：我同意。我一定做到，吉妮也会监督我的。

哈维：哈里，你现在情绪控制能力怎么样？你对过去一周有何感想，没有做交易吗？

我：在此之前我还真没太注意这些。我不再会像以前那样受情绪的支配来做交易了。如果说这周我想做交易，那也只是昨天才有的想法。因为现在我有了一套经过测试的交易系统，从中我看了那么多的例证，不去真枪实弹地交易一把，不可能了解更多。

哈维：这正是我想听到的。现在我们来学习后一条交易法则：对自己负责。哈里，你的妻子将对你负责，她将确保你会依照我们目前达成的一切共识去操作。你应该找一个本子记下你所做的交易，你要在笔记本里记下你交易计划，包括交易量、开仓成交价、止损价和止盈。你要写下交易时的想法，并总结它与你做过的其他交易相比有何不同。每当一笔交易结束后，你要从中总结思想，回顾检查。如果可以的话，你应该将屏幕中的交易图表打印下来，夹到笔记本里。吉妮将对每笔完成的交易进行签收，这样她就能清楚地知道你计划的交易，以及你是否按计划完成了交易。

吉妮：我喜欢你的提议，我喜欢让我也能参与到交易中去的提议。

我：我也是，这一定能帮我遵循一些规则的。

哈维：吉妮，你对哈里这周开始做些交易有什么看法？

吉妮：只要我们遵守你设置的这些规则，我很高兴再去尝试一次。

哈维：那么就让我们对哈里·贝恩斯的表现拭目以待吧，这次来真的。

# 第二十章  成果展示

第二天,罗迪穿了一身最老式的套装,好在乔治·西斯勒面前显摆一番。事实上,只有大量的利率数据才能让路乔治·西斯勒印象深刻。

这点我们做到了。

周六和周日整整两天,温尼伯·乔治和罗迪几乎没有睡觉,准备了巨量的数据信息。周一早上,我抽出半天的时间,也做出了些自己的研究成果。那天上午我没与罗迪或温尼伯·乔治见面,所以他们不知道我会说些什么。但今天讨论的内容会显著提高我们一直使用的系统的利润。

午餐时间,我们在西斯勒公司黑暗的大厅里见了面,我们刚好准时赶到乔治·西斯勒的交易厅。我可以看出罗迪和温尼伯·乔治对这里印象平平,至少可以说他们对这里的办公室没什么印象。关于西斯勒公司,他俩比我听得多,所以他们一直期待看到的是一间装修简洁的办公室,而不是现在这样简陋的破屋子。后来罗迪对我说,他真想给西斯勒订一期玛萨斯图尔特生活》杂志。

乔治·西斯勒只给我们一个小时的时间,他手下的一些交易员也围在一边。他解释说因为他们也一直在研究利率,所以想看看我们对利率的研究成果。于是,我们让温尼伯·乔治开始了展示:"西斯勒先生,我们得出的基本结论是利率差会导致交差汇率在利率差变化的几个月后跟着发生变化。我想先说说我们是如何开展这项研究的,然后再告诉您,我们是如何在交易中使用这个信息的。"

"听上去不错,小伙子,那就开始吧。"

温尼伯·乔治打开笔记本电脑,调出一张图表,"从这个图中可以看到,在1986年2月至今年1月期间,英国银行和日本银行的利率差有很大幅度的波动。表的底部的灰色条柱形表示这些利率的利率差大小。例如，2004年1月，在图表的最右边，英格兰银行的基础利率为3.75%，日本银行正进入零利率政策的第四个年头，所以利率差为3.75%。这能说明什么呢？"（见图20-1）

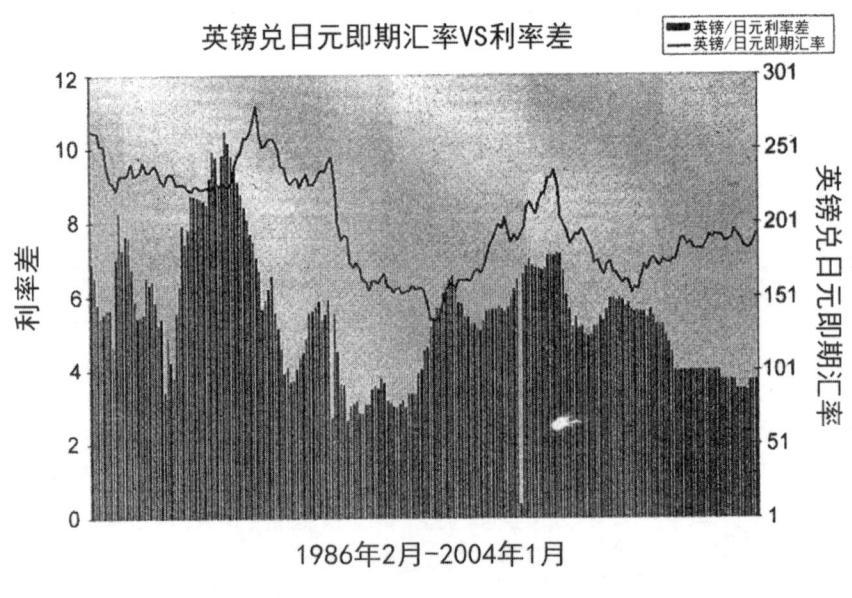

图20-1　利率差为3.75%

西斯勒点点头说。"是的，我明白你的意思。"

"接着看，"温尼伯·乔治继续说道，"浮在灰色条柱形上方的细线表示英镑兑日元的即期汇率，现在再来分析这个图表就变得非常简单了。让我们从最左边开始，一直朝前分析。我们可以注意到，在1990年，这两家中央银行间的利率差比以往还要大——同年5月份的基础利息差超过了10%，但即期利率在此期间之后仍在持续上升。事实上，在1990年5月到8月间，即使在利率差已经开始降低的情况下，这组货币对的汇率还是上升了2200个点。"（见图20-2）

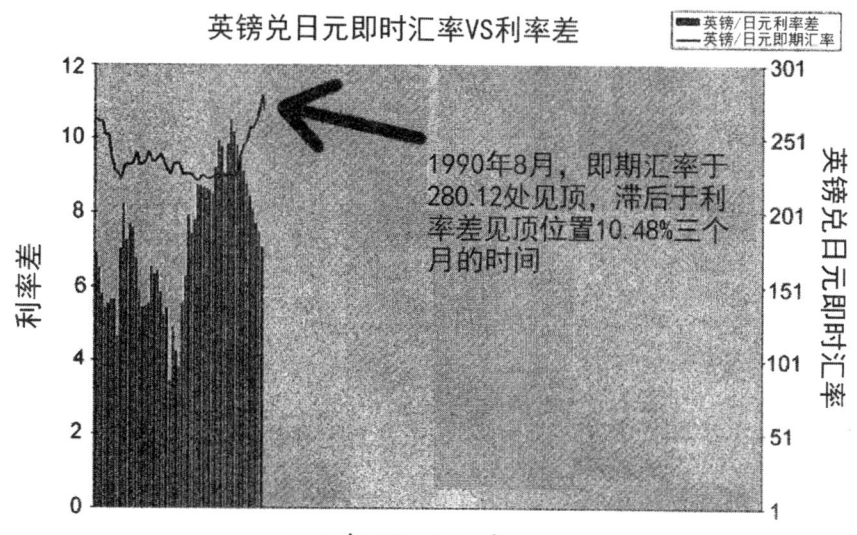

图 20-2 利率差下跌

"同样的动态变化一次又一次地出现，一直持续到现在。结论就是，市场还得花点时间去消化利率的变动。所以，利用利率差来预测汇率市场的未来走向是实际可行的。"温尼伯·乔治深吸一口气，等待着大家的发言。

西斯勒没有说话。

"伙计们，你们对此有什么看法？"他对着周围的一群人问道。

其中一个交易员向其他人说："那些数据太庞大了，这个分析真是好极了。"接着他看着温尼伯·乔治，向他提出了一个所有其他交易员都非常想提的要求："能给我拷贝一份吗？"

我们全都笑了起来。"当然可以，"温尼伯·乔治回答道，"没问题。我们还有英镑兑美元，英镑兑加元和英镑兑瑞士法郎的数据，你们可以全部拿去。"

西斯勒开始说话了，"那么，如何将这些数据运用到你现有的系统中去呢？"

"是这样的，先生，"罗迪回答道，"你知道，我们其实没有使用什么系统。这些利率理论把哈里一直做的有关支撑和阻力的一些研究结合了起来，我想我们发现了一个可以长期用于指导交易的好东西。"

西斯勒点点头，"我很喜欢看到这些，非常喜欢。你俩是在哪儿上的学？"他问道。

温尼伯·乔治回答说自己在耶鲁上的学，罗迪毕业于伦敦经济学院。接着西斯勒盯着电脑屏幕上的图表，再次说道："我喜欢在这儿所看到的一切。"

接着轮到我发言了。

"我想，我也找到了些东西，也许对这次的研究是个很好的补充。"

大家都盯着我，很想知道我要补充些什么。突然间，我发现他们开始把我看作是其中的一分子了。我是他们当中的一员了，这种感觉很奇怪，这种感觉很对路，我希望自己不要把事情弄糟。我开始发表自己的观点："几周前，西斯勒先生让我在零售平台上寻找做套息交易的方法，因此这也成了我未来要做的交易类型之一。他还告诉我说，套息交易是以低风险赚取利息为目的。起初，我不知道怎样才能做到，因为对冲基金所进行标准套息交易需要经过日本银行的信用审核或者有买到货币期权的渠道，以及拥有一套能够计算出货币未来值的绝妙公式才能完成。所有这些要求，我一个都达不到，但是我在零售平台上找到了一样东西，这个东西是银行或对冲基金不能使用的，甚至效果可能会更好。"

此时，在座的每个人都屏息凝神，紧绷神经听我介绍。对于他们来讲，这比看一场电影还要精彩。如果我要求他们在我继续讲下去之前，唱一曲《脱线家族》(*Brady Bunch*)的主题曲的话，他们也会齐声放歌的。

"我不需要期权，不需要期货合同，也不需要日本银行的信用额度。我只需在一个账户里买入英镑兑日元，然后在另一个账户里售出——或者叫对冲买入交易。那样一来，我的点数将持平。由于两个账户间能够互补，所以，任何一个账户我都不会赚到或损失任何点数。"

"可是，哈里，"罗迪插了一句，"卖方账户会收利息的。"

"哈！"我大声叫道。"我也曾这么想的，但我错了。我发现有三家外汇经纪商是不收利息的。"

## 第二十章 成果展示

"什么？这不可能。要是那些经纪商们靠自己掏腰包付利息，进行对冲交易的话，他们会破产的。"

"说得没错。我发现了一些情况。今天，我向大厅里的一个客户代表打听，问他的客户都是什么人。他告诉我，没有什么特殊的客户，你知道的，都是些普通客户。然后他和我说了三四个零售商的名字，这些零售商我以前从来没听说过。他还和我说，他们总是只侧重一边——他注意到，这些客户很少持有相互平衡货币或对冲的货币投资组合。开始我没理解，所以我问他这样做有什么意义。他说，这些零售货币商可能在作些十分合乎情理，而且利润巨大的赌注，他们断定他们的客户一定会亏掉所有的钱。"

温尼伯·乔治的眼睛为之一亮。"那么为什么首先要做对冲交易呢？他们不赚点差。他们断定大部分的客户会亏掉账户所有的钱——所以，他们直接与客户进行反向操作。当交易变得糟糕时，他们承担所有的损失。"

"没错，"我回答道。"所以我知道，如果他们不对多数交易进行对冲交易的话，他们自然也不会在意掏钱付利息。所以我给其中一个经纪商打了电话，告诉他我想开个大额账户，大约为10万美元的户头，并要求最好不支付也不缴纳利息。"

"他们同意了吗？"

我点点头。"客户代表必须上报经理，但很快就给了我答复，同意了我的请求。"

西斯勒被我深深打动了，"照这样说来，你做的交易只靠利息就可以赚上一大笔哦，你打算出手吗？"

我笑了笑。"你没开玩笑吧？我的纸上功课已经全都完成了。"

"你如何保证可以这样一直只赚不赔呢？"西斯勒手下的一名交易员问道。

"我保证不了，"我回答道，"但我可以在能赚的时候，尽量地赚到最多（见附录A）。"

我们坐在一起，与乔治又交谈了一会儿。其中一些交易员问我，是否可以让他们在我这儿投资做零售息差交易。我说以后再与他们谈论这个话题。他们希望马上进入这个话题：他们想瓜分利润，尽快地先行一步。这群交易员惯于捕捉有价值的想法，然后极尽利用，直至将其榨干最后一滴可用的价值。西斯勒对这些图表印象颇深，同样也被我在零售货币交易系统中找到的新路子而打动了。

我保证我们将对零售套息交易进行测试，然后会尽快告诉他们结果。

温尼伯·乔治和罗迪之后给我带来了午餐，跟我说他们正在研究别的东西——一个很大的项目，不可以告诉任何人，他们说这个周末会与我共同分享这个秘密。

# 第二十一章 重返外汇市场

现在是更上一层楼的好时机,需要加快另一笔交易的步伐,这笔交易是我与乔治和罗迪一起计划和操作的。这是自上次爆仓以来,我的第一次实盘交易。尽管有哈维的祝福,我仍然不太愿意进行任何实盘交易。他坚持让我开一个与之前损失数量相当的账户——5000美元。对此我没有把握,我开始怀疑,不知道实盘交易能否和纸上交易一样顺利。

尽管疑虑重重,我和妻子还是从积蓄中拿出了5000美元开了账户,并在周一与罗迪和乔治碰了面。

我们已经等了好多天,等待欧元兑美元的汇率跌落至1.1850。我喜欢在这个位置开始交易——因为在1.1850位置我们画过一条水平线。上周三早上,罗迪给我的律师事务所打来电话,并在电话中大声尖叫。他很得意从1.2200起,一直待在欧元空头仓位里(根据我写的第一张便签上的提示开始做空的),现在正接近1.1850。他让乔治也加入电话中,我们三人一起商量怎么办。所有这些变化都是我以前在其他交易中描述过的。

经过一番短暂的讨论后,罗迪决定如果欧元兑美元下跌至距1.1850位置20个点以内的话,那么他将把它的空头仓位平掉出局,带走大笔的盈利,然后紧接着从反方向开始做多。我和乔治希望看到这组货币对一路跌到至少1.1855的价位,然后再买入。在早上9:30前,这组汇率跌低至1.1866时,罗迪如愿以偿,开始买入(见图21-1)。此时,我仍在做纸上交易,尽管我是在用虚拟的钱在冒险,但在它继续深跌之前,我还是决定不出手。

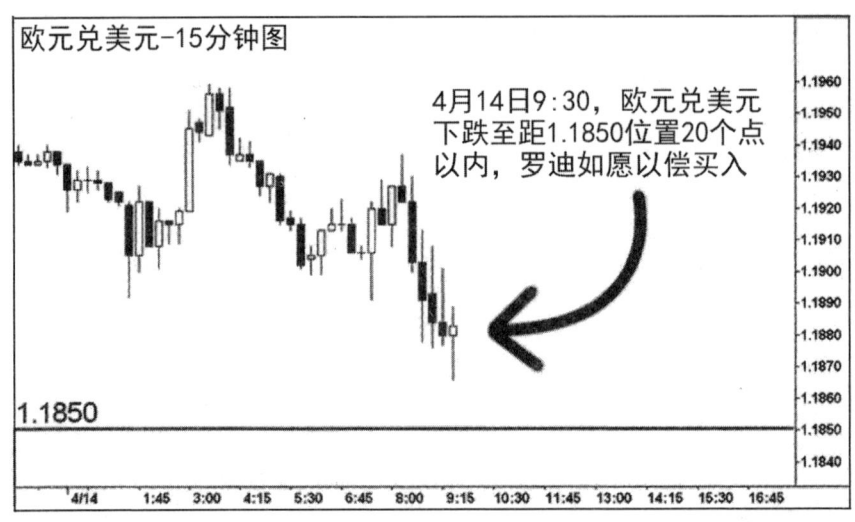

图 21-1 罗迪买入

在这笔交易上,我们需要一个止盈位,这个比较简单:罗迪想在 1.2200 之前一直持有不放。若按这个计划走,这将与他之前刚刚平仓的交易完全相反。罗迪坚信在 9 月之前,欧元会一直呈现区间震荡走势,他只要在这两个价位之间来回地买入和卖出就行了。他开仓时设了 116 个点的止损,这样直至 1.1750 他才会被平仓,这里也是 1.1850 下方 100 点的位置。

这让我感到不解,为什么他不等着在早先商量好的位置买入呢?不管怎样,罗迪的交易如下:

买入欧元兑美元 1.1866,止损价位:1.1750,盈利目标价位:1.2200

正如我之前所说,我和乔治暂时没有出手做那笔交易。其他的几笔交易,我在纸上模拟开仓交易了。周末来临,周日与哈维·温克尔斯坦见面,周一和乔治·西斯勒见了面。周二的时候,欧元兑美元跌至 1.1850,我开始了我爆仓以来的第一次实盘交易。我和乔治采用了罗迪使用的参数,即保持 1.1750 止损价和 1.2200 盈利目标。

五天后,我有点着急了,实际上,我们都有点儿担心——欧元兑美元起初走势良好,现在一路降至 1.1800 水平位置以下,迅速向我们的止损位靠近（见图 21-2）。

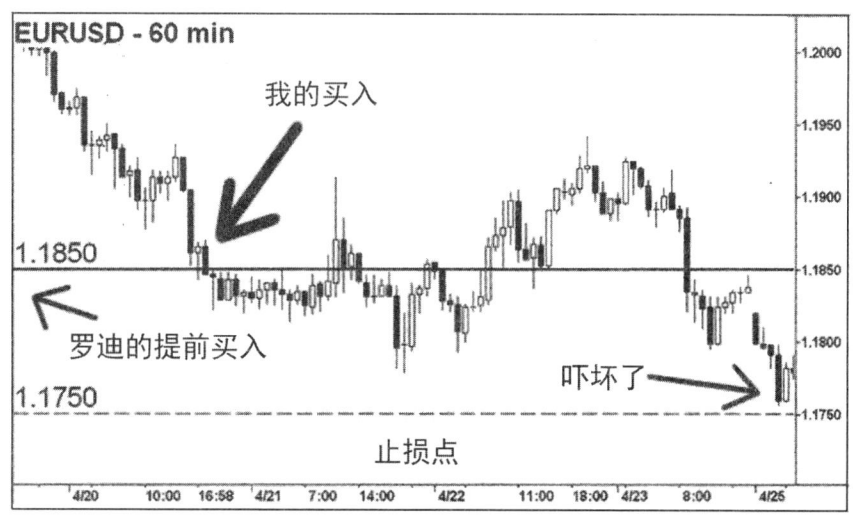

图 21-2　哈里爆仓以来的第一次实盘交易

但没有继续跌到过 1.1757 以下，我们刚好幸免止损离场。这笔交易一直持续到了 5 月 13 日时，又吓了我们一次，接着在 5 月 27 日，便如火箭般直冲 1.2200。我们持有这组货币一个多月，获利 350 点。我们经历两次 90 多点的降幅，但我们从未止损离场。我做了一个迷你手的交易，每点 1 美元。我的账户经历了 100 美元的风险（每点 1 美元乘以 100 点止损点数，也可以说是账户资金的 2%）。我从这笔交易中赚到了 350 美元。

一笔交易为我的账户盈利了 7%，我还能再赚一次吗？我赚到这笔钱难道仅仅是侥幸吗？还能再续辉煌吗？

# 第二十二章　回到第31层

就在第二周，我知道了为什么安德森一直对我这么好。一天傍晚，在欧元兑美元的交易结束还没多久，他给律师事务所打来电话，问我能否下楼找他。我来到楼下31层，看到他正在交易厅的其中一个玻璃会议室里工作。我轻轻在玻璃上敲了敲，他向我挥手示意进来。走进这间隔音的玻璃屋，他对我表示欢迎，问我最近怎样。

"我很好，安德森先生。您为我提供了工位，让我在这里工作，我想对您说声"谢谢"。我真不知道该说什么才合适。"

他轻声笑道："不，不过我也不知道该说些什么了，但你并不是一味地从我们身上索取。你策划了一些很不错的交易，哈里，我们从中赚了许多钱，如果没有你，我们肯定赚不到这么多。就在赚这些钱的空档，伦敦办事处出了些问题。咱们不提这些事了，对这问题你并不陌生。叫你来这里，想谈谈这个话题以外的事儿。"

"我很高兴能为你们带来好处。"我答道。

"'好处'在这里是个最实用的词儿。"他补充说，"所以我想给你这个。"接着他递给我一个信封。

"这是什么？"我问道。

"这里面不是给你的佣金或红利，毕竟你并没有真正为我们工作。但我们可以把你看作一位场外顾问。"

当时我非常想往信封里面看看。我太失礼了，但谁又能不想知道里面装了多少钱呢？

"非常感谢，我不知道该如何回报你。如果我能帮到你，尽管我甚至不知道该怎样帮助您，但无论如何，我愿意做任何事情。"

"如果你不介意的话,我想请你帮个忙。"他很快地接上了我的话茬,我猜他可能早就想好了我会愿意帮他做点什么。

"没问题,任何事情我都愿意效力。"我开始感到不安。

"我想看看楼上的一些文件。"

我松了一口气,这根本算不上大忙。文件这东西,我可以拿到。楼上有一大堆安德森—欧内斯特·韦林顿公司的文件。让我担心的是,如果让他自己上楼去,他会在我那狭窄的小房间里彻夜扎营,而我还得不停地给他拿文件、倒咖啡,一直折腾到天亮。"您想要哪些文件?我可以帮您复印下来,明天上午给您拿下来,或者如果您急需的话,今晚就给您。"

"今晚给我吧,哈里。"他回答说,"我需要一些'福尔肯伯格(Falkenburg)诉美国银行'案子的文件,这是好些年前的案子了。"

我记得这份文件,是个大案子,但他要拿这些干吗?

"我不太明白。"

"是这样的,哈里。严格来讲,我不应该看这些文件,但我还是想看看。那次诉讼案中有一些信息没有被法院纳入档案记录中,里面有我们以前的一些交易员的信息,他们最近正在找我们的麻烦。"

"明天早上我和约翰先逊先生说说这事儿,我不知道他会怎么看。"

"哈里,最好不要和赫布提起这个。或者,不要和事务所的任何其他人说起这事儿。"

"什么?"

"在陪审团进行审议之前,福尔肯伯格的案子就已经得到妥善处理了。达成一致的处理方式之一是把文件密封起来。约翰逊先生已经挑明了帮不了我,所以现在就等着你出场了。"

等我出场?我想。这不是我该出场的时候,这应该是我离场的时候。原来安德森对我这么好竟然有这么深的寓意,现在他开始要求我去背叛事务所赋予我的信任。给他拿这些文件不仅会让我丢饭碗,还会把我送进监狱。

"我不能这样做,安德森先生。"我盯着他的眼睛说道,"我不能帮你这个忙。"

他低头看着我手中的信封，我也看着这个信封。

原来他给我钱，并不是为了我的投资理念而给予的报酬，而是为了购买密封的案件资料。从头到尾，他就是想要那些文件，认为可以通过我来达到目的。假如我还和几周前那样不够忠诚，我可能就会收下他的钱并把文件交给他了。但是现在，成为一名交易员的职业生涯就摆在我的面前，我也没有理由去破坏约翰逊先生和事务所重新给予我的那份信任。

我把信封交还给他。"我不能要这个，我会失去很多东西的。"

他亲切地微笑着，仿佛我送给了他一部崭新的小轿车或帮他做了一次背部按摩。他没有因为我的拒绝而受到丝毫影响。我终于知道他遇事冷静的说法是怎么得来的了，就算交易商们全都炸开了锅，或者伦敦办事处一直在亏钱，更或是自己被起诉了，他依然能够面不改色心不跳。"没关系，哈里，我理解你的处境，没事了。"

我起身离开。

# 第二十三章　结局

　　两个多星期过去了，我录用了一名接替我工作的新员工，并打算带他一个月，以确保工作的顺利交接。每天晚上，我都会在事务所的小房间内与罗迪和乔治私下会面，计划一些持续时间更久的长线交易。我们不再在交易厅里碰面了，我告诉他们，我不太愿意在欧内斯特·韦林顿公司占着位置却又不做任何回报。他们对此并不介意——他们每天每隔一小时至少要打给我一次电话，向我详尽介绍我们的交易进展情况。事实上，他们白天帮我盯着零售交易账户，可以让我集中精力在自己的工作上。

　　罗迪和乔治的秘密是，他们从客户那里筹到了2500万美元，并由他们自己来操作。他们用这笔钱成立了一个对冲基金，并为其起了一个名字，叫"薪酬伴侣"，7月前即将启动。这事儿可不是我胡编的。他们希望我能以交易员的身份加入进来，我不持有这笔基金的任何股份，但到了年末，我可以从我创造的总盈利中提取30%作为我的回报。

　　我征求了哈维的意见后，接受了这个邀请。哈维想不通我为什么还用向他征求意见。在我们俩看来，这显然是人生中难得的一次赚钱机会。

　　自从上次在弥撒仪式上见面后，我和哈维每天都要私下交流一番。在这几个星期里，他一直在叮嘱他之前交代过的事。虽然他总是查看我的笔记本，以确保我的妻子对我的每笔交易和风险都做了签收，但他总在不断地告诉我说，他不再为我会成为什么样的交易者而担心了。

　　我能感受到，在交易投资方面，他能教给我的越来越少，相反，他越来越希望我告诉他我在做些什么。他不需要关注那些消息了，因为他打算用我的方法来交易。还有，他让我告诉他我在做些什么，这一做法还可以证明我是非常专注的。

我非常专注，因为我只靠分析日线图和四小时图上的支撑和阻力来做交易。我说的交易不包括下周将要开户的2万美的零售息差交易，这部分内容我将会在附录A中做更详细的描述。

不久，我向哈维进行了汇报。我一共做了50笔交易，其中35笔盈利，15笔亏损，平均盈利点数为164点——比我期望的要少。我发现坚守盈利目标的日子十分难熬，我坚守的时间越长，就越担心它会转盈为亏，不过，首先要承认的是，我的交易是盈利的。

另一方面，我每次损失的点数确实不多，我每笔交易的平均亏损为67点，比我预期的要少得多，原因也是一样：我不能眼睁睁地看着自己往里砸钱，我宁愿尽快终止亏损的交易，之后再回来，也不愿意承受大幅的跌落。

我仍然按每点1美元进行交易，我获得了4774点，这个数字似乎对于我来说已经相当惊人了，这让我的账户几乎翻了一倍。接下来，我将由此继续前行，将自己的交易扩大一倍。哈维带我到"小意大利餐馆"庆祝了一番。我们要了一磅多的橄榄甜品、两瓶意大利汽水，还点了很多意大利面。

哈维赞成我扩大交易的计划。

"你会发现，你将以更快的速度赚到更多的钱，"他说，"所以我希望你在交易的过程中能够适时停一停，让自己能保持专注。也许你发现自己并不真的想在对冲基金公司里工作——你想向他们租个地方，就在那里做交易。现在不要操之过急，我有预感，你能做出一番大事来。"

"真不知道该如何回报您。"我对他说。

"那好，现在正需要你的回报。"他回答。

"我非常愿意，只要您开口，我什么都满足您。我有种预感，您不会向我要钱的。"

"说得对，"他说，"我只需要你的时间。"

"拿去吧，想拿多少就拿多少。我不知道怎么做才能帮到你，但我是心甘情愿的。"

他笑着说："明天我想带个朋友到纽约，我想让你带他在城里四处逛逛，向他介绍一下你们的'薪酬伴侣'。"

对此我有些犹豫，"办公地点是在布鲁克林的一个旧仓库里，你确定你想让我带这个人去那里吗？他会以为我会杀了他，然后抛尸东河的。"

译者注：东河是美国纽约州纽约市市内的一条潮汐型河流，北接长岛海湾，南接上纽约湾，将位于长岛（布鲁克林和皇后区）与曼哈顿岛以及位于北美洲大陆的布朗克斯分开。

"不，他不会那样想的。我想让他看看你们的条件多么简陋，看看一个刚刚起步的拥有 2500 万美元的对冲基金公司所租用的办公室，工作条件比他自己的办公室差多了。我要让他知道什么是节俭，他应该学会省吃俭用。"

"为什么不带他去西斯勒的对冲基金公司去看看呢？"我问道："他们管理的资金数目更加庞大啊。"

"嗯，我是可以带他去那里，但这家伙已经知道你了。他快把我逼疯了，西斯勒对他的容忍不会超过三秒钟。而且，两个月前是你对我说的你想见见他。所以，哈里·贝恩斯，明天你去见一下拉里·何。你和他初步交流之后，如果中午前你没被他吓着，我会吃惊的。期待你的表现，看看你能教他哪些避免爆仓的经验。"

"我会尽力的。"

"我知道你行的，哈里。"

哈维站了起来，一边说着，一边吃掉最后一颗橄榄，接着离开了迪帕洛美食店。

# 跋

当我告诉这群野心勃勃的交易者们,最重要的交易规则与开仓位置、平仓位置无关,他们都奇怪地看着我。通常,他们对此不会深究,特别是当他们正在企盼着下一个最新、最棒的交易系统的时候,这种态度更为明显。哈维在三个星期内教会了哈里以前从不知道的东西:开仓、平仓是很容易学的内容,但是,只有在经历了一番努力工作与磨难后,人们才会发现自律与心态才是最重要的。

有这样的一种传言:就算你是一名家庭主妇、机电工或心脏病专家,如果能在每周或每天经过几个小时或几分钟的培训,就能够掌握外汇投资的诀窍,然后就能迅速地走上发家致富的道路。而事实是,任何一个出售所谓的能赚钱的交易系统的人都是骗子,一切都是我们内心深处的贪欲在作祟。记得我第一次做交易时就很贪心,当时的我和哈里·贝恩斯没什么不同,总想不劳而获。我学到了一个残酷的道理,那就是:虽然外汇投资是世界上最赚钱的职业,但它同时也是让你付出最昂贵代价的职业。与很多新手一样,我也是这样走过来的。

还有一个荒唐的说法也在这行的新手中流传甚广,即首次的失利就当交学费了。简直是胡说八道。想象一下,一天傍晚,你最好的朋友来敲你的家门,大声地对你说:

你的好友:今天晚上我把你的车给撞毁了,几乎要报废了。但是我想让你知道,它给我上了很宝贵的一课。

你:什么!你干什么了?你学到了什么?

你曾经的好友:我认识到,我不应该在抽那么多大麻,喝了一箱啤酒的情况下，在高速公路上反向行驶。不过，值得庆幸地是，我现在汲取了这个教训，我再也不会犯这样的错了，再也不了。

你：（无语）

你恨不得要掐死的曾经的好友：哦，对了，你的iPod还在车上呢。我想你得换个新的了。

为什么新手们在谈论爆仓时的说法都一样呢？他们这样说道："现在我知道了，我不应该将账户一半的钱孤注一掷地投到一笔交易中去。"或者，"我现在汲取教训了，不应该因为看到市场在变化就一头扎进交易中去。"我感到不解：难道他们真的需要在经历一次次失败后，才能认识到自己犯下的错误吗？有些交易者告诉我说，他们得先往水里扔钱，然后才能够重视交易。

我认为这都是屁话。也许对于交易员们来说，亏钱是他们必经的洗礼。也许大部分成功交易员在其投资生涯中都遭受过挫败。但他们不会一次又一次地犯同样的错，不是吗？如果他们总是犯同样的错，他们也不会成功。我总能看到太多的新手一而再再而三地爆仓后，依旧犯着同样的错误。这就是为什么我说最重要的交易规则与开仓和平仓毫无关的原因所在，以下是交易规则的内容：

**务必将损失控制在账户资金的25%以内。**
**务必于交易前进行测试。**
**务必对你的交易合作伙伴负责。**

哈维把这些交易法则教给了哈里。我塑造了哈里、哈维、罗迪和乔治，以及其他所有的人物，就是希望你能够通过阅读他们的经历，从中得到启发与收获。

你已经注意到了，哈维并没有教哈里如何去画出支撑线和阻力线。他甚至没有在一旁帮哈里做测试，哈里完全依靠自己来处理所有的困难。最神奇的地方体现在这样一个事实中，那就是，当哈里开始遵守以上三条规则时，他不必再去担心什么。即使当他的支撑和阻力交易体系崩溃时，他仍能重新回到这三条规则上来，然后再创立出一个崭新的体系。

你完全可以靠外汇投资来补充生活的开支，你也可以以此为生，但是你必须遵从交易的规则。如果你是因为它能带给你想要的自由而被吸引到这行的，那么我将为你喝彩。人们都想获得经济上的自由，希望有机会规划自己的生活，有更多的时间和自己爱的人在一起。但是，要想获得那样的自由，你必须愿意付出代价。

这些代价是值得的。

我知道你也能够做到，希望保持联系，让我知道你一切都好。

附言：在后记中，你会看到更多有关哈里交易的例子，那些都是在他加入罗迪和乔治的对冲基金之后的两年间所做过的交易。想要了解更多有关利率和利差交易的信息和实例，请登录网站：www.HarryBanes.com。

# 后记 A　零售利差交易

零售利差交易是全球对冲基金公司普遍使用的与利差交易相近的同类型交易。

回顾：像西斯勒公司这样的对冲基金公司会在日本以低利率进行贷款，然后将贷到的资金投到各类高息金融工具中去。这种投资交易之所以利润丰厚，是因为他们实际上能以贷款数额的两倍、三倍、五倍甚至十倍来进行投资，因为他们可以进行杠杆交易，就像零售外汇经纪商或股票交易商使用保证金来交易一样。

在零售货币交易中，每组货币对都有一个掉期率或隔夜利率。假如你买入一个高息货币，同时售出一个低息货币——也就是说，假如你买进英镑兑日元（英镑高息，日元低息）——那么每天你能因此赚到一定的利息。实际上，你只需在东部时间下午 4：45 分买入，持有至当日东部时间下午 5：00，你就能获得利息。如果你卖出同一组货币对，那就意味着你打算卖出高息货币，买入低息货币，也就是说，你得支付利息。

每个周三都是"三倍利息日"，或者说，在这一天里，外汇经纪商不是支付或收取一个单位的利息，而是要支付或收取三倍的利息。为什么？因为货币交易有一个交割日，周三的交割日期是周六。严格来说，外汇市场在周六和周日是不开放的（到东部时间周日下午 5：00 左右开市）。因此，在周三启动的交易在下周一前是不能完全交割的。这就意味着该笔交易的应付或应收利息为三倍。记住，利息是不会睡觉的；如果你的信用卡欠了钱，你不可能因为信用卡公司周六日不上班而少付这两天的利息。

但当我发现有些外汇经纪商可以让我开立一个不用支付和收取利息的账户时，我同时也发现这是一个让人惊叹的绝好机会。这样一来，我可以建一个英镑兑日元的空头仓位，并在持有该仓位时免交任何利息。

我找到了这种零利息的机会，于是邀请哈维来到家中，并向他和我的妻子阐述了我的理念。哈维很快就判断出这种零利息的游戏不会持续太久，他鼓励我尽早利用这个好机会。这个策略不需要进行太多的管理，因而风险很低。

带着哈维的祝福（他像我一样对这个策略的未来的实施抱有很大的热情），我在第二周便向"免息外汇经纪商"（名称暂不公布）的交易账户中存入了1万美元。与此同时，我又在有息外汇交易平台开立了1万美元的账户，这个账户支付的利息略高于平均掉期率，并且提供优秀的售后服务。

在免息外汇币交易账户中，我卖空了2个标准手的英镑兑日元，同时，我向有息交易账户中买入同样数量的同组货币对，接着一直保持持仓状态。"紧张"这样的词并不足以形容我当时的感受：我对交易结果非常的焦虑。

这个交易策略拥有让我倍感欣慰的一个特点（也是最重要的一点），那就是，在这次交易中，我的盈亏点数完全持平。如果一个账户里的钱亏损了，另一个账户里就在产生着盈利。我有500点的缓冲区间——在亏损的一边账户面临追加保证金之前，我可以亏损500个点。罗迪和温尼伯·乔治帮我设计了一个计算模式，通过它来决定什么时候从盈利的账户里收回资金，往亏损的账户里转移，这样，能够避免被要求追加保证金情况的出现。

第一天起，我就赚到了比想象的还要多的利息。在2004年以前，我的储蓄账户一直是以年利率1%来结算存款利息。但是，通过设立两个账户，每个账户进行两个标准手的交易，投资2万美元，平均每5天就可以赚到比过去一年还要多的利息，仅用了5天的时间！我开仓时支付了一次点差的收费，但我仅用了一周的时间赚到了足以支付这笔点差金额的利息。

在进行这项交易的第一年中，因需追加保证金我平仓6次，每次平仓的过程中，我都要把获息账户里赚来的收益拿出来进行再投资。我尽可能频繁地把钱存到交易账户中，好让尽可能多的钱运转在这项投资中。一年之内，我的交易账户中的资金超过了 6 万美元，其中有 2.5 万美元是利息收益，另外的 3.5 万美元来自我的银行存款。截至 2006 年 7 月，在没有继续存款的情况下，总资金几乎翻了一倍，达到了 11.6 万美元。

但那只不过是小钱而已。

2005 年 1 月，通过在实际操作中不断地平衡账户中的资金，我的这种交易策略通过了全面测试。在我以一个交易员的身份加入"薪酬伴侣"的 4 个月后，我告诉罗迪和乔治说，我想从基金中拿出 100 万美元进行零售息差交易的投资。我不能只让自己独享这样一大笔收益，尤其当我想到欠了这两个伙伴很多的时候——没有他们的帮助，我也不可能有这样的发现。他们回答说决不能只给我 100 万美元。

他们给了我 200 万美元。

没错，200 万美元。"免息外汇经纪商"接下了这笔买卖，他们什么也没问。声明一下：在免息账户里，我是做空一个货币对，这个货币对正要持续走高。这就意味着，他们有机会从我这儿赚到一大笔钱。因为我一直在放任一笔赔钱的交易，赔得快时就有追加保证金的可能。他们需要做的是，在银行间市场做一笔相似的交易，但要与我的相反方来操作，同时一直保持持仓状态。只要那笔交易不平仓，我所有的亏损都将成为他们的收益。

这笔 200 万美元的零售套息交易仍然清晰地印在我的记忆里：2005 年 1 月 4 日，我以卖方的身份投入 100 万美元，在 196.77 开仓交易，但在稍后的买入中，我的操作并不很成功，当时以 196.90 买入。

为了减少保证金不足的可能性，我启用了一个 50 万美元的秘密资金账户，当这两个账户中任何一个账户需要资金注入时，我就把资金转移进去。

截至 2005 年 2 月 4 日，该交易获利 9.8 万美元。

在 3 月份和 4 月份的时候，又赚了 22 万美元。由于我有了更多的资金，于是我结束了交易，然后拿赚来的钱重新开始交易。这时，我接到"免息外汇经济商"打来的电话，他们问我是否还打算做些积极操作，我意识到他们也许并没有把与我反向操作的那部分仓位出掉，他们不想暴露在风险当中，如果我做一些积极操作也许能好一些。我决定开一个25万美元的账户来配合对冲基金的操作。此后，只要对冲基金里的资金有任何操作，我都会在免息账户中建一个仓位，这样的话他们至少可以赚一些点差收入，也省得给我打电话了，至少暂时能清静一下。

到了2005年12月，息差交易账户的总资金量达到350万美元，这意味着200万的初始资金有了超过50%的收益，罗迪高兴得不得了，他想把所有对冲基金的钱都投入到息差交易中。当然，他只是说说而已（我想），不管怎样，他们手中别的交易也进行得非常顺利，所以没有这么做的必要。

我分了多少钱？30%，我交易的其他操作的收入也按这个比例分配。495,043美元，还有6角2分零头。

如果你认为息差交易太完美了不像真的，那么你说对了，至少现在没机会了。2006年的7月，我在四个不同的免息外汇交易经纪商那里开了四个账户，当年的收益已经达到了43%，但是，突然间，四个经纪商全都停止了对我们的服务。前后也就一两周的时间里，他们一个个给我打了电话，对我说，不管我做的是多么规矩的操作他们都不打算继续提供免息账户服务了。

在这场游戏中，我们已经竭尽所能，依靠免息账户在息差交易上一共赚了300万美元。

# 后记 B　我是如何赚到 600 点

这笔交易发生在 2005 年底。有一段时间，我曾把随机摆动指标（也叫 KD 指标）添加在与水平线相关的交易上，测试效果非常理想。这是我初次利用随机指标来筛选交易时机的一个例子。

我尝试寻找货币对在上升过程中暂停上涨的例子，之后寻找下跌过程中暂停下跌的例子。我的方法在判断价格突破盘整区域上下边缘线时很管用，即使价格线突破该直线也可以，只要价格在支撑和阻力位停留过就可以。

2005 年 8 月，我注意到英镑兑美元在上升过程中（一个月前，7 月份时）在 1.7800 位置停留一段时间，之后在 8 月下旬的一次上涨过程中，英镑兑美元曾短暂下跌一段距离，在 1.7820 附近止跌。实际上，此次上涨途中的支撑非常坚挺，致使这对货币对在短短几天之内就飞涨了 600 个点。这是一次非常好的例子，于是我每天下午都要仔细看看它何时能再次收回在 1.7820 附近。（参看图 B-1）

9 月 23 日，这对货币对一路跌至 1.7820。我发现，如果我先查看一下随机摆动指标的话，我就能更好地把握买入时机。只要摆动指标显示超卖就行，以此为基础，我设定两个前提：一是价格应触及重要位置的水平线，二是处于超卖状态。

随机摆动指标显示，这个货币对处于超卖水平，所以我在 1.7810 位置开始买入（该价位在我买入前曾稍稍走低）。如果 1.7820 区域能显现出坚固的特性并能支撑住该货币对的下跌话，我就决定加仓。我把止损限定为 100 个点，在最近最高点 1.8500 位置设好止盈，然后开始袖手旁观了。

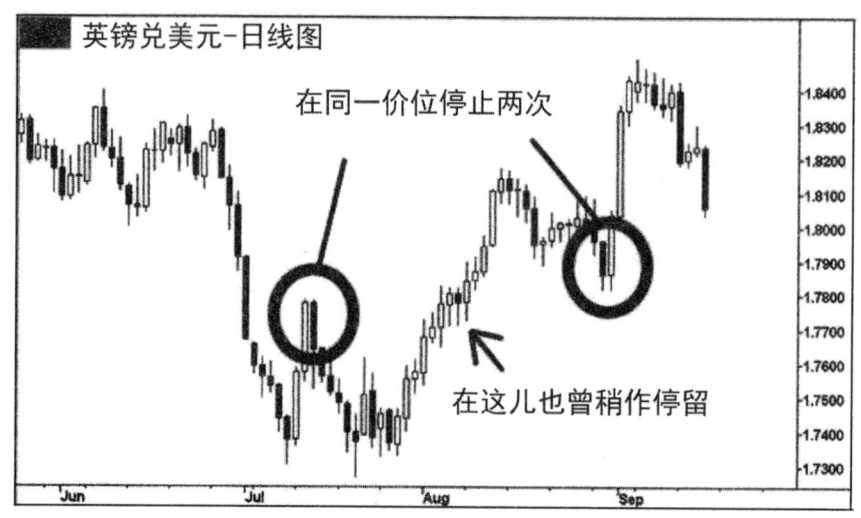

图 B-1　监视英镑兑美元（Monitoring the GBP/USD）

5 天后，该笔交易亏掉 100 个点并自动平仓止损（见图 B-2）。

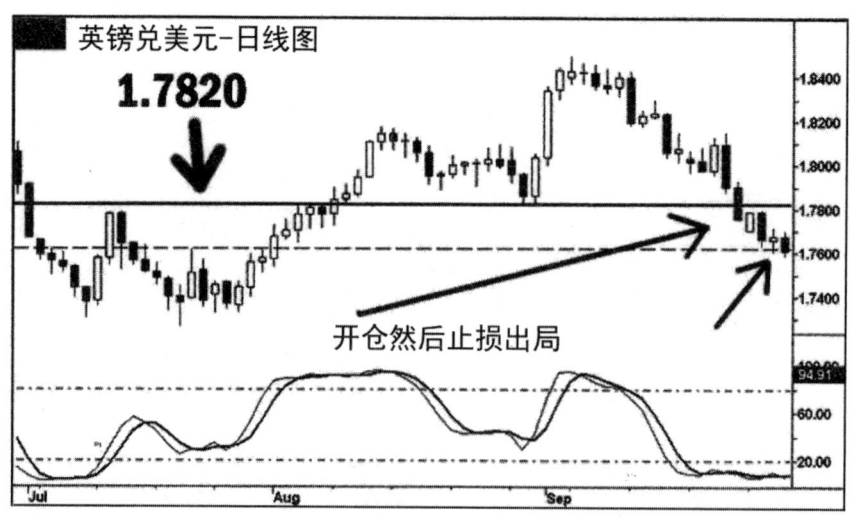

图 B-2　交易以 100 点止损离场

但情况并未结束。现在这里附近的支撑位已被跌破。如果下面两个条件同时满足，我愿意重新介入这组货币对：第一，再下跌至少 100 点，然后再回升；第二，当该货币对达到这个水平，随机摆动指标在 80 以上，显示超买状态。10 月 6 日，该货币对上升至 1.7812，但随机摆动指标仍处在低位，更别说接近 80 了。

然而，在 10 月 26 日这天，该货币对不仅升至 1.7820 水平，而且显示为超买状态。这意味着该出手了。于是我在 1.7820 处建立空单，止损设了 100 点，然后在 1.7220 设好止盈，正好是 1.7820 下方 600 点处，这个位置也是该货币对最近曾跌到过的最低位置。（见图 B-3）

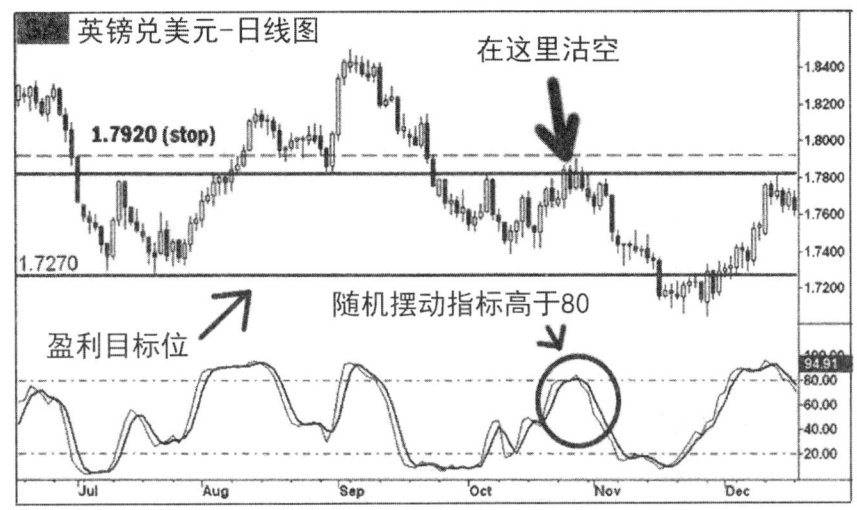

图 B-3　买入的时间

该笔交易持续了约 20 天，净赚 600 个点。一路下来，我在该笔交易的不断盈利的过程中加过几次仓，因此，该笔交易中赚得的总收益是 24 万美元。

# 译后记

　　这是一本通俗易懂、风格独特而又让人可以享受阅读乐趣的书。作者罗布先生以非常风趣幽默的方式告诉我们在交易时如何避免犯下最常见的错误。虽然这本书是写一个外汇交易者在外汇市场上冒险的经历，但投机市场上的博弈大同小异，每个交易者都可以从书中主人公身上看到自己的影子，不论是股民、期民还是汇民都可以通过阅读本书，从中吸取到有益自身的宝贵经验。假以时日，本书必定会成为外汇投资的经典之作。

　　本书的完成得到以下同仁的大力帮助，他们是：肖艳梅、朱杰、吴文莉、常红婧、郑星、田军、范纯海、张毅、吴春梅、李超杰、彭家伟、张苹、苏远秀、陈鼎、余锋、张毅。其中第一章至第十章由朱杰、吴文莉、肖艳梅、张毅、陈鼎、余锋翻译；第十一章至第十六章由彭家伟、张苹、苏远秀、陈鼎、余锋翻译；第十七章至第二十一由范纯海、张毅、吴春梅、李超杰翻译；其余部分由常红婧、康民翻译；全书由康民负责统校。由于译者水平有限，错误和疏漏之处在所难免，敬请读者批评指正。